습관구매의 파워

습관구매의 파워

마츠무라 키요시(松村 清) 지음 / 손대홍 옮김

이채

이 도서의 국립중앙도서관 출판예정도서목록(CIP)은 서지정보유통지원시스템 홈페이지(http://seoji.nl.go.kr)와 국가자료공동목록시스템(http://www.nl.go.kr/kolisnet)에서 이용하실 수 있습니다.(CIP제어번호:CIP2017018373)

습관구매의 파워

초판 1쇄 인쇄 / 2017년 8월 15일
초판 1쇄 발행 / 2017년 8월 21일

지은이 / 마츠무라 키요시(松村 淸)
옮긴이 / 손대홍
펴낸이 / 한혜경
펴낸곳 / 도서출판 異彩(이채)
주소 / 06072 서울특별시 강남구 영동대로 721, 1110호(청담동, 리버뷰 오피스텔)
출판등록 / 1997년 5월 12일 제16-1465호
전화 / 02)511-1891
팩스 / 02)511-1244
e-mail / yiche7@hanmail.net

ISBN 979-11-85788-13-5 03320

❙ 지은이 서문 ❙

미국 소매업계에서 100년 만에 대변혁이 일어나고 있다. 100년 전의 대변혁은 1916년 그로서리 스토어 피글리위글리(Piggly Wiggly)가, 고객이 자신의 손으로 상품을 직접 집어서 쇼핑바구니에 넣고 계산대에서 계산하는 셀프서비스 방식의 점포를 연 것이다. 이것을 계기로 고객과의 대면에 의한 판매방식은 쇠퇴하고 일부 고가 상품을 취급하는 곳을 제외하고는 셀프서비스의 보급이 시작되었다.

셀프서비스의 등장은 그 후 소매업에 커다란 영향을 끼쳤다. 슈퍼센터와 슈퍼마켓, 홈센터, 홀세일클럽, 드럭스토어, 편의점, 카테고리킬러 등의 다양한 포맷을 탄생시켰고 소매업 발전의 원동력이 되었다.

하지만 21세기에 들어 소매업은 새로운 변혁에 직면하고 있다. 아마존을 시작으로 인터넷판매의 대두에 의한 대변혁이다. 인터넷판매를 급성장으로 이끄는 무점포 판매는 현재 전체 소매시장의 12%를 차지하고 있지만 향후 30%까지 확대될 것으로 예상되며, 일본도 이의 판매 비중이 20%에 이를 것으로 보인다. 아마존은 2014년 전미 소매업 랭킹 10위에 들며 계속 약진하여, 가까운 장래에 월마트에 이어 2위에 오를 것이 확실시되고 있다.

인터넷판매의 확대에 따라 미국 소매업의 흐름을 이끌어온 월마트 등의 디스카운트스토어와 카테고리킬러의 미래가 불투명해지고 있다. 폭넓은 구색과 저가격으로 대표되던 업태들의 성공 패턴이 매력을 잃어가고 있는 것이다.

구색을 보면, 15만 가지 아이템을 넘어서는 진열과 원스톱쇼핑으로 고객의 지지를 받아온 월마트에 비해, 아마존은 그것을 엄청나게 상회하는 아이템을 갖고 있다. 가격 측면에서는, 월마트와 카테고리킬러는 '에브리데이 로우프라이스(Every Day Low Price)', 최저가격보증 등의 저가전략으로 시장을 석권했지만, 스마트폰 등 인터넷으로 간단하게 최저가격을 찾아낼 수 있는 환경이 갖추어지면서 오프라인 소매업을 넘어서는 저가격을 실현하고 있는 아마존이 현재는 우세를 점하고 있다.

또한, 월마트는 '에브리데이 로우프라이스'를 실현하기 위해 부동산 가격이 낮은 로컬 지역에 출점하는 '편의성을 뒤로하는 출점전략'을 채택해왔지만, 아마존 같은 인터넷판매는 언제라도, 어디에서라도 구매가 가능한 편리한 환경을 제공하고 있다.

구색, 가격, 그리고 편의성 어느 것으로도 아마존이 우위를 점하고 있다. 특히, 슈퍼센터를 포함해서 디스카운트스토어와 가전, 서적, CD, 완구, 홈퍼니싱, 스포츠용품, 반려동물용품, 캐주얼 어패럴, 장신구 등의 카테고리는 아마존의 등장으로 커다란 영향을 받고 있다.

이런 영향으로 오프라인 소매업에서는, 편리성의 강화를 겨냥해서 소형 포맷의 출점에 적극적인 움직임을 보이고 있고, 매스컴에서는 '대형점의 종말(Death of Big Store)'이라는 보도가 빈번해지는 상황에 이르렀다.

하지만 인터넷판매의 성장배경에는 편의성, 폭넓은 구색, 저가격 이외에도 손쉬운 구매와 습관화라는 요소가 있다고 나는 생각한다. 인터넷판매는 컴퓨터를 켜고 스마트폰을 열면 언제라도 쇼핑사이트에 들어갈 수 있는 환경을 제공하기에 구매의 습관화에 성공하고 있는 것이다.

이와 같다고 할 수 있는 곳이 일본의 세븐일레븐이다. 인터넷판매의 성장에 의해 많은 오프라인 소매업이 쇠퇴하고 있어도 세븐일레븐은 성장하고 있다. 그 이유는, 점포의 편리함과 함께 구매의 습관화를 간과하지 않고 있기 때문이다.

아마존처럼, 세븐일레븐처럼 습관적인 구매행동을 촉진시켜 '언제라도 이용하지 않으면 마음이 안정되지 않는다', '뭔가 더 살 것이 남아 있다'라고 하는 의존적 기분으로 이끌어가는 것이 그들의 성공에 크게 기여한 것이라고 필자는 생각한다.

그것은 오프라인 소매업의 장래에 있어서도 결코 다르지 않다.

지은이 마츠무라 키요시(松村 清)

| 옮긴이 서문 |

오프라인 소매업의 경쟁력 제고를 위하여

소매업에 오랜 시간 몸담아온 업계와 학계, 관련 종사자들에게 올해는 기념비적인 한 해로 기록될 것 같다. 온라인과 오프라인 소매업이 서로의 경계를 넘어서는, 본격적인 경쟁의 서막이 열렸기 때문이다.

올해 초 발표된 세계 소매기업들의 전년도 사업실적에서, 세계 최대의 오프라인 소매기업 월마트의 온라인 사업부문이 전 세계 e커머스 업체 중 2위를 기록했다는 놀랄 만한 뉴스가 있었다. 월마트가 온라인 사업 강화에 대한 계획을 발표한 것이 불과 몇 년 전이었는데, 한때 유통업체의 공룡이라고까지 불리던 오프라인 소매업의 최강자 월마트의 온라인 사업 매출이, 오랜 시간 온라인 소매업을 대표해온 기업 이베이(eBay)의 매출을 넘어섰다는 것이다.

또 다른 충격적인 뉴스는 세계 최대의 온라인 기업 아마존(amazon)이 슈퍼마켓 '홀푸드 마켓(Whole Foods Market)'을 인수하기로 했다는 것이었다. 2016년 말, 아마존도 일반적인 오프라인 소매점과는 조금 다른 개념이기는 하지만, 시애틀에 '아마존 고(amazon Go)'라는 무인점포에 가까운 혁신적인 소매점을 열고 직원들을 대상으로 시범 운영을 해오면서 가까운 시일 내에 2천 개의 매장을 열겠다는 계획을 발표하기는 했었다. 그런데 미국과 캐나다, 영국 등지에 460여 개의 매장을 보유한 최고의 친환경·유기농 고급 슈퍼마켓인 홀푸드를 137억 달러의 현금으로 인수한다는 것이다. 오프라인으로의 본격적인 진출과 함께 그동

안 아마존의 약점으로 거론되어 왔던 신선식품 부문을 강화하기 위해 승부수를 던진 것이다. 발표 당일 월마트의 주가가 4.79%나 폭락한 것을 보면 오프라인 업체들에게 미치는 그 충격의 강도를 상상할 수 있을 것이다. 물론 월마트도 최근 몇 년간에 걸쳐 많은 온라인 의류, 신발업체 등을 사들여 온라인 사업을 강화해오고 있었는데, 세계 최대의 온라인, 오프라인 소매업체가 본격적으로 사업의 경계를 허물기 시작했다는 것에 커다란 의미가 있을 것이다.

이처럼 인터넷 상거래인 e커머스는 거스를 수 없는 대세가 되어가고 있는 것이 사실이다. 미국 소매업계의 각종 지표를 보아도 성장률이 두 자리 수를 나타내는 곳은 인터넷 상거래가 유일하며, 이러한 추세는 당분간 계속될 것이라는 것이 업계 전문가들의 공통적인 전망이다. 하지만 미국의 소매시장 규모를 보면 아직 온라인 상거래의 매출 규모는 전체 소매업의 8%를 조금 상회하고 있다. 물론 온라인 시장의 비중은 점점 더 확대되겠지만 아직은 전통적 소매업이 상대적으로 큰 시장을 유지하고 있고 온라인 소매업이 당장 이를 대체할 가능성이 없는 것도 사실이다. 아울러 제조업체들과 소매업체들이 온·오프라인의 병행 필요성에 따른 옴니채널(omni-channel)을 확대해가고 있는 현실을 굳이 거론하지 않더라도, 먹거리와 패션 등 감성이 요구되는 구매 형태는 적어도 상당 기간 존재할 수밖에 없다는 것을 보여주는 사례로 생각된다.

그러나 인구 감소 등으로 시장이 더 이상 늘어나지 않거나 소비자의 실질소득이 멈춰 있는 우리나라나 일본의 경우는, 온라인 시장의 확대가 바로 전통적 소매업인 오프라인 시장의 축소로 이어지고 있는 것이라서 제조업체나 소매업체는 많은 고민이 생길 수밖에 없을 것이다. 점포와 물류센터 등 많은 자산을 보유한 사업을 하루아침에 철수할 수도 없을 뿐더러, 그렇다고 당장 사업 대안을 찾는 것도 그리 쉬운 일이 아니라는 고민에 처해 있다.

저자는 이러한 전통적 소매업의 고민을 극복할 수 있는 대안을 이 책에서 제시하고 있는데, 그것은 바로 책의 원제목인 『습관구매의 파워』이다. 고객에 대한 환대를 뜻하는 '호스피탤러티(Hospitality)'라는 핵심 단어로 그 수단을 제시하면서, 온라인 소매업에 대한 경쟁 우위를 확보하기 위해, 온라인 소매업의 성공 요인을 분석하고 오프라인 소매업의 상대적 경쟁력을 찾아 실행할 수 있는 방법을 제안하고 있다. 나는 이 책을 옮기는 과정에서 이에 크게 공감했는데, 한국의 많은 온·오프라인 소매업과 제조업 관계자들이 지금의 어려움을 헤쳐 나가는 데 이 번역서가 좋은 길잡이가 되기를 간절히 바란다.

2017년 7월

옮긴이 손 대 홍

차 례

지은이 서문 5
옮긴이 서문 8

제1장 습관파워를 이해한다

1. 소매업의 습관구매 16

인터넷구매의 편리성 | 습관화가 진행 중인 인터넷쇼핑 | 납득하며 구매하는 사람이 늘어나고 있다 | 습관화에 실패한 소매업 | 미국 소비자의 '새로운 흐름' | 점포 부활의 열쇠는 '습관화'에 있다

2. '습관구매'란 무엇인가? 32

'습관 뇌'와 '판단 뇌' | 구매의 습관화에는 3개월 | 구매는 습관형 행동 | '절차의 기억'이 습관을 만든다 | 습관을 허물면 고객이 움직이기 시작한다 | 구매를 습관화시키는 것 | 습관화의 메리트는 무엇인가? | 세븐일레븐의 습관화 | 습관화로 성장하는 인터넷판매 | '고객만족도조사'는 쓸모 있을까? | 습관화의 메커니즘

제2장 브랜딩과 마인드셰어

3. 브랜딩을 낳는 습관화 52

습관화를 촉진하는 브랜딩 | 브랜드가 승부를 결정한다 | 브랜딩이란 무엇일까? | 브랜드 강화에 필요한 것 | 브랜드 가치가 실적에 공헌한다 | 브랜드를 만드는 종업원 | 브랜드 재구축으로 이미지 쇄신

4. 내점을 자동화하는 마인드셰어 63
마인드셰어를 높이는 3개 포인트 | 마인드셰어와 CSR 경영 | 한곳에 집중함으로 마인드셰어를 높인다 | 시청각에 호소하는 마인드셰어 제고방법 | 고객의 마음에 소구하는 마인드셰어 제고방안

제3장 내점을 습관화하는 4E 전략

인터넷판매에 대응하는 4E 전략

5. Everywhere · Everytime(어디서든 · 언제라도) 77
가까운 점포에서 '퀵쇼핑' 78
소상권과 쇼트타임 쇼핑

내점 빈도 확대의 시작 79
식품을 강화하는 드럭스토어 | 내점 목적을 다양화한다 | 내점 메리트를 제공

아마존을 넘어서는 편리성 90
옴니채널 기능의 도입 | 쇼핑 편리성 강화

6. Engagement(약속) 100
마음의 유대 구축 100
고객 환대와 반복성의 법칙 | 호스피탤러티는 프렌들리 서비스 | 호스피탤러티를 키우는 10가지 조건 | 손익보다 인명 구조가 우선 | 네버 클로즈 | 커스터머 인 마케팅

고객 니즈에 맞추는 상품구색 122
구매가 쉬운 구색 압축과 독자성 | 단골가게가 되어야 한다 | 구색상품을 스타상품으로 키운다 | 고집으로 인기를 끄는 슈퍼마켓 | 주목받는 로컬 상품 | 왜 로컬 전략일

까? | 브랜드 가치의 발견과 소구 | 프라이빗 브랜드는 '프라이드 브랜드' | PB상품은 4가지 라인으로 구성

충성고객 프로그램 144
이익을 가져다주는 충성고객 | 유대를 강화하는 충성도 프로그램 | 충성도 프로그램을 강화하는 이유 | 로열리스트를 만드는 포인트 | 새로운 고객을 충성고객으로 만든다 | 뉴 시니어의 3가지 특징 | 뉴 시니어의 유망 시장 | 시니어 시장 공략의 철칙 | 증가하는 남성고객의 구매를 겨냥 | '생애고객' 만들기가 점포를 지탱한다 | 미국의 '생애고객' 만들기 시도 | 외국인 고객 응대법 | LGBT층을 겨냥 | 로하스로 사랑받는 점포 | 베이비 고객을 확보하는 포인트

7. Experience(만족도 높은 구매체험) 183
'들·구·즐'의 법칙 183
'들어가기 쉬운' 접근성 | '구매하기 쉬운' 쇼퍼빌러티(Shopperbility) | '즐기기 쉬운 매장' 인조이어빌러티(Enjoyability)

구매하기 쉬운 인스토어 MD 192
객단가를 높이는 '쇼핑바구니 효과' | 오감에 소구해서 관심을 끈다 | "Do you know?" POP로 고객을 교육 | 부문을 넘어서 크로스 MD로 | 이런 레이아웃이 구매를 쉽게 한다 | 기대감을 주는 진열대 앞 엔드 | 월그린의 엔드 진열 | 계산대 앞의 매대는 달러박스 | 계산대 앞 진열대를 강화하는 방법 | POP는 '사일런트 컨시어지'

'설레는 느낌'이 있는 매장 218
점포는 즐겁지 않으면 갈 맛이 나지 않는다 | 즐거운 점포 만들기는 실적을 높인다 | 익사이팅한 점포 만들기 | 스튜레너드의 익사이트먼트 | 점내 이벤트를 하는 홀푸드

오감에 소구하는 MD 230
매장의 즐거움을 가져다주는 '색의 힘' | 소리가 매출을 늘린다 | 향기가 사람에게 미치는 영향

솔루션 스토어 247
'물건 판매'에서 '가치 판매'로 | 고급화하는 뷰티케어 | 솔루션 기능을 높이는 후광효과

8. Exchange(가치의 제공) 257
알뜰구매의 느낌을 전하는 가격전략 258
고객의 가격에 대한 사고방식 | 디스카운트의 진짜 이유를 알고 싶다 | 가격을 신경쓰는 것은 200품목 | 고가 상품은 소량으로 구매하게 | 가격의 우수리에 주의 | 하이·로우 전략과 에브리데이 로우프라이스 | '싸다'는 이미지를 전달하는 방법

와!(Wow)라고 감탄하는 가격 272
타입별로 효과적인 알뜰구매 느낌의 전달방법

가치판매 282
세일즈 프로모션의 중요성 | 주목받는 코즈 마케팅 판촉

제4장 고객만족을 지속시켜간다

9. 고객만족의 지속과 불만족의 해결 294
고객만족이 습관구매의 열쇠 | 지속적인 고객만족의 제공 | 불만족의 싹은 빨리 없애라

10. 습관화의 열쇠를 가진 직원들 309
직원의 위상을 높게 | 고객을 만족시키는 직원을 놓치지 마라 | 직원교육은 2단계로 | 직원의 동기부여를 이끈다

옮기고 나서 324
참고문헌 326

제1장

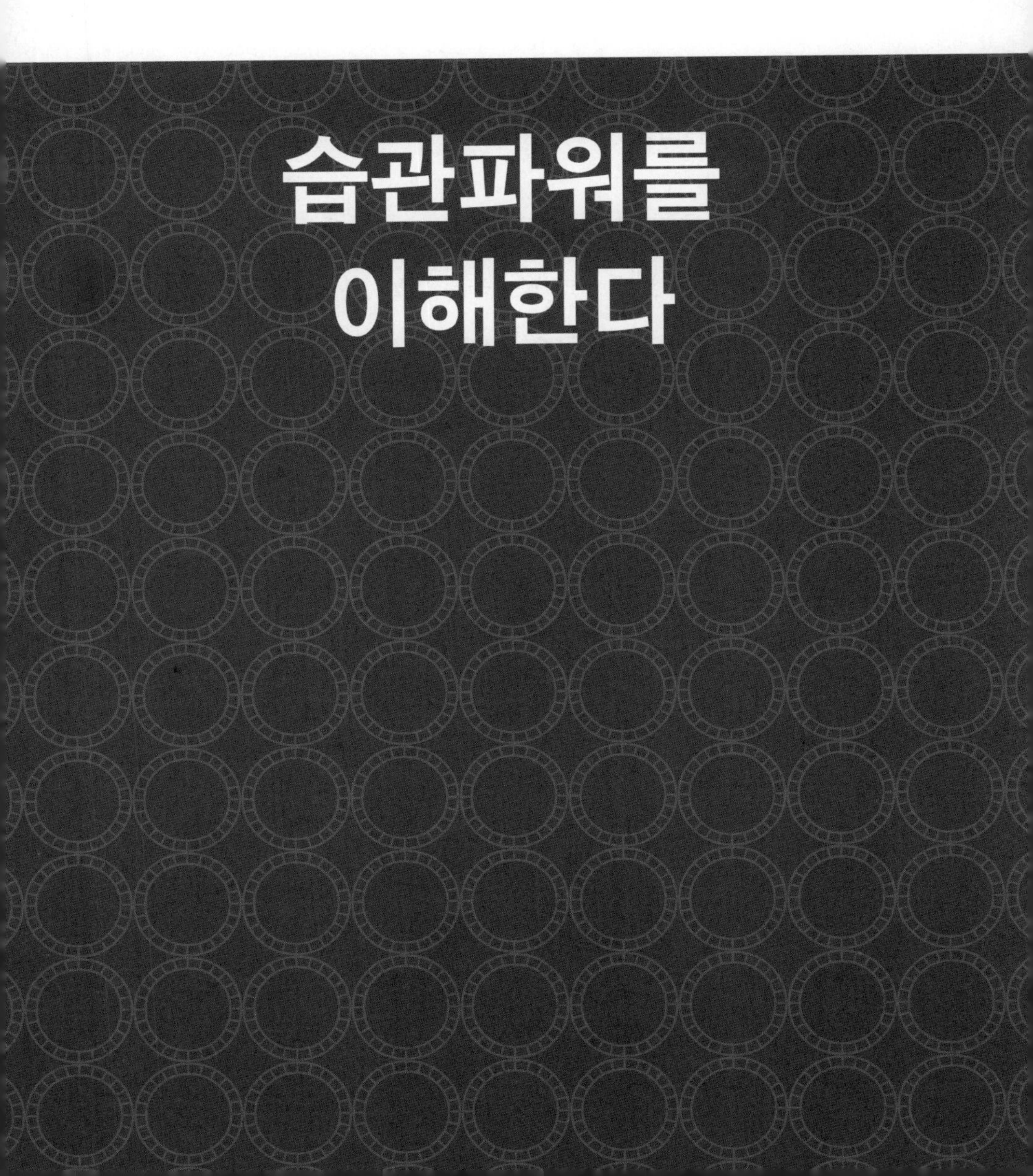

습관파워를 이해한다

1. 소매업의 습관구매

인터넷구매의 편리성

일본 경제산업성의 '전자상거래에 관한 시장조사(2013~2014년)' 에 의하면, 일본과 미국 모두 인터넷 보급률은 80%를 넘어서, 인터넷 이용자가 1년간 구입하는 EC(Electric Commerce, 인터넷과 컴퓨터 등의 전자적 수단을 이용하는 상거래의 총칭, 전자상거래)에 의한 구매액은 각각 1,164달러, 1,156달러에 달해서 계속 증가하고 있는 것으로 나타나고 있다. 연간 EC 이용률은 일본과 미국 모두 87%로 상당히 높은 수준이다.

EC를 이용하는 이유로는, 일본에서는 1위가 '실제 점포에서 구입하는 것에 비해 가격이 싸서(64.1%)', 근소한 차이의 2위는 '점포까지의 이동시간 문제와 영업시간에 관계없이 구매가 가능해서(63.5%)', 3위는 '포인트가 쌓이는 등의 혜택이 있어서(48.2%)' 로 가격과 포인트 등의 경제적 측면이 주된 이유다.

이에 반해 미국에서는 '점포까지의 이동시간 문제, 영업시간에 관계없이 구매가 가능해서 (57.6%)' 가 1위, '일반 점포에서는 흔하게 취급하지 않는 상품과 서비스의 구매가 가능해서 (47.9%)' 가 2위, '검색기능 등에 의해서 구입 희망 상품을 찾기 용이해서(45.9%)' 가 3위로, 구매의

'편의성'을 중시하고 있다.

일본은 인구 100인당 소매점포 수가 미국의 2배 이상인 과점포 상태로서, 점포가 가까운 곳에 있다는 것이 경제적 이유를 앞서고 있다. 하지만 향후 소매점이 도태되어 감소하게 되면, 미국과 같이 구매편의성이 인터넷을 이용한 구매에 커다란 이유가 될 것이다.

인터넷으로 구입하는 상품에도 변화가 보인다. 총무성의 『2014년판 정보통신백서』에 의하면, 인터넷에 의한 구매율이 높은 상품은 'CD/DVD/BD류', '서적', '소형가전'이지만(〈표 1〉), 인터넷으로 구입한 상품으로는 '식품, 음료, 주류'가 1위, '의약품·화장품'이 5위에 올라, 일상적으로 소비하는 상품의 인터넷 구입도 확대되고 있음을 알 수 있다(〈표 2〉).

또한 오프라인 점포에서 상품을 둘러보고 인터넷으로 구입하는 '쇼

〈표 1〉 인터넷과 실제 점포에서 구입하는 상품

카테고리	인터넷이 많다(%)	점포가 많다(%)
CD/DVD/BD류	35.7	32.5
서적	29.0	44.2
소형가전	24.0	53.7
소형가구	13.6	56.7
의류	12.4	60.0
대형가전	10.1	70.6
대형가구	9.6	62.9
식품	2.3	82.8

※총무성, 『2014년판 정보통신백서』

〈표 2〉 자국 EC에 의한 구입품목(2013년, 상품판매)

상품	인터넷에 의한 구입비율(%)
식품, 음료, 주류	55.2
서적, 잡지	48.8
의류, 액세서리	43.8
음악·영상 소프트웨어	33.5
의약·화장품	31.0
잡화, 가구, 인테리어	30.8
컴퓨터, 통신기기, 주변기기	28.8
생활가전	27.4
사무용품, 문구	19.5
AV기기	17.5

※일본 경제산업성, 『전자상거래에 관한 시장조사』(2013년)
※응답조건 : 자국 EC 이용자

루밍(showrooming)' 경험자가 일본에서도 지속적으로 증가하고 있다(〈표 3〉). 서적이 30%를 넘어서서 가장 많고, 소형가전과 CD/DVD/BD류 등 그 외의 상품 부문으로도 쇼루밍이 확산되고 있다.

미국에서도 쇼루밍 경험자는 40% 이상이지만, 한편으로 오프라인 매장에서 상품을 구매하기 전에 인터넷에서 가격 등을 확인해보는 사람도 40%에 가깝다. 인터넷과 점포 구매를 넘나들며 좋은 상품을 구입하는 소비자도 늘어나고 있다.

필자의 경우도 미국에서 서적을 구입할 때는, 가까운 쇼핑센터의 서점에서 책을 찾아보고 집에서 인터넷으로 주문하고 있다. 인터넷으로 구입할 때가 더 싼 경우가 많고, 무거운 것을 들고 오지 않아도 되기 때문이다. 최근 그 서점도 폐점했다. 미국에서는 서점을 찾는 것조차 힘들어지고 있다.

〈표 3〉 쇼루밍 경험(상품별)

카테고리	쇼루밍 구매행동의 비율(%)
서적	30.3
소형가전	26.8
CD/DVD/BD류	22.0
의류	16.8
대형가전	15.1
식품	12.4
소형가구	9.6
대형가구	5.9

※ 일본 총무성, 『2014년판 정보통신백서』
※ 의류는 신발, 액세서리 포함

습관화가 진행 중인 인터넷쇼핑

그러면, 소비자는 어느 정도 자주 인터넷판매를 이용하고 있을까? 일본 경제산업성의 조사에 의하면, 인터넷판매를 월 1회 이상 이용하는 사람(조사대상은 자국 EC 이용자)은, 일본의 61%에 비해 미국이 66%이며, 월 2~3회 이상인 사람은 각각 34%, 44%이다(〈표 4〉).

구입 장소는 압도적으로 자택이 대부분이다. 자택에서 컴퓨터와 스마트폰을 켜면 언제라도 손쉽게 구매가 가능한 세상이 되고 있다.

필자의 아내도 미국 체류 중에(필자는 매년 일본과 미국에서 반반씩 생활하고 있다) 인터넷에서 경매로 인형을 사는 경우가 많다. 아내는 경매에 열심이어서 낙찰 여부에 따라 기뻐하기도 하고 아쉬워하기도 한다. 물론 서적과 CD, 가정용품도 인터넷에서 자주 구입하는 편이다. 필자는

〈표 4〉 국가별 EC 이용 빈도(2013년) (%)

	주 3~5회 구입	주 1~2회 구입	월 2~3회 구입	월 1회 구입	2~3개월에 1회 구입	반년에 1회 구입	연간 1회 구입
일본	2.0	7.3	25.1	26.3	21.5	9.5	8.2
미국	6.3	13.2	24.5	22.4	17.6	7.9	8.1

※경제산업성, 『전자상거래에 관한 시장조사』(2013년)
※응답조건: 각국 EC 사용자

상품 자체에 관심도 있지만, 게임을 하는 느낌으로 인터넷쇼핑을 하기 때문에, 인터넷 구매를 즐기는 것이 일상화되어 있다고 할 수 있다.

또한, 인터넷 구매에는 개인용 컴퓨터를 가장 많이 사용하며, 스마트폰과 휴대전화 PHS(Personal Handy-phone System)가 다음으로 많이 사용된다. 상품을 고르는 데는 시간이 소요되지만 쇼핑 사이트 접속이 간단하고 빨리 이루어져, 힘들이지 않고 다시 접속하게 된다.

인터넷 이용시간은, '2시간 이상~3시간 미만'이 가장 많고, 다음으로는 '1시간 이상~2시간 미만', '3시간 이상~5시간 미만' 순이다. 약 70%의 사용자가 매일 '1시간 이상~5시간 미만' 동안 전자기기와 마주해서 인터넷을 이용하고 있다(〈표 5〉). 미국에서는 '3시간 이상~5시간 미만'의 사용자가 가장 많은 것으로 조사되고 있다.

빈번하게 인터넷을 접속해서 쇼핑을 즐기는 소비자의 모습이 보이는 것 같다. 인터넷 구매가 습관화되어 가고 있는 것이다.

〈표 5〉 인터넷 이용시간(2013년) (%)

	30분 미만	30분 이상~ 1시간 미만	1시간 이상~ 2시간 미만	2시간 이상~ 3시간 미만	3시간 이상~ 5시간 미만	5시간 이상 ~ 7시간 미만	7시간 이상~ 10시간 미만	10시간 이상
일본	2.9	12.1	23.1	24.1	21.8	9.5	3.7	2.8
미국	1.4	4.2	12.6	18.8	25.6	18.1	11.6	8.0

※일본 경제산업성, 『전자상거래에 관한 시장조사』(2013년)
※응답조건: 전원 응답

납득하며 구매하는 사람이 늘어나고 있다

IT의 발달에 의해서 소비자의 구매결정 프로세스도 변화를 거듭하고 있다. 구매결정의 타당성을 분명히 하고 그것을 확신해서 구매하는 것으로, 구매과정에 새로운 단계가 생겨나고 있다.

여기까지 결정 프로세스의 이론적 뒷받침이 되고 있는 것이 'AIDA(아이다)의 법칙'이다. 이것은 미국의 스트롱(E. K. Strong)이 1920년대에 발표한 구매행동에 기반한 고객심리의 단계를 표시한 것으로, 〈표 6〉대로, 안테나숍(관심) → 흥미(Interest) → 욕망(Desire) → 행동(Action)의 4단계를 거쳐 구매행동이 실현된다는 것이다.

이 AIDA의 법칙을 대신하는 것이 'AIDCA의 법칙'이다. 이 법칙은 주로 다이렉트 마케팅 분야에 있어 결정 프로세스를 설명하는 것으로, 〈표 7〉과 같이 AIDA의 법칙이 지적한 단계에 '확신(Conviction)'의 단계가 추가된다. 확신이란 구매에 앞서서 소비자에게 냉정하게 판단하고 가능하면 가격이 싼 곳에서 구매하고 싶다는 기분을 나타내는 것으로,

〈표 6〉 'AIDA의 법칙'의 4단계

단계	내용
A=Attention (관심) I=Interest (흥미) D=Desire (욕망) A=Action (행동)	어떤 상품과 서비스에 관심이 생김 그것에 흥미를 가짐 소유하고 싶다는 욕망이 생김 구매행동으로 이어짐

〈표 7〉 'AIDCA의 법칙'의 5단계

단계	내용
A=Attention (관심) I=Interest (흥미) D=Desire (욕망) C=Conviction (확신) A=Action (행동)	어떤 상품과 서비스에 관심이 생김 그것에 흥미를 가짐 소유하고 싶다는 욕망이 생김 인터넷 등으로 조사하고, 확신 구매행동으로 이어짐

점포에서의 구매행동에서도 이를 발견하게 된다. 소비자는 자신의 선택에 대한 타당성을 스스로 납득할 대상을 찾고 있는 것이다.

이러한 것들은 점포소매업의 경쟁을 더욱 가혹하게 할 것이다. 왜냐하면, 소비자가 신중하게 구매하게 될수록 구입처의 선택도 더욱 까다로워지기 때문이다. 소매업은 이익이 줄어들더라도 매력적인 가격을 만들어내야 하는 필요를 요구받게 된다.

이런 조건을 회피하기 위해서는 구매를 습관화하도록 하는 것이 필요하다. 가격 이외에 매력적인 조건을 제공해서 '확신'을 배제한 채 일일이 생각하지 않고 내점하도록 하는 것으로 고객을 대하는 것이다.

앞으로의 소비자는 Smart, Now, Wow, Right의 4가지의 유형으로 나

〈표 8〉 소비자 유형별 기대점과 소매업의 대책

소비자 유형	Smart 형	Now 형	Wow 형	Right 형
바라는 것	충분한 정보를 가진 소비자로서, 가장 좋은 가치를 원함	편리함을 중시해서 스트레스 없이 구매를 원함	분위기와 구색, 서비스로 훌륭한 구매체험을 원함	자신의 의견을 잘 들어주고, 자신에게 충분한 관심을 가져주는 만족감을 원함
소매업의 대책	품질과 가격의 적정한 균형	구색을 갖추고 구매가 쉬운 매장	고품질의 상품, 풍부한 구색, 편안한 구매체험	고객별 니즈의 파악과 퍼스널 서비스의 제공

누어진다고 한다(〈표 8〉). 이용하는 업태와 점포의 조건에 따라 같은 소비자가 복수의 성격을 갖는 경우도 있다. 당연히 소매업에서는 각각의 유형에 대응하는 대책이 필요하다. 공통점은 어떤 유형이든 편리성을 중시하고 있다는 것이다. 구매를 습관화시키는 힌트는 이 '편리성'을 강화하는 것이다.

습관화에 실패한 소매업

인터넷판매 성장의 한편으로, 할인점과 같은 슈퍼센터와 특정 상품 부문만을 취급하는 '카테고리킬러'의 저조가 눈에 띄는데, 이유는 2가지다.

1가지는, 종합적인 상품구색과 저가격이라는 무기가 인터넷판매의 대두로 색이 바래게 된 것이다. 가격을 실현하기 위하여 편리성을 경시해온 전략의 결과가 자신에게 돌아와버린 것이다.

이를 위해 세계 최대의 소매업체인 월마트는 온·오프라인 등 다양한 업태를 동시에 겨냥하는 옴니채널 유통업으로 전환을 계획하고 편리성을 높일 수 있는 방법을 추진하고 있다. 구매의 습관화를 겨냥해서 가까이 있어서 언제라도 이용이 가능한 편리성을 제공하려고 하고 있다.

마찬가지로 드럭스토어 업계의 미국 1위인 월그린(2015년 매수합병에 의하여 본사의 명칭이 Walgreens Boots Alliance로 변경)도 그렇다고 할 수 있다. 미국인의 4분의 3이 월그린 체인 점포의 5마일 이내에 거주하고 있다. 월그린은 장시간 영업과 2만 아이템(인터넷판매는 20만 아이템)을 초과하는 구색을 갖추고, 인터넷 주문상품의 점포 픽업 등 옴니채널화의 움직임을 활발히 하고 있다.

그 외에 백화점인 메이시스(Macy's), 디스카운트스토어인 '타깃(Target)', 홈센터인 '홈디포(Home Depot)', 홈패션 점포인 '베드배스 앤 비욘드(Bed Bath & Beyond)', 완구전문점 '토이저러스(Toy 'R' Us)', 가전전문 매장 '베스트바이(Best Buy)' 등의 대형 유통업체에서도 옴니채널에의 대응이 진행되고 있다.

'언제, 어디서나, 무엇이라도' 구매가 가능한 환경을 준비하지 않으면 구매의 습관화는 힘들어져, 소비자와의 거리는 점점 멀어질 것이다.

미국 소비자의 '새로운 흐름'

미국에서는 소비자의 태도도 바뀌어가고 있다. 그것은 인터넷 시대의 소비를 뒷받침하여 점포소매업의 변혁을 압박하고 있는데, 특징을 몇 가지 열거해보자.

① 'Small is Big'의 시대

미국의 매스컴에서는 'Small is Big'이라는 말이 빈번하게 사용된다. 배경에는 가족 구성과 소매점 등의 다운사이징 진행이 있다.

가장 큰 변화는 가족 구성원 숫자의 감소다. 미국의 1세대(가구)당 가족 수는 1970년의 3.2인에서 2014년 2.5인으로 격감했다. 이 숫자는 조사를 시작한 이후 최저 수치이며, 전 세대의 60%가 1인, 혹은 2인 세대라는 의미이다. 18세 이하의 자녀가 있는 세대는 전체의 3분의 1을 넘지 않으며, 부부와 자녀 두 명이라는 예전의 평균적인 가정의 모습은 서서히 사라져가고 있다.

현재의 소매업과 대표적인 브랜드 기업들은, 이러한 전통적인 가족 형태에 교외 주택을 소유한 중류층을 타깃으로 성장해왔다. '하나의 상품을 모든 사람에게(One Size fit All)', 이것이 상징적 표어였다.

하지만 가족 구성이 1950~60년대 당시와는 커다란 변화를 보이고 이전의 타깃이었던 중류층의 중요성이 사라지고 있다.

② 늘어나는 디지털 쇼퍼

앞으로 인터넷쇼핑과 쇼루밍이 늘어날 것은 틀림없는데, 그것을 지탱하는 것이 바로 디지털 세대이다. 그들은 태어났을 때부터 인터넷과 퍼스널 컴퓨터의 생활환경에서 성장해온 밀레니얼(1980~2000년생)• 세대로, 그 수는 총인구의 4분의 1에 해당되는 약 8,000만 명으로, 약 7,600

만 명에 이르는 베이비붐 세대를 이미 넘어섰다.

밀레니얼 세대는 독신으로서 도시 인구 증가의 요인이 되며, 자신이 구매를 하는 '프라이머리 쇼퍼(primary shopper, 주 구매고객)'이다. 그들은 식생활에 있어서는 사전에 식사계획을 하고 한번에 많은 양을 사지 않는다. 따뜻하게 먹을 수 있는 델리와 샐러드, 그리고 그로서리 등의 '저스트인타임 쇼퍼(just in time shopper)'가 중심이다.

그 때문에 구매에서 소비까지 소요되는 시간인 '타임 로그'가 어떤 연령층보다도 짧다. 식료품의 20%는 구입에서 2시간 이내에 소비된다고 한다. 부모 세대처럼 냉장고에 식료품을 가득 채우지 않고, 그때마다 상품을 선택해서 소비한다. '소량', '다빈도', '자신이 직접', '편리한 방법으로'로 대표되는 그들의 구매행동은, 소매점에 대하여 로열티(충성도)를 갖지 않고, 기존 소매업의 존재방법에 대해 변화를 요구하고 있다.

경제적인 어려움의 영향도 있는 것으로 보인다. 밀레니얼 세대는 이전에는, 가계의 수입 중 저축이나 소비 등으로 소비할 수 있는 소득을 의미하는 가처분소득이 비교적 높고 소매업의 성장을 지탱하는 존재로 보였지만, 이제는 그렇지 않다. 왜냐하면 임금이 늘지 않고 대학생 때의 학자금 융자를 갚아야 하는 등 경제적 부담을 져야 하는 젊은 층이 적지 않기 때문이다. 그 때문에 그들은 절약 지향의 경향이 강하고 스마트폰

• 밀레니얼(Millennials)

'Millennial Generation'이나 'Generation Y'라고도 하고 혹은 줄여서 'Gen Y'라고도 한다. 인구학적으로는 X세대의 다음 세대를 일컫는 말로, 1980~2000년 출생자를 뜻한다.

을 자유자재로 다루기 때문에 어떤 점포에서 어떤 브랜드를 구입하면 좋을지를 사전에 철저하게 조사한다.

또한 그들 중에서도 16~19세의 '아이제너레이션(i-Generation)'•이라는 그룹은 대부분 학생으로, 소매업에 있어 고민스러운 존재임이 틀림없다. 이들은 점포를 선택할 때는 자신들 세대의 특징을 나타내지만, 브랜드를 별로 개의치 않고, 상품 가격의 측면에서는 시니어와 같은 모습을 보이며, 구매방법은 테크놀로지에의 의존도가 높기 때문이다.

어떤 조사에서는, 인터넷을 사용해서 가격을 조사하는 사람들의 비율은 전체가 41%인데 비해 '아이제너레이션'은 57%로서 가격 지향의 경향이 강하고, 브랜드 로열티는 낮은 것으로 나타났다.

③ 넓어지는 도시, 축소되는 교외

도시와 교외에서 인구 역전이 일어나고 있다. 예전에는 '볼륨존'•이었던 중산층의 교외 유출로, 쇼핑몰과 대형 할인점, 슈퍼마켓, 드럭스토어 등이 교외 출점을 강화해왔다. 하지만, 인구의 도시 시프트(이동)가

• 아이제너레이션(i-Generation)
Gen Z로 약칭하거나 Homeland Generation이라고도 하며, 밀레니얼 다음 세대 집단을 뜻한다. 구체적으로 정확한 시기를 지칭하지는 않지만, 일반적으로 1990년대 중반에서 2000년대 중반에 이르기까지의 출생 연도로 시작하여 2000년대 중반에서 2020년대에 이르기까지 출생한 사람을 의미함.

• 볼륨존(Volume zone)
마케팅과 경제용어로서 중간 소득층을 지칭하며, 상품이나 서비스가 가장 잘 팔리는 가격대나 보급가격대의 의미로도 사용됨.

진행되어 지난 3년 동안 미국 전체 도시의 4분의 3에 해당되는 도시가 인구 증가를 나타냈다. 어린 자녀가 있는 가족 세대의 숫자도 교외보다 도시 쪽이 높다. 특히, 독신 세대와 '어반 패밀리(urban family, 도시에 사는 가족)'가 늘어나고 있고, 그들은 구매 조건으로 퀵쇼핑(quick shopping)을 중시한다.

이러한 변화에 따라 소매업 역시 도시로 활발하게 진출하고 있다. '타깃'은 도시 지향의 소형 점포를 확대하고 있고, '월마트'도 네이버후드 마켓과 익스프레스형 점포를 점차 늘리고 있다. '드럭스토어'는 식품을 시작으로 생활필수품 카테고리를 확충해서 소비자들의 일상적인 내점을 노리고 있다.

그렇지만 도시형 점포는 풍부한 구색을 원하는 소비자 니즈(needs)에 충분히 대응하기가 어렵다. 그래서 아마존(Amazon)과 인스타카트(Instacart) 등의 구매대행 서비스를 이용하는 도시형 구매 형태의 '어반 쇼퍼(urban shopper)'가 증가하고 있다.

④ 스몰바스켓 쇼퍼

'베이비부머 세대(baby boomer)'•는 결혼해서 자녀가 생기면 교외로 옮겨 살았다. 그들의 구매 스타일은 엄마가 '프라이머리 쇼퍼'로서 가족을 위한 1주간 분량의 상품을 구매한다.

•베이비부머(baby boomer) 세대
베이비붐 시대에 태어난 세대를 일컫는 말로, 일본은 1947~1949년, 1971~1974년의 2회, 한국은 1955~1963년에 걸친 출생 세대를 의미함.

하지만 현재 '영 어덜트(young adult, 18~29세)' 중 미혼자는 80%를 차지하며, 출산율 저하의 영향을 받아 세대 구성원의 감소가 계속되고 있다. 밀레니얼 세대와 중·고령층의 교외로부터 도시로의 이전, 가정의 식품창고와 냉장고의 소형화 경향도 나타나고 있다. 1회당 구매가 줄어들어 '스몰바스켓 쇼퍼(small basket shopper)'가 계속 증가하고 있다.

⑤ 다양화하는 소비자 니즈

8,000만 명의 밀레니얼 세대, 고령화가 진행되고 있는 베이비부머 외에 '히스패닉(Hispanic)•계' 등의 이민자 층과 '로하스(LOHAS)• 층'의 증가, 4분의 1에 달하는 독신자 세대, 인구의 10%를 넘어서는 LGBT(동성애자, 양성애자, 트렌스젠더)……. 이러한 다양한 사람들에 의해 미국의 소비자 니즈는 다양화되고 있다. 이와 더불어 소매업에서는 지역 상권에 부응한 구색과 고객의 요청을 수용한 맞춤형 서비스인 커스터마이즈드(customized) 서비스가 주목을 받았다.

- **히스패닉(Hispanic)**
  '라티노(Latino)'라고도 하고 미국에서 사는 라틴아메리카 출신 이민자를 뜻하며, 2015년 기준 1억 명을 넘어서고 있다.
- **로하스(LOHAS)**
  Lifestyles of Health and Sustainability의 앞 글자를 딴 단어로, 건강한 삶과 환경 보존을 추구하는 생활방식이나 혹은 이를 실천하는 사람들을 뜻함.

점포 부활의 열쇠는 '습관화'에 있다

점포소매업에 있어 부동산 비용과 인건비는 이익 확보에 있어 부담이다. 이러한 비용 부담으로부터 해방된 인터넷판매는, 그것을 판매가격의 인하에 활용해서 점포소매업보다 낮은 저가격을 실현하고 있다. 비용 구성의 차이가 가격전략을 결정짓는다.

이에 대해 점포소매업은 인터넷과의 가격 경쟁을 피하고 종합적으로 만족도를 높여 고객의 지지를 회복하려는 움직임을 보이고 있다.

예를 들어 13~27세의 '틴(teens)' 층과 '영 어덜트' 층은, 친구와 함께 즐겁게 시간을 보낼 수 있는 것과 매력적인 디스플레이를 이유로, 점포에서의 구매를 선택하는 경향도 보인다. 중·고령층도 점포 직원들과의 직접적인 접촉을 원한다는 이유로 점포를 이용하는 경우도 많다.

미국의 마케팅 회사가 조사한 바에 따르면, 점포에서의 구매를 선택하는 이유로 구매환경과 접객을 들고 있다(〈표 9〉). 소비자가 점포에 바라는 바를 새로운 시각에서 바라보고 구매습관을 부활시키는 것으로, 점포가 다시 부상할 수 있는 길이 있는 것이다.

〈표 9〉 인터넷보다 실제 점포를 선택하는 이유

상품 관련	보고, 상담해서 사고 싶은 상품	선도를 요하는 상품과 취향성이 강한 상품을 구매할 때 갓 나온 델리 상품·샌드위치·빵을 구입할 때 전문성이 높은 상품은 상담해서 사고 싶을 때 코디네이션을 한 상품구색과 진열을 해놓았을 때
	즉시 사용상품	바로 먹을 수 있는 상품 긴급을 요하는 상품

	희망하는 상품의 구색	자신의 니즈에 맞는 상품이 진열되고 바로 찾을 수 있음 마음에 든 PB상품을 살 수 있음
	소용량·저가격대 상품	소가족용 소형 패키지 상품과 소량 구매가 가능함 낮은 가격대의 상품은 점포에서 사는 쪽이 유리함
서비스 관련	페이스 투 페이스 (대면) 서비스 기능	시식·시음·시착·시험사용이 가능하고, 새로운 상품에의 체험이 가능함 화장품을 파는 것만이 아니고, 전문가가 메이크업을 해줌 의류와 화장품을 구입할 때, 무료로 개인별 색상/골격/피부 등의 진단과, 적절한 상품을 어드바이스해줌 선물용 포장을 해줌 당일 배달, 당일 설치를 해줌
	문제해결 서비스	반품과 클레임을 쉽게 할 수 있는 시스템이 있음 애프터서비스가 뛰어남 희망하는 상품을 구입하도록 해줌
점포시설 관련	내점촉진 프로그램	로열티 프로그램에 가입함 '내점 포인트'와 '내점 포상쿠폰' 등의 서비스를 받을 수 있음 '시니어데이'가 있음 '알뜰구매세일', '할로윈 축제', '크리스마스 세일' 등의 행사가 상시 이루어짐
	퀵쇼핑 기능	언제나 이용하는 점포라서 구매가 용이함 점두 진열과 점원으로부터의 정보로 효율적인 상품 선택이 가능함(인터넷에 의한 정보 수집은 시간이 걸리기 때문에)
	두근거리는 느낌	계절감 있는 진열과 행사가 있고, 점포에 머무는 것만으로 두근거리는 느낌을 제공함 점두가 하나의 커뮤니케이션과 같이 되어 있어, 다양한 배움 교실과 모임이 열림 오락과 여유로운 요소가 있음. 친구와의 수다가 가능하고, 커피를 마시며 편하게 함 럭셔리한 느낌이 있음
접객 관련	고객의 기분	인터넷 통신판매에서는 체험이 불가능한 '고객의 기분'을 느낄 수 있음 단골손님 직원이 있어서 일상적인 수다가 가능 주차장까지 구입한 것을 가져다줌 문제가 생겼을 때 끝까지 확실하게 처리해줌
	적절한 어드바이스	직원들이 자신의 취향을 알고 있어서, 적절한 어드바이스를 해주고 상품 선택을 도와줌 사용방법 문의에 정확하게 답해주고, 아울러 상세하게 상품 설명을 해줌 식재료의 맛있는 조리방법과 주류의 음주방법을 가르쳐줌 직원들이 상품의 장단점을 정직하게 이야기해줌 구입 후 관리와 사용방법을 제안해줌

2. '습관구매'란 무엇인가?

'습관 뇌'와 '판단 뇌'

깨닫거나 생각하거나 문제해결을 하는 잠재화된 의식이 담당하는 것은 인간 행동의 극히 일부에 지나지 않아서, 그 대부분은 짙은 어둠의 무의식이 차지하고 있다고 한다. 이러한 것에 대해 닐 마틴(Neal Martin)은, 그의 저서『습관구매를 만드는 법』(해와달 출판사)에서 뇌가 지각한 것을 인지하고 실행하는 의식의 부분을 '판단 뇌', 뇌가 무의식으로 처리하는 의식의 부분을 '습관 뇌'라고 정의하고, 습관의 중요성을 지적하고 있다.

즉, 판단능력이란 이론적으로 생각하거나 의식적으로 행동하거나 판단하는 것으로서, 의식을 집중시키는 행동으로는 알맞지만 한 번에 하나밖에는 이루어지지 않는다. 한편, 습관 뇌는 문자와 단어의 학습을 통해서 만들어질 수 있는 것이 아니라 경험이 쌓여서, 행동과 결과의 관련성을 반복하는 것에 의해서만 이루어진다. 그 과정에서 결과에 대한 포상이 있다면 행동의 습관화는 가속된다. 이를 위해 판단능력은 여러 번 경험한 것을 가능한 한 습관 뇌에 맡겨 자신의 부담을 줄이려 한다. 그 쪽이 뇌의 움직임이 편하고, 판단 뇌가 전부를 담당하는 것은 무리가 있기 때문이다.

이 설명에 비추어보면, 시니어 소비자가 단골점포를 방문하거나 특정 상품을 갖고 싶어 하는 것은, 오랜 인생 경험에 있어 판단 뇌를 사용해서, 같은 행동이 몇 번씩이나 겹치며 '학습 뇌'에 맡기게 된 결과라고 할 수 있을 것이다. 학습 뇌로 처리가 가능하면 편리하고, 일정한 만족감도 얻을 수 있다.

또한, 내점한 고객에게 다시 내점을 유도하기 위한 쿠폰을 제공해서 두 번째로 내점하게 되면, 또 다시 세 번째의 내점을 유도하는 쿠폰을 제공하는 방식으로 내점을 유도하는 메리트(이점)를 반복해서 전달하면, 습관 뇌의 활성화가 빨라지게 된다.

구매의 습관화에는 3개월

습관이란 일상적으로 반복되는 행동을 뜻한다. 예를 들어, 현관벨 소리가 나면 빠른 걸음으로 현관을 향할 것이다. 횡단보도를 건너고 있을 때 보행자용 청신호가 점멸하기 시작하면 발걸음이 빨라질 것이다. 닐 마틴은 습관에 대해 저서에서 이렇게 기술하고 있다.

"인간의 행동은 반복을 거듭하고, 시간이 걸리며 조금씩 습관이 되어 간다. 그래서 한번 습관이 되면 어떤 신호에 반응해서 의식 없이도 몸을 움직이게 된다."

앞의 사례로 이야기하면, 행동의 반복에 의해서 현관벨 소리와 청신호의 점멸이 신호가 되어 그다음의 습관화된 행동이 일어나게 된다.

또한 닐 마틴은 일단 습관화된 행동은 반복되지 않아도 사라지지 않기 때문에, 판단이 관여하지 않는 부분이 제어되기 위해서는, 특별히 커다란 문제가 생기지 않는 한 습관적 행동이 멈추지 않고 계속될수록 습관화가 강해진다고 설명하고 있다.

이것을 구매행동으로 옮기면, 또한 특정 점포에서의 구매가 습관화되면, 특별한 사정이 생기지 않는 한 그 점포를 계속적으로 이용하게 된다. 그래서 소매점에 있어서 내점을 습관화시키는 방법이 요구되는 것이다.

공부와 정리정돈, 가계부 쓰기 등의 행동 습관은 1개월, 운동, 금연, 다이어트 등의 신체적 습관은 3개월, 플러스 사고와 윤리적 사고 등의 사고적 습관은 6개월이라고 자주 언급되는데, 행동 습관과 신체적 습관의 측면을 가진 구매행동은, 습관화에 3개월을 필요로 한다고 필자는 경험적으로 주장하고 있다.

미국의 어떤 미용실에서는, 신규 고객이 3개월간 4회를 내점하도록 할인권을 4회 보낸다. 내점 3일 후, 3주 후, 3개월 후의 시점에 맞춰 다이렉트 메일(DM)을 보내서 내점의 습관화가 이루어지도록 한다. 고객이 고정고객화할 확률은, 3개월에 1회 내점한 경우에 비해서 2회 내점한 경우는 4배, 3회 이상 내점한 경우는 7배 이상이 된다고 한다.

구매는 습관형 행동

소비자의 구매행동은, 크게 2가지로 나뉜다. 정보를 대부분 필요로

하지 않고 반복적으로 구매가 이루어지는 '습관형'과, 고급 제품과 특산품을 구입할 때 정보를 모아 숙고해서 상품을 선택하는 '숙려(熟慮)형'의 2가지이다. 소비자 구매행동의 많은 부분을 차지하는 것은 전자의 습관형이다.

예를 들어 슈퍼마켓과 드럭스토어, 편의점 등 내점 빈도가 높은 일상용품의 점포에서 보이는 구매행동은 '언제나 이용하고 있는 점포라서'라는 단순한 이유에 의한 경우가 많다. 이것은 습관형의 구매행동이다.

숙려형은 원래 비율은 낮지만, 그 숙려형의 구매행동으로 시작되었어도 '언제나 사고 있다', '신뢰가 가는 직원이 있다' 등의 이유로 습관화되고 있는 경우가 적지 않다. '즐겁다', '기분이 안정된다' 등의 이유로부터 단골 레스토랑을 반복해서 이용하는 것도, 숙려형 행동이 습관화된 것이다. 이처럼 생각하면 습관형의 구매행동이 어떻게 소비자 구매행동의 많은 부분을 차지하고 있는가를 알 수 있을 것이다.

또한 습관형과 숙려형의 차이는 구매시간에서도 알 수가 있다. 필자가 주재하는 드럭스토어연구회가 이전에 실시한 조사에서는, 1회당 구매시간은 숙려형 이용이 많은 백화점이 60분이었다. 이에 비해서 습관형이 많은 슈퍼마켓이 30분, 드럭스토어가 10분, 편의점이 5분이라는 결과가 나왔다.

희망구매 시간에 있어, 간단하게 구매를 마치고 싶은 사람의 비율은, 슈퍼마켓이 76%, 드럭스토어가 82%, 편의점이 89%라는 모두 높은 수치를 나타냈다. 소비자의 상당수가 평소의 구매에 그다지 시간을 쓰고 싶지 않다고 생각하고 있는 것이다.

그 결과 습관형 행동은 증가된다. 소비자는 매장과 상품구색이 머리에 박혀 있는 익숙한 점포를 무의식중에 이용하기 쉽다. 식료품과 생활용품을 판매하는 점포에서 습관형 구매행동이 어떻게 중요한 것인지 쉽게 상상이 된다.

하지만 구매를 빨리 마치고 싶어도 일정한 만족 기준을 채우고 있는가 아닌가는 중요한 문제이다. 쇼트타임 쇼핑은 희망하는 구매행동의 필요조건일 수는 있지만 충분조건은 아니다. 만족할 수 없었던 점포와 상품에 대해서 고객은 로열티를 갖지 않고 재방문, 재구매의 대상으로부터 해당 점포와 상품을 제외한다.

'절차의 기억'이 습관을 만든다

습관에 크게 관여하는 것은 '기억'이다. 기억에는 몇 가지 종류가 있다고 알려져 있다. 기억되는 기간에 따라 분류한 '감각기억', '단기기억', '장기기억'의 3가지이다.

우선 오감을 담당하는 감각기관을 경유한 정보는 '감각기억'으로서 몇 초만 기억된다. 이것은 감각정보로 불과 0.5초라고 알려지고 있다. 감각기억을 이어받는 것이 '단기기억'이다. 감각기억의 정보는 대부분 잊혀지지만 뇌가 관심을 가진 정보만 '단기기억'으로서 수십 초간 뇌에 머문다.

하지만 단기기억으로서 기억이 가능한 양도 기껏해야 5개 전후다. 게다가 잠깐 동안 기억되는 것에 대하여, 반복해서 깨닫는 등의 어떤 행동을 하지 않으면 잃어버린다. 그리고 최종적으로 반복에 의해 남은 정보가 '장기기억'이라는 형태로 뇌에 축적된다. '기억력이 좋다, 나쁘다'라고 자주 이야기되는 것은, 이 장기기억의 문제를 말하는 것이다.

예를 들어보자. 매장 진열과 텔레비전을 보고 '맛있겠다', '뛰어나다', '아름답다' 등을 느끼는 것은 감각기억과 단기기억이다. 디스플레이와 데모 판매, POP, 광고 등에 영향을 받아 충동구매를 하는 것은 감각기억과 단기기억이 자극을 받기 때문이다.

이에 대해 습관과 밀접한 관계인 것이 장기기억이다. 단기기억으로서 머무는 시간이 길수록, 또다시 반복되는 정보일수록 장기기억으로 남겨지기 쉽다. 고객은 장기기억으로부터 정보를 찾아내어 습관적인 구매를 한다. 장기기억을 실제의 구매로 연결하는 것은 '생각나게 하고', '깨닫게 하는' 것이 중요하다. 예를 들어, "간장이 떨어져서 사야 해", "크리스마스가 가까워져서 선물할 것으로 사야 해" 등이다.

또한 장기 기억은 그 내용으로부터 분류하는 것이 머리에 떠오르는 '진술적 기억'과 몸으로 깨닫는 '절차의 기억'이다. 진술적 기억은 어려운 한자를 외우거나 계산방법을 생각하거나 하는 것이고 절차의 기억은 반복에 의하여 학습되는 기억이다.

절차의 기억은 젓가락질, 양복 착용, 칫솔질, 출근 방법 등과 같이 매일 습관적으로 행하는 것과, 자전거를 타는 법, 스키 타는 법 등과 같이 같은 경험을 반복하며 형성된다. 그리고 기억이 일단 형성되면 자동적으로 기능해서 장기간 보관되는 특징이 있다. 절차의 기억에서 중심적인 역할을 하는 것은 '대뇌기저핵(Basal ganglia)'•과 '소뇌'라고 불리는 부분으로, 여기서 절차의 기억이 모아진다고 알려져 있다.

습관을 허물면 고객이 움직이기 시작한다

일상의 습관적인 행동은, 이 절차의 기억에 크게 관계하고 있다. 앞에서 이야기한 대로 절차의 기억은 경험과 행동의 반복에 의해 만들어져서 한 번 형성되면 그것이 지속되기 때문이다. 이것을 잘 이용하면 기억을 구매로 연결하는 것이 가능하다.

월그린에서는 가끔 내점하여 한번에 많은 구매를 하는 고객을 '볼륨 쇼퍼(volume shopper)'라고 부른다. 1회당 구매금액이 크기 때문에 가격에 민감해서 고정고객화가 어려운 고객이다.

한편 월 6회 이상 내점 고객은 방문 횟수가 높은 구매고객을 뜻하는 '하이프리퀀트 쇼퍼(high frequent shopper)'라 부르는데, 1회당 구매금액은 볼륨 쇼퍼보다 적지만 연간 금액은 하이프리퀀트 쇼퍼 쪽이 많다. 또한 1회당 구매금액이 적어서 가격에 대한 의식은 희박하고 점포의 이익에 대한 공헌도는 높은 편이다.

실제 하이프리퀀트 쇼퍼는 고객 수의 10%, 매출의 50%를 차지하고, 월 6~14회 내점하는 고객의 56%가 드럭스토어에서는 월그린밖에 이용하지 않는다. 내점 빈도가 높은 사람일수록 로열티도 높아지는 경향을 보인다.

이를 위해서 월그린에서는 하이프리퀀트 쇼퍼 고객 수를 20%로 해서

• 대뇌기저핵(Basal ganglia)
대뇌피질, 시상, 뇌간, 기타 다른 뇌 부위들과 상호 연결되어 있으며, 수의운동 조절, 절차상 학습, 습관, 눈의 움직임, 인식, 감정 등의 기능들과 관련 있는 부위.

월 내점 빈도를 8회 이상으로 하는 것을 목표로 하고 있다. 내점 횟수를 늘려서 절차의 기억 정착에 의한 내점을 습관화시키기 때문이다.

사람에게는 여러 가지의 습관이 있다. 일찍 일어나면 이를 닦고 아침 식사를 한다. 등교와 출근 때에는 역까지 정해진 길을 따라 걷는다. 그리고 일과 공부를 하고 점심에는 점심식사를 한다. 3시쯤 되면 커피를 마시고 귀가 길에는 술 한잔을 한다. 집에 돌아와 샤워를 하고 저녁식사를 한다. 식후에는 텔레비전을 보고 쉬면서 늘 같은 시간에 취침한다.

하루 일과를 되돌아보면 아무것도 생각하지 않고 학습적으로 행동하고 있는 경우가 매우 많다. 습관화되면 행동은 자동화되어, 습관으로부터 벗어나면 무엇보다도 지내기가 불편하다.

구매행동도 자주 이용하는 것 중에서 자동적으로 선택하고 있는 것이 많다. 언제나 사용하는 상품은 습관화되어, 그 상품을 매장에서 바로 집어서 쇼핑카트에 집어넣는다.

이러한 자동화, 습관화된 구매는 선택에 고민할 이유가 없기 때문에 소비자에게 귀찮을 일이 없다. 점포에 있어서도 충성고객을 의미하는 '로열 커스터머(loyal customer)'가 되기 때문에 고마운 일이다.

월마트 창업자인 샘 월턴(Sam Walton)은, 창업 30년 즈음해서 세계 톱의 자리에 오른 이유를, "Satisfaction Guaranteed(고객의 만족을 보증합니다. 만약 만족하지 못하시는 경우는 언제라도 환불해 드립니다)"로 들고 있다. 습관 뇌와 판단 뇌에 입각해서 이야기하면, 구입한 상품이 만일 마음에 들지 않는 경우에 반품해주는 서비스는, 점포와 상품을 음미해야 구매한다고 하는 판단 뇌의 움직임을 약하게 해서, 깊이 생각하지 않고도 내점하도록 습관 뇌의 활동을 강하게 하는 것이라고 할 수 있다.

구매를 습관화시키는 것

그러면 구매를 습관화하는 포인트를 이야기해보자.

① 리센시×프리퀀시

구매를 습관화시키려면 어떻게 하면 좋을까? 그것은, '리센시(Recency, 바로 앞서 상품을 구입하였을 때부터의 기간)' × '프리퀀시(Frequency, 내점 빈도/구입 빈도)'로 결정한다. 리센시는 마지막 구매로부터의 경과시간을 의미하고, 경과기간이 장기화할수록 구매 체험의 기억이 희박해져간다. 따라서 경과시간이 긴 고객에는 메일과 쿠폰에 의한 내점 계기를 제공하는 것이 중요하다.

가장 걱정되는 것은 시간이 경과함에 따라 점포와 상품에 대한 이미지도 약해지고 이를 잊게 되는 것이다. 내리막길의 기업은 타이어의 공기가 조금씩 빠져가듯 서서히 악화되어간다. 고객의 이탈을 눈치채지 못하고, 눈치챘을 때는 이미 손을 쓸 수 없게 되는 경우가 많다. 미국 록펠러(Rockefeller)재단의 조사에 의하면, 고정고객이 줄어가는 이유의 1위는 '특별한 이유 없이(68%)'이고, 2위는 '불만이 정확하게 처리되지 않아서', 3위는 '경쟁점 이용(9%)', 4위는 '고객의 이사(9%)'로 크게 나뉜다.

연애를 하는 연인들도 만날 기회가 줄어들면 서로 감정이 달라지고 결국은 헤어지게 된다. 점포도 상품도 이와 같다고 할 수 있다. 빈번하게 접촉하며 소구하지 않으면 점포는 잊혀진다.

한편, 프리퀀시(내점 빈도)를 높이는 것은 사용 빈도가 높은 상품과 서비스를 적극적으로 제공하는 것이 포인트이다. 월그린에서는 프레시 푸드[샌드위치, 델리, 커팅과일, 채소, 이트인(eat+in) 코너, 로스팅된 커피 등]의 강화 외에, 헬스와 뷰티(미용) 카운슬링 행사 개최, 렌털 DVD 사업의 전개, ATM 설치, 택배 취급, 인터넷 구입상품의 점포 수취 대응, 각종 론(loan) 접수 등 내점을 촉진하는 다양한 상품과 서비스를 제공하고 있다.

② '고객 불만'을 없앤다

습관화를 촉진하기 위해서는 '고객 불만'을 줄이는 것도 중요하다. 고객 불만은 습관 프로세스를 망가뜨리는 최대의 원인이기 때문이다.

고객은 상품, 편리성, 서비스, 분위기, 가격의 5가지 가치를 종합적으로 판단해서 점포를 선택한다. 각각의 가치가 일정한 수준에 도달하면 구매습관이 정착된다. 반대로 불만족스러우면 습관 프로세스가 중단되고, 다른 점포와 상품에 대해 구매를 시도한다. 이른바 판단 뇌가 불만족스러움을 계기로 활성화하게 되는 것이다.

하나의 예를 들어 보겠다. 필자가 일했던 코카콜라에서 일어났던 일이다. 코카콜라사는 1985년 4월, '뉴코크(New Coke)'라는 신상품을 발매했다. 소비자가 익숙해져 있는 코카콜라 맛을 바꾸려고 시도한 것은 회사 역사상 최초의 일이었다. 코카콜라사가 100주년을 맞으며 경쟁사인 펩시의 추격이 있기도 했었다.

하지만 거액의 비용을 들여 면밀히 사전조사한 후, '이것이라면 펩시를 꺾을 수 있다'라는 맛을 내놓았음에도 불구하고 뚜껑을 열자마자 미국 전역에서 소비자들의 맹렬한 반대에 직면했다. 불매운동과 데모, 서명운동 등이 빠르게 확산되며, 코카콜라사가 만반의 준비를 했던 상품의 도전 결과는 좌절이었다. 발매 3개월 후에는, 종래의 제품을 '코카콜라 클래식'으로 부활시켜 '뉴코크'는 시장으로부터 사라져버렸다.

이 실패의 원인은 2가지이다. 하나는 소비자의 습관을 무너뜨린 것이다. 시장조사 시에, 지금까지 익숙해져 있던 코카콜라의 철수를 설명하지 않았기 때문에, 소비자는 신제품이 추가되는 것으로 생각해서 뉴코크에 높은 평가를 주었던 것이다. 그런데 '뉴코크'의 출현은 '예전의 코카콜라'를 없애고 오랜 시간 익숙해져 온 소비자의 습관성을 무너뜨려 버린다고 받아들였던 것이다.

1886년 조지아주 애틀랜타의 약사 '존 펨버턴(John Pemberton)'이 개발하여 미국의 발전과 함께 걸어온 코카콜라는, 많은 미국인에게 있어 성조기와 같은, 깊은 감정이 서려 있는 존재이다. 코카콜라사의 경영진은 미국인과 코카콜라 사이에 마음으로 연결된 정서를 읽지 못했던 것이다.

③ 구매의 어려움은 습관을 파괴한다

점포를 리뉴얼하자 손님이 오지 않는다. 패키지를 바꾸자 팔리지 않는다. 자주 있는 이야기다. 이것은 매장 변화에 따라 발생하는 구매의 어려움과, 패키지 변경에 따른 상품 인식률의 저하 등 습관화의 프로세스를 방해하면 나타나게 되는 것들이다. 같은 현상은 일상생활 속에서도 눈에 띈다.

예를 들어, 매일 출근하는 것은 습관화된 행동이지만, 일시적으로 도로공사로 인해 언제나 다니던 길을 통해 갈 수 없는 경우에는, 다른 길을 찾아 나서고 그 뒤에도 새로운 길을 계속 사용하게 되는 경우가 있다.

슈퍼마켓에서는 쇼핑바구니를 집고 늘 하던 대로 매장을 돌며 상품을 고른다. 매장이 변경되면 이런 습관화된 행동을 저해하게 되고, 구매가 어려워져서 고객이 이탈한다. 언제나 구입하는 상품이 결품된 경우도 습관을 무너뜨리는 원인이다. 습관적인 행동이 저해되어 뇌가 판단을 시작하면, 고객이 경쟁 상점으로 유출될 위험성이 높다. 구색과 가격, 점포의 분위기, 접객 등을 냉정하게 판단한다면 움직이게 될 것이다.

습관화의 메리트는 무엇인가?

행동을 습관화시키는 것은 점포에 있어서 열거할 수 없을 만큼 메리트(장점)가 있다. 다음의 3가지다.

① '퍼스트 초이스' 점포가 된다

행동이 습관화하면 뇌가 판단하기 전에 습관화된 행동이 시작된다. 예를 들어, 특정 상품을 구입하고 싶거나 특정 요리를 먹고 싶을 때는, 조건반사적으로 항상 이용하는 점포가 생각난다. 이것이 퍼스트 초이스(First Choice, 첫 번째로 선택되는) 점포이다. 퍼스트 초이스 점포가 되면 고객은 자동적으로 발길을 향한다.

② 의존 심리로 내점을 습관화

인간은 쾌감과 자극을 동반하는 행동을 반복하면서 그 행동이 습관화한다. 이른바 의존증이다. 의존증이라고 하면 알코올 의존증과 도박 의존증 등 부정적 이미지로 사용되는 경우가 많지만, 매일 정해진 점포에 가지 못하면 침착하지 못한 상태가 되는 것도 일종의 의존증이라고 할 수 있다.

얼마 전 어떤 젊은 부부가 텔레비전 프로에 출연했다. '남편이 하면 싫은 것'에 대해 질문을 받은 부인은 "회사로부터 귀가 시 편의점에 들르지 않고 바로 왔으면 좋겠다. 편의점에 들르면 필요 없는 것까지 사온다"라고 대답했다. 이 남편은 일종의 편의점 의존증 상태에 빠져 있었던 것이다. 부인의 심정은 충분히 알겠지만, 점포의 입장에서는 이러한 고객이 늘어나면 내점 빈도가 높아져서 고객으로 북적이게 된다.

③ 습관화를 통해 편파적으로 본다

로버트 자이언스(Robert B. Zajonc)라는 미국의 심리학자는 "인간은 모르는 사람에게는 비판적이고 냉담하게 대한다. 인간은 만나는 횟수가 늘어날수록 호감을 갖게 된다"라고 했는데, 이를 '자이언스의 법칙'이라고 한다.

'정(情)이 옮겨간다'라고 하는 이야기가 있지만, 인간은 만나면 만날수록 거리감이 줄어들고 벽이 없어진다. 점포도 똑같다. 내점이 습관화되면 고객은 그 점포에 호감을 갖게 되어서 편파적이 되는 경우가 많다.

세븐일레븐의 습관화

현재 일본의 소매업 가운데 가장 성공한 것은 편의점일 것이다. 그중에서도 세븐일레븐은 다른 체인을 압도한다. 도대체 어떤 이유로 세븐일레븐은 번창하는 것일까?

필자는 오래된 가맹점의 오너로부터 점포에 대해 실제 보고 들으면서 세븐일레븐이 여기까지 성장할 수 있었던 이유의 1가지로, 구매의 습관화에 적극적으로 임해왔음을 알 수 있었다.

그중 1가지가 주간지 등의 잡지 판매이다. 세븐일레븐은 주간지 등의 잡지 구색을 충실히 갖추고, 내점 고객의 인식도를 높이기 위해 외부에서 매장 내부가 보이는 쇼윈도 너머로 잡지 견본을 배치했다. 주간지는 주 1회 내점 고객을 대상으로 '위클리(weekly) 스토어'로서의 내점 습관화를 겨냥하고 있다.

또한 1주간 수차례의 내점을 유도하기 위해 소프트드링크 등의 구색에도 충실했다. 아침, 점심, 저녁 식사에 따르는 수요를 위해서 밥과 빵, 디저트를 다양하게 갖춰 매일 수차례의 내점을 꾀한 '아워리(hourly) 스토어'로서의 성격도 강화하고 있다. ATM기와 복합복사기의 도입, 택배 취급, 주문 서적의 무료 수취기능, 주민등록증 사진 촬영 등의 행정서비스, 티켓 구매, 세븐포트(무료 Wi-Fi) 설치, 공공요금 등의 수납 대행, 선불카드 판매, 이트인(eat+in) 코너 설치, 점포로 배송된 세븐인터넷쇼핑 주문상품 수취 등 서비스 상품의 구색도 충실하게 갖춰 내점 동기를 지속해서 확대해가고 있다.

이 결과 세븐일레븐은 현재 '미닛(minute) 스토어(분 단위 내점 빈도 점포)'가 되어, 1일 3회 내점하는 고객도 결코 신기하지 않은 결과를 만들어냈다. 초(超)협소상권 속에서 내점 빈도를 높이고 구매를 습관화하여 지속적으로 고객 수를 늘려가고 있는 것이 세븐일레븐의 모습이다.

이러한 움직임은 더욱 빨라져서 세븐일레븐에서는 식사류 배달서비스와 방문에 의한 상품주문 접수 등 점포 밖을 향한 습관화 구축을 확대하고 있다. '구매하러 간다'만이 아니라 '점포로 찾아오는' 상태를 만듦으로써 고객은 매일 세븐일레븐과 얼굴을 마주한다. 세븐일레븐은 '자이언스(Zajonc)의 법칙'대로, 만나면 만날수록 호감이 생겨나는 상태를 만들어 습관화에 성공했다.

습관화로 성장하는 인터넷판매

미국의 소매업은 2020년까지 매년 4% 정도의 성장이 예상된다. 그것을 이끄는 것이 인터넷판매다. 인터넷판매 시장은 같은 기간 4배로 시장 확대가 예상된다. 현재 무점포 판매의 매출 비중은 전체 소매 매출의 12%에 지나지 않지만, 인터넷판매의 확대로 장래에 30%에 달할 것으로 예측된다. 인터넷판매의 성장은 '폭넓은 구색', '편리성', '저가격'에 의한다고 할 수 있지만, 1가지 더 큰 이유는 습관성이다.

많은 사람이 집에 있든 회사에 있든 컴퓨터와 스마트폰을 사용한다. 지하철에 타서도 스마트폰을 사용하고, 보행 중에도 자전거를 타면서도 조작하는 사람도 적지 않다. 비행기에서도 탑승 직전까지 화면에서 눈을 떼지 않고, 착륙 후 사용허가 사인이 떨어지자마자 스마트폰을 켠다.

외출할 때도 지갑과 집 열쇠보다도 스마트폰을 두고 나가는 것이 보다 더 큰일이라고 생각하는 사람이 많은 것 같다. 스마트폰 등의 IT 기기를 조작하는 것이 습관화되고 의존증적인 상태에 빠져버리는 것이, 인터넷 판매가 급성장하는 배경이라고 할 수 있다.

또한 인터넷 구매 시에는 지갑으로부터 현금을 꺼낼 일이 없어서 금전 감각이 마비되어 구매단가가 고액화하는 경향이 있다. 라스베이거스에서 도박이 칩으로 이루어지기 때문에 금전 감각이 희박해지는 것과 같은 논리다.

'고객만족도조사'는 쓸모 있을까?

미국의 소매업은 1980년대 이후 고객 만족을 높임으로써 재방문을 유도하여 매출과 이익을 높여왔다. 이른바 고객만족(Customer Satisfaction), 통칭 'CS 붐(boom)'이다.

하지만 포럼코퍼레이션의 조사에 의하면, CS조사에서 '만족했다'고 답한 고객 중에서 최대 40%의 사람이 그 뒤 이용했던 기업과 점포를 바꾸었다고 한다. 그리고 이탈 고객의 85%가 이용하지 않았던 회사에 '만족하고 있다', '매우 만족하고 있다'라고도 답하고 있다. 이 결과는, 고객을 만족시키는 것만으로는 반드시 매출, 이익의 향상으로 이어지지 않는다는 것을 보여준다.

이러한 결과에 있어서 CS조사는 편견이 개입되기 쉽고, 타깃 고객이 진정으로 만족하고 있는가를 알 수 없고, 고정고객의 만족을 경시하는 경향이 있다. CS 정도가 높다고 하는 조사결과로 기업이 자만하여 그 후에 노력을 태만히 하는 등의 이유를 생각해볼 수 있다. 또한 CS조사는 일반적으로 높은 점수가 나오기 쉬운데, 그것은 고객이 자신이 사용하고 있는 상품과 서비스를 낮게 평가하면, 자신이 어리숙해 보일까봐 우려해서이다.

하지만 만족했던 점포를 이탈하는 가장 큰 이유는, 어떤 이유로 구매습관이 방해를 받은 것이라고 필자는 생각한다. 만족도가 높은 고객이 점포를 이탈하지 않도록 하는 것에는, 내점을 습관화시키는 노력이 가장 중요하다.

습관화의 메커니즘

우리들이 매일 반복하는 행동은 습관화되어서, 그 횟수나 세심한 순서까지는 확인하지 않고 대부분 자동적으로 행해진다. 습관화되지 않으면 매일의 생활에서 일어나는 다양한 일을 뇌에서 처리해야 하고, 우리들의 뇌 활동은 펑크가 나게 될지도 모른다. 그 메커니즘을 이해하는 것은 소비자에게 습관구매를 정착시키는 것에 있어 중요한 일이다.

『습관의 힘(The Power of Habit)』의 저자 찰스 두히그(Charles Duhigg)는 자신의 저서에서 동물실험으로부터 확실해진 '습관의 고리'가 명확해졌다(〈표 10〉)고 했다. '습관의 고리'란, ① 신호(Cue, 취할 행동을 환기시키는 신호), ② 일상(Routine, 시작에 반응해서 일어나는 관례적인 행동과 사고), ③ 보상(Reward, 행동의 결과에 대해서 부여되는 만족

〈표 10〉 습관고리의 개념도

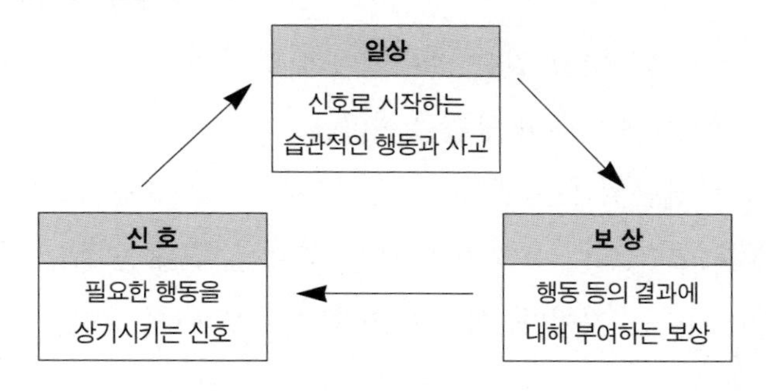

의 보상)의 3가지로부터, 시작에서 보상까지가 제대로 이어지면 기대와 욕구가 강화되어 습관으로 정착된다고 한다.

이 습관의 고리를, 비즈니스로 살린 경우도 많다. 예로는 19세기로부터 20세기 초에 걸쳐 미국에서 활약한 카피라이터인 '클라우드 홉킨스(Claude Hopkins)'가 실현한 미국에 있어 칫솔질 습관의 정착이며, 일본 소매업으로 이야기하면 편의점 세븐일레븐의 성공이 그것이다.

첫 번째로 세븐일레븐의 '신호'는, 매일의 생활에 유용한 상품과 서비스의 구색이다. 세븐일레븐은 아침에 일어나서부터 밤에 잠자리에 들 때까지 이용하는 의식주 상품을 갖추고, 은행과 행정서비스, 택배 취급 등 편리함을 높이는 서비스 범위도 넓혀 소비자 생활의 일부가 되고 있다. 이렇게 다양하고 편리한 상품과 서비스를 제공하는 것이 습관구매의 시작이다.

두 번째로 세븐일레븐의 '일상'은 시간적, 공간적으로 친밀한 존재로 만들어진다. 세븐일레븐은 24시간 영업을 기본으로, 대략 전국에 2만 개에 가까운 점포가 있으며 빈번하게 이용할 수 있는 조건을 갖추고 있다. 또한 점포 구성과 매장, 구색, 접객 서비스 등이 표준화되어 있는 것도 '일상'화를 촉진하고 있다. 소비자에게 알기 쉬운 점포 만들기가 습관화의 장애물을 걷어내고 있는 것이다.

세 번째로 세븐일레븐의 '보상'은, 오리지널 상품을 중심으로 하는 맛있는 상품, 청결함이 유지되는 매장, 퀵쇼핑, 환대 넘치는 서비스 등을 즐길 수 있다는 것이다. 이러한 만족감이 그 구매 체험을 뇌에 고정시켜서 습관의 고리를 지속해서 회전시켜 가는 것이다.

제2장

브랜딩과 마인드셰어

3. 브랜딩을 낳는 습관화

습관화를 촉진하는 브랜딩

행동의 습관화가 뇌를 합리적으로 움직이고, 그것을 살리는 것에서 비즈니스 기회가 생긴다는 것을 이해했을 것이라 생각한다. 그러면 행동을 습관화하기 위해서는 무엇이 필요할까? 그중 하나가 '브랜딩'이다.

소비자가 무엇인가를 필요로 할 때, 자연스럽게 '첫 번째 선택(First Choice)' 점포로 선택되고 습관적으로 내점하는 어떤 경우에도 점포에 대한 신뢰가 중요하다. 신뢰가 가지 않는 점포는 소비자가 가지 않는다. 신뢰를 주기 위해서는 브랜드의 확립과 유지, 결국 브랜딩이 관건이다.

신뢰에 대한 관심의 정도는 소비자의 평소 행동을 통해서도 알 수 있다. 소비자는 경계심을 갖고 '이 점포는 신뢰할 수 있을까?', '뭔가 싫은 것은 없을까?' 하며 항상 점포를 체크하고 있다. 레스토랑을 이용할 때도 인터넷으로 평판을 체크하거나 고객 수와 분위기를 살펴본다.

그리스어로 에토스(신뢰), 파토스(감정), 로고스(논리)라는 말이 있다. 고대 그리스 철학자로 플라톤의 제자인 아리스토텔레스는, 상대의 생각과 행동을 바꾸기 위해서는 에토스, 파토스, 로고스의 3가지가 필요하다고 했다. 이것을 점포에 적용하면, 파토스는 점포의 분위기와 접객 서비스, 로고스는 구색과 가격이 되겠지만, 반복해서 내점하도록 하기 위해서는 에토스(신뢰)가 가장 중요하다. 그 신뢰를 높여주는 것이 브랜드다.

브랜드가 승패를 결정한다

21세기에는 기업이 소유한 자본과 자산보다 브랜드력이 경쟁의 승패를 결정짓는다. 기업을 지켜줄 수 있는 것은 소비자이고, 소비자가 신뢰의 척도로 삼는 것이 브랜드이기 때문이다.

소비자는 일반적으로 다소 가격이 높아도 이름을 알지 못하는 상품보다 잘 알고 있는 상품을, 이름을 들은 적 없는 점포보다 이름이 알려진 점포를 선택한다. '이름이 알려진'이라는 것은 브랜딩이 이루어지고 있고 존재가 인지되고 있다는 것이다.

소비자가 무엇인가를 사고 싶다는 생각이 들 때, '저 점포에 가보자'라고 조건반사적으로 이름을 머리에 떠올릴 수 있는 점포가 된다면 내점율은 높아지고 습관화로 연결된다. 소비자에게도 결정된 브랜드가 있다면, 점포와 상품을 굳이 살펴볼 필요 없이 평소의 습관대로 구매하면 되기 때문에 편리하다. 그리고 일정한 만족을 얻으면 소비자는 신뢰하는 브랜드를 반복해서 계속 구매하고, 브랜드에 대한 호의적인 감정을 높인다.

브랜딩이란 무엇일까?

브랜드(Brand)는 기업과 상품에 공통의 이미지와 가격을 만들어준다. 그 어원은 자신의 가축에 불로 달군 낙인을 찍어 소유권을 주위에 알리는 행위를 뜻하는 'Burned(소인을 찍다)'라고 하는 단어에서 유래했다. 미국 마케팅협회에서는 브랜드에 대해서 '어느 판매자의 물건과 서비스를 다른 판매자와 식별하기 위한 이름, 용어, 심벌, 기타 특징'이라고 정의하고 있다.

일반적으로 이야기하는 브랜드는 일종의 가치 있는 자산을 뜻하는 것으로 '브랜드 에쿼티(Brand Equity, 자산)'를 의미한다. 기업에 있어서는 숫자와 형태로 구체화할 수는 없지만 소비자의 심리와 행동에 파고드는, 표현하기 어려운 자산이며, 고객에 있어서는 신뢰의 지표를 의미한다. 이 브랜드를 구축하고 키우고 유지, 관리하는 것이 브랜딩이다.

브랜드에는 '식별수단', '신뢰의 지표', '사용가치'의 3가지 역할이 있다고 알려져 있다. 첫 번째 식별수단은, 점포와 제품을 경쟁 상대와 구별하는 수단으로서의 역할이다. 수많은 점포와 상품에 대해서 소비자가 자신이 필요로 하는 것을 정확하고도 순식간에 판단하는 것은 어렵다. 이때 그 판단을 도와주는 것이 브랜드이다. 평가가 어려울수록 소비자는 브랜드를 근거로 품질을 판단한다. 브랜드명과 브랜드 이미지는, '지각(知覺)품질(소비자가 점포와 제품에 대해서 인식하는 품질의 경우)'에 영향을 끼쳐 차이가 그다지 나지 않는 점포와 제품을 식별하는 소재가 된다.

두 번째 역할은 신뢰의 지표이다. 이는 특정 기업과 제품의 신뢰 여부를 판단하는 정보 수집에 대한 부담을 줄여준다. 소비자는 머리로만 판단하는 것이 아니라서 지속적인 구매가 가능하게 된다.

세 번째는 사용하는 만족감이다. 이것은 브랜드 자체의 가치가 제공하는 만족감을 뜻한다. 예를 들어, 벤츠를 타는 사람과 에르메스 핸드백을 가진 사람은, 그것을 소유하는 것만으로 행복함과 우월감을 느낀다. 그리고 호감이 가는 브랜드 이미지는 점포와 제품의 품질에 대한 평가를 높여준다.

습관화된 구매행동에 있어서도 소비자의 선택은, 가격과 프로모션만이 아닌 브랜드 평가의 영향을 받는다. 특히, 브랜드는 식별수단과 신뢰의 지표로서 역할이 크고, 호감이 가는 이미지를 가진 브랜드만큼 높은 빈도로 구매되고 있다고 한다.

대표적인 사례가 디즈니랜드다. 한 번 방문한 사람들의 90% 이상이 다시 찾고 있다는 것은 틀림없이 브랜딩의 덕택이다. 브랜드력이 높은 만큼 고객들의 충성도가 높아지고 브랜드에 대한 품질평가도 높아진다. 그 결과 재방문을 이용한 습관화의 강력한 선순환을 만들게 된다.

브랜드 강화에 필요한 것

브랜드를 구축하고 강화하는 것에는 '신용가치', '사용가치', '이미지가치'의 창조가 중요하다. 월그린의 예를 보자.

먼저 신용가치란, 올바른 기업이념과 실현을 향한 부단한 노력이 가져다주는 기업에 대한 신용이다. 월그린은 'The Pharmacy America

Trusts(미국민과 국가로부터 신뢰받는 의약품 판매점임을 창조하고 지역 사람들의 건강에 공헌한다)'라는 기업이념을 내세우고 그것을 위해 매일 일한다.

〈뉴욕타임즈(New York Times)〉는 드럭스토어를 사회의 인프라로 인식하고 지진·태풍과 같은 재해가 닥쳤을 때에도 약이 필요한 사람들을 위해 계속 점포를 열어두는 모습을 보고 "지구가 멸망해도 월그린 점포는 열려 있을 것이다"라고 칭찬했다. 또한 점포를 이용한 환자가 사망하면, 집으로 조문을 가서 가정의 경제 상황을 보고 복용하고 있던 약과 기타 상품을 인수해서 그만큼의 대금을 반환해준다. 이것은 망자의 가족들에게 불필요한 부담을 덜어주고자 하는 월그린의 이념에 기반한 것이다. 그리하여 월그린은 1901년 창업 이래 소비자의 두터운 신뢰를 바탕으로 꾸준히 발전하여 세계 제일의 드럭스토어로서 군림하고 있다.

두 번째 사용가치란, 점포를 이용하거나 상품을 사용한 경우의 소비자 만족도를 뜻한다. 사용가치가 높으면 신뢰감이 높아지고, 반대로 낮아지면 지금까지 쌓아온 브랜드가 일순간에 무너져버린다. 월그린은 분위기가 좋은 점포 만들기와 상권 니즈에 맞춘 상품구색, 고객을 환대하는 접객 등을 철저하게 지켜서 'Well Experience(쾌적한 체험)'의 실현을 겨냥하고 있다. 계산을 마친 모든 고객들에게 "내점해주셔서 감사합니다"라는 감사 인사에 계속해서 "Be Well(행복하기를 바랍니다)"이라고 말하는 것도 이러한 일환이다.

세 번째 이미지가치란 고객이 느끼는 기쁨과 안심으로부터 오는, 점포와 상품에 대한 이미지를 의미한다. 미국의 우수한 소매업체의 상당수는 고객이 구입한 상품에 만족하지 못할 경우, 사용 후에도 반품을 받아주는 '만족보증' 서비스를 제공하고 있다. 또한, '자신에게 있어 가장 중요한 사람, 즉 어머니, 배우자, 자녀 등에게 권하고 싶지 않은 상품은 바로 매장에서 치워버린다'라는 원칙을 약속하는 기업이기도 하다. 이렇게 하여 소비자는 안심하고 구매할 수 있고 또한 기업에 대한 이미지 가치도 높아지게 된다.

브랜드 가치가 실적에 공헌한다

브랜드는 기업의 실적에도 공헌한다. 어떤 비즈니스 잡지에서 교토(京都)지역 상장기업의 경상이익 성장률이 도쿄(東京)증권거래소에 상장된 기업의 평균을 크게 웃돈다는 기사를 읽은 적이 있다. 그것은 교토 기업이 가진 이념과 철학, 원칙 때문이었다. 교토지역 기업의 경영자는 경영이념이 확실하기 때문에 경영의 축이 흔들리지 않고 버블경제 시대•에도 굳건히 본업에 전념해왔다. 그것이 기업이 고수익을 창출하는 데 이바지했다고 설명한다.

미국의 영업실적이 뛰어난 기업들에게도, 장기적으로 이익을 내기 위해서는 '올바른 기업이념의 실현'이 필수적이라는 시각이 지배적이다.

예를 들어, 미국에서 존경받는 유명한 기업이념은, 세계 제일의 헬스

•버블경제 시대
버블(bubble)은 거품이라는 뜻으로, 일본의 1980년대 후반부터 1990년대 초의 불황기를, 정확하게는 1986년 12월에서 1991년 2월까지의 거품경기를 말한다.

케어 회사인 '존슨앤드존슨(Johnson & Johnson)'의 '우리의 신조'이다. '우리의 신조' 안에는 '소비자에 대한 책임', '종업원에 대한 책임', '지역사회에 대한 책임', '주주에 대한 책임' 등 4가지 책임이 명시되어 있다. 이 이념을 엄격하게 준수한 사례가 존슨앤드존슨이 시련에 직면했던 '타이레놀 사건'이다.

1982년, 슈퍼마켓에 진열되어 있던 존슨앤드존슨의 타이레놀 진통제에 누군가가 독극물을 집어넣어 몇 명의 복용자가 사망하는 불행한 사건이 일어났다. 당시 타이레놀은 시장점유율 1위를 차지하고 있었다. 존슨앤드존슨은 긴급 중역회의를 열고 즉시 상품의 전면 회수와 피해자에 대한 보상을 결정했다.

미국에서는 자신의 잘못을 인정하는 것은 매우 드문 일이다. 왜냐하면, 그에 따른 배상금액이 커지기 때문이다. 하지만 회사는 이러한 뼈아픈 사고를 감추지 않았고 다른 곳으로 책임을 돌리지도 않았다. 추가적인 피해를 막기 위해, 필자가 존경해마지 않는 당시의 제임스 버크(James E. Burke) 회장이 텔레비전에 출연하여 한 시간에 걸쳐 사건에 대한 보고와 타이레놀 사용 중지를 호소하고 반품을 촉구했다. 텔레비전을 통한 상품 회수의 고지와 보상으로 3억 달러 이상의 비용이 들었다고 한다.

그 뒤 FBI 등의 신중한 수사를 통해 존슨앤드존슨의 과실은 없는 것으로 밝혀졌다. 그래도 보상을 실행한 것은 경영이념 제1조에 "우리의 첫 번째 책임은 우리 제품 및 서비스를 사용해주는 의사, 간호사, 환자, 그리고 아버지와 어머니를 비롯한 전체 소비자에 대한 것이라고 확신한다"가 있었기 때문이다. 사고의 원인과는 별개로 이념을 완수하지 못했기 때문에 상품의 회수와 보상을 단행했던 것이다.

이러한 보상비용을 마련하기 위해 전 세계의 존슨앤드존슨 사원들에게 협력을 요청했고 그 결과 사원들의 보너스와 급여에도 영향을 주게 되었다. 하지만 사원들은 기꺼이 협력했다. 소비자에 대한 책임으로부터 도피하지 않고 이념을 완수하고자 하는 생각이 있었기 때문이다.

이 사건의 영향으로 타이레놀이 매장으로부터 철수되어야 한다는 사람도 있었지만, 소비자는 존슨앤드존슨의 책임 있는 행동을 높이 평가하여 그 후에도 타이레놀은 높은 시장점유율을 계속 유지했다. 존슨앤드존슨도 초우량기업으로서 브랜드 가치를 높이는 결과를 낳았다.

브랜드를 만드는 종업원

1971년, 워싱턴주 시애틀에서 회사가 설립된 스타벅스커피(이하 '스타벅스')는, 이곳에 다니다가 퇴사한 후 별도의 회사를 설립했던 하워드 슐츠(Howard Schultz) 회장이, 1987년에 자신이 근무했던 회사의 공장과 점포를 사들여 키운 회사이다. 하워드 슐츠는 시애틀 지역의 로컬브랜드로 시작되었던 스타벅스를 전 미국의 브랜드로 키워냈으며, 세계 60개국 이상에 진출하여 글로벌 브랜드로까지 성장시켰다. 슐츠 회장은 급성장한 이유를 다음과 같이 말한다.

"고객만족의 열쇠를 쥔 것은 고객을 직접 대하는 종업원이다. 그 종업원이 직장과 회사에 만족하지 못하면 고객 역시 만족할 수 없다. 왜냐하면, 종업원이 불평이 가득한 표정과 불만스러운 태도로, 기쁨이 없이 일한다면 고객을 위해서 혼신을 다할 수 없기 때문이다."

스타벅스에서는 기업이념에 부합하는 6가지의 원칙이 있다. 그중에서 "일하기 쉬운 환경을 제공하고 서로 존경과 품위를 갖고 대한다"라고 하는 종업원에 대한 책임을, 고객에 대한 책임보다 상위에 두고 있다. 그 배경에는 종업원이 직장과 회사에 만족하지 못하면 고객의 만족 역시 있을 수 없다는 생각이 있다. 일하는 즐거움이 없다면 고객을 위해 혼신의 힘을 다할 수 없다는 것이 슐츠 회장의 생각이었다.

슐츠 회장은 뉴욕 브루클린의 넉넉하지 못한 가정에서 성장했으며 부모님이 자주 싸워서 편하지 못하고 어두운 시절을 보냈었다.

"우리는 단순한 커피 이상의 것을 제공한다. 그것은 최고로 맛있는 커피, 진심 어린 접객, 'STARBUCKS Experience(스타벅스의 경험)'으로 불리는 편안한 분위기이다."

스타벅스는 종업원을 중요하게 생각하는 경영이념에 의하여 종업원 자신이 브랜드 가치를 높인 것이다.

브랜드 재구축으로 이미지 쇄신

브랜드 재구축의 새로운 전략을 내세운 슈퍼마켓인 홀푸드마켓(Whole Foods Market, 이하 '홀푸드')에 대해 이야기해보자.

홀푸드는 2007년 서브프라임 모기지 사태(subprime mortgage crisis) 이후 고객의 이탈이 늘어나며 실적이 추락했다. 미식가를 위한 매장이라는 고메(gourmet)스토어의 인상이 강해서 '고메=비싼 점포'라는 이미지가 소비자 사이에 확산되며 불경기에 의한 고객 이탈로 타격을 받았다. 여기서 홀푸드는 점포의 콘셉트를 고메스토어로부터 헬스푸드(health food) 스토어로 바꾸어 브랜드 재구축과 전략 전환을 꾀했다. 주된 내용은 다음과 같다.

- **고객에게의 약속(맹세):** 고객에 대한 약속을 명확히 하여, '안전, 안심한 서비스의 제공', '환경에의 배려', '지역사회에 대한 공헌'의 메시지를 점포 입구에 게시하였다.
- **건강에의 강한 고집스러움:** "건강하지 않은 식품과 지속 가능한 상품은 일체 판매하지 않는다"라고 선언하고, 품질에 대한 집념을 고객에게 알렸다.
- **영양평가 시스템 'ANDI(Aggregate Nutrient Density Index)'의 도입:** 청과, 식품, 음료 상품에 대하여 점수로 등급평가를 시작했다. 최고 점수 1,000점의 케일과 크레송(Cresson)으로 불리는 '물냉이', 오렌지 109점, 빵 25점, 최저 득점의 탄산음료 1점 등으로 상품별 영양점수를 상품정보 가격과 함께 표시했다.
- **사육 상황의 등급을 표시:** 가축의 사육 상황 조사에 의한 1~5단계의 등급을 표시했다. 최저 단계 1은, '닭장이나 우리를 걷어내고 자유롭게 움직이고 돌아다닐 수 있는 환경', 최고 단계인 5+는 '유기농 사료를 제공하고 양호한 환경에서 사육되는, 자연 속 동물의 환경과 같은 농장에서 사육'.
- **미국 농무성 인가 HBC 상품의 구색:** 유기농 HBC 상품(헬스&뷰티케어)의 선별을 시작하고, "앞으로 미국 농무성 등으로부터 정식으로 인가받

은 HBC 상품만을 취급한다"라고 선언.

- **식생활 개선 프로그램으로 '건강한 식생활을 시작하고 정보를 듣는다'는 의미의 '헬스·스타트(start)·히어(hear)'의 도입:** 어떤 기업에서 이를 도입하여 많은 종업원들의 비만 문제와 고혈압, 그리고 높은 콜레스테롤 수치가 단기간에 해소되어 매장에의 도입을 꾀했다.
- **바른 식생활 계몽:** 임산부와 젊은 엄마를 타킷으로 한 베이비클럽, 독신자와 어린이를 겨냥한 요리교실 등을 개최. 또한 홀키즈(Whole Kids)라고 하는 어린이를 겨냥한 매장을 만들고, 어린이에게도 바른 식생활을 지도.
- **환경의 배려:** 푸드마일리지(food mileage)를 도입. 환경에 부담이 적은 해당 지역 청과물의 도입과, 자사 기준을 만족하는 지역 기업에 상품 제조를 위탁. 푸드마일리지의 삭감과 지역 농가, 기업의 활성화, 산지 소비의 실현으로 나아가고 있다.
- **서스테이너블(sustainable), 지속 가능 사회 만들기에의 공헌:** 자기 점포에서 판매하고 있는 어패류 상품의 어획 상황을 조사. 멸종 위기종의 판매를 중지하고, 지속 가능 레벨을 색상으로 구분한 독자적인 등급평가표를 점포 입구에 게재.
- **에코 스케일(eco scale)의 도입:** 세제 등의 가정용품에 환경친화 정도를 보여주는 에코 스케일을 도입. 소비자가 쉽게 알 수 있도록 색상별(초록색부터 빨간색까지의 4단계)로 표시.

이러한 전략의 결과, 홀푸드는 부활하고 좋은 실적을 유지하고 있다.

4. 내점을 자동화하는 마인드셰어

마인드셰어를 높이는 3개 포인트

인간은 무엇인가 필요성을 느끼면 조건반사적으로 어떤 것을 생각해 낸다. 예를 들어, 맥주를 마시고 싶다고 생각하면 '아사히 슈퍼드라이', 넘어져서 손에 찰과상을 입었을 때에 '밴드에이드', 편의점에 갈 때에 '세븐일레븐' 등. 고유의 상품과 점포가 바로 떠오르면 그 브랜드는 사람들의 기억에 강하게 남아서, 고객과 판매자와의 공감을 뜻하는 '마인드셰어(mind share)'가 높은 상태라고 할 수 있다.

월그린은 소비자가 필요를 느끼면 바로 이름을 떠올릴 수 있는 점포가 되기 위해 기업으로서의 신뢰를 받는 'My Walgreen(나의 월그린)' 전략으로 나아가고 있다. 예를 들어, 기업광고로 만든 텔레비전 CM과 지역 자선활동에의 적극적인 참가, 대형버스로 전국을 순회하는 전국 건강상담회, 냉장고에 붙일 수 있는 자사 로고가 들어간 마그넷과 달력 증정 등 월그린의 마인드셰어를 높이는 것을 겨냥한 활동들이다.

또한 인터넷 고객만족도 조사를 통해 조사에 협조한 고객들을 대상으로, 매월 추첨을 통하여 최고 3,000달러에 당첨되는 특전도 부여하고 있다. 이 조사는 고객의 목소리를 바탕으로 서비스 수준을 개선하고, 고객의 참여의식을 높여 충성고객(loyal customer)으로 이끄는 것을 목적으로 한다. 마인드셰어를 높이기 위한 3가지 방법은 다음과 같다.

① 몇 번이라도 반복

심리학자인 자이언스(Robert Zajonc)의 '숙지성의 법칙' 대로 몇 번이라도 반복하면 기억 속에 정착한다. 자신의 주변에 점포가 4개점 이상이 있으면 그 존재가 기억에 남는다. 한 지역에 집중하여 출점하는 도미넌트(dominant) 출점•도 이러한 마인드셰어의 확대를 겨냥한 것이다.

② 메시지는 심플하게

기업이 발신하는 메시지는 심플할수록 기억하기 쉽다. 좋은 예가 나이키(Nike)이다. 이 회사의 'Just do it'과 같이 3~4개의 단어로 만들어지는 메시지는 기억되기 쉽다.

③ 감정에 소구하는 메시지

스토리와 비유에 의한 감성에 호소한 메시지는 인상에 남는다. 기억과 감정이 밀접하게 연결되어 있기 때문이다. 기업이 사회공헌활동을 적극적으로 행하는 것은 이러한 효과를 기대한 것이기도 하다.

• 도미넌트(dominant) 출점

슈퍼마켓, 편의점 등이 한 지역에 집중적으로 출점하는 전략으로, 물류와 관리, 판촉 등의 효율화와 비용 절감을 도모하여 상권 내에서 경쟁사보다 우위에 서는 것.

마인드셰어와 CSR 경영

월마트의 '에브리데이 로우프라이스(EDLP, Every Day Low Price)' 전략으로 대표되는 것처럼 20세기에는 '좋은 상품을 싸게 산다'라고 하는 경영효율의 논리가 경쟁에서 이기기 위한 근간이었다. 하지만 21세기가 되면서 사회에 필요한 것이 요구되는, 지구환경과 사회환경을 배려하는 CSR(Corporate Social Responsibility) 경영이 주목을 받고 있다. CSR 경영에서는 수익성의 확보와 기업의 안정 성장이라고 하는 '경제적인 면에서의 사회적 책임', 이산화탄소 배출량 삭감과 그린(green) 물류 등의 '지구환경 측면에서의 사회적 책임'이라는 3가지 책임을 달성하는 것이 요구되고 있다.

월마트는 싼 가격을 제공하는 EDLP에 의한 '경제적인 면에서의 사회적 책임', 재생가능 에너지의 사용률 향상, 지구온난화의 원인이 되는 온실가스 배출량의 삭감에 의한 '지구환경 측면에서의 사회적 책임', 환경친화적으로 농장노동자의 건강에도 좋은 유기농 재배 면을 이용한 의류 판매 등에 의한 '사회환경 측면에서의 사회적 책임'에 힘쓰고 있다.

또한 홀푸드는 해양관리협회 인증을 받은 수산회사가 어획한 어패류만을 판매하고, 월그린은 태양광과 풍력발전을 활용한 점포를 개발하고 있다.

한곳에 집중하여 마인드셰어를 높인다

한두 가지 평가를 받을 만한 현저한 특징이 있다면, 전체가 좋아 보인다. 이 같은 의식의 움직임을 심리학에서 '후광효과'라고 한다.

맛있는 음식을 소개하는 고메(gourmet) 잡지 등에서 화제의 중화 레스토랑이 자주 소개된다. 조금 짓궂게 이야기하자면, '맛있다고 평가한 사람은 그 식당의 요리를 전부 먹어봤을까?'라고 물어보고 싶은 마음이 든다. 하지만 실제로는 해산물이나 고기가 들어간 작은 만두 같은 '슈마이'와 중국식 볶음밥 '챠항' 등 일부 메뉴가 맛있었기 때문에 그 인상이 너무나도 강해서 "저 식당은 모두 맛있다"라고 평가하게 되는 것이다. 이런 사례에서 알 수 있듯이 식당의 평판을 높이는 것에는 전 메뉴를 맛있게 만드는 노력보다 몇 가지 요리로 좋은 평가를 받는 쪽이 시간적, 비용적으로 효율적이고 효과적이다.

마인드셰어도 같은 것이다. 고객의 마인드셰어를 높이는 것은, 전체에 대한 평균점수로 점포를 만드는 것보다 다른 곳에 지지 않을 강점을 1가지라도 만드는 것이 중요하다. 그것이 경쟁 상대와 싸울 무기가 되어 고객에게도 강한 인상을 남길 수 있다.

또한 약점을 보완하는 효과도 있다. 어린이 교육에서도 전체 과목의 평균점수를 올리는 것보다 한 과목에서 일등이 되는 것이 더 자신감이 생긴다. 그 결과, 다른 과목으로도 도전하고자 하는 마음이 생기고 전 과목 레벨업을 꾀하게 된다. 한 과목에서 '수'를 받으면 선생님과 학생들에게 주는 인상도 바뀌게 될 것이다.

미국의 소비자조사에 의하면, 소비자가 점포를 선택하는 이유 중 1위

〈표 11〉 신뢰를 구축하는 5가지 가치

가치	주요 구성요소
상품 가치	좋은 품질의 상품, 좋은 구색, 구매하기 쉬운 진열, 결품 제로
편리성 가치	좋은 입지, 장시간 영업, 퀵쇼핑
서비스 가치	좋은 접객, 카운슬링 능력, 만족 보증, 배달
분위기 가치	'와!' 라고 감탄하는 오감을 소구, 편안한 쇼핑 분위기, 청결함
가격 가치	정확한 가격, 공정한 가격, 보기 쉬운 가격 표시

가 '신뢰' 이다. 이 신뢰는 다음의 5가지 가치의 종합평가에 의해 실현된다(〈표 11〉 참조).

1위는 '상품 가치' 이다. 좋은 품질의 상품을 상권 니즈에 맞춰 구색을 갖추고, 찾기 쉽고 집기 쉽고 구매하기 쉬운 상태로 진열하여, 결품 없는 상태가 유지되도록 하는 것이다.

2위는 '편리성 가치' 이다. 고객이 내점하기 쉬운 점포이자 고객이 필요한 시간대에 영업을 하고(장시간 영업), 그리고 퀵쇼핑을 가능하게 하는 매장이 만들어지는 것이다.

3위는 '서비스 가치' 이다. 고객에게 있어 좋은 느낌의 접객, 고객의 입장에 서서 카운슬링, 고객의 만족을 보증하는 제도, 배달과 필요한 상품을 찾아서 제공하는 서비스 등이 차지한다.

4위는 '분위기 가치' 이다. 구매의 즐거움을 전하는 오감 소구, 편안한 쇼핑이 가능한 분위기, 청결함과 정리정돈을 빈틈없이 하는 것이다.

5위는 '가격 가치' 이다. 정확한 가격, 합당한 가격을 의미하는 공정한 가격, 보기 쉬운 프라이스 카드(price card)가 실현되는 것을 말한다.

하지만 이런 전체의 가치로 최고점을 받고자 하면 시간과 비용이 든다. 그렇다고 해서 5가지를 합쳐 평균점수가 되면, 고객의 인상은 바뀌지 않는다. 미국의 우수한 기업은 후광효과를 활용한, '1 Best, 1 Better, 3 Average'를 실천하고 있다. 즉 5가지 가치 가운데 1가지는 압도적이며 강력하고, 추가적인 1가지는 경쟁자보다 강하며, 나머지 3가지 가치를 업계 평균 수준 이상을 유지하여 효과적인 인상을 남기는 전략이다. 하지만 나머지 3가지 가치 가운데 어느 하나가 업계 평균을 밑돌면 나머지 가치도 낮게 보인다.

〈표 12〉는 미국의 대표적인 우량 소매체인 기업들의 5가지 가치에 대한 대응을 보여준다. 월마트는 가격가치로 Best, 상품가치로 Better(구색의 종합성), 나머지 3가지 가치는 평균을 상회하는 수준을 확보하고 있다.

월마트는 압도적인 강점을 가진 가격 가치로 인하여 서비스와 분위기, 편리성 등의 부족한 가치에 대해서는 고객들이 인내해준다. 가격 가치로는 9 아이템 중 8 아이템으로 최저가격을 보여주고 있다(〈표 13〉).

홈디포는 집을 짓거나 수리를 할 수 있는 상품의 압도적인 구색과, 전

〈표 12〉 미국 우량 소매체인의 중점 전략

기업명	1 Best	1 Better	3 Average
월마트(DS)	가격	상품	편리성·서비스·분위기
홈디포(HC)	상품	가격	편리성·서비스·분위기
월그린(Dgs)	상품	편리성	서비스·분위기·가격
홀푸드마켓(SM)	상품	분위기	서비스·분위기·가격
스튜레너드(SM)	분위기	상품	서비스·분위기·가격
노드스트롬(백화점)	서비스	분위기	상품·편리성·가격

※DS: 디스카운트스토어, HC: 홈센터, Dgs: 드럭스토어, SM: 슈퍼마켓

〈표 13〉 미국의 주요 업태·체인의 가격비교 (단위: US달러)

상품	월마트 (DS)	타깃 (DS)	월그린 (Dgs)	CVS 헬스 (Dgs)	세이프 웨이(SM)	랠프스 (SM)
질레트 세이빙 젤(면도크림)	1.97	1.97	3.49	2.99	4.29	3.99
네이처메이드 비타민	4.46	3.99	8.49	7.59	8.29	9.99
코카콜라	3.50	3.75	4.69	4.39	4.50	3.79
밴드에이드 30매	2.54	2.64	4.29	4.29	3.79	3.89
리치 칫솔	2.97	3.37	3.99	3.97	3.87	3.69
퓨전파워(면도날)	8.94	8.94	12.49	11.99	11.99	14.99
Always 16매들이(생리용품)	2.77	2.99	4.29	3.99	3.79	3.79
팬틴(샴푸)	6.49	6.49	7.99	7.78	7.49	7.79
뉴트로지나(핸드크림)	2.44	2.49	2.99	2.99	3.49	3.49

※ DS: 디스카운트스토어, Dgs: 드럭스토어, SM: 슈퍼마켓

문가들이 인정한 우수한 품질의 상품에 의하여 미국 1위의 홈센터가 되었다.

월그린은 조제약으로 미국 조제시장에서 20%의 시장점유율(처방전 매수 기준)을 기록하고 있으며, 전 점포를 온라인화하고 14개국 언어로 복약 지도를 하는 등 전문성에서 뛰어난 장점을 갖고 있다.

홀푸드는 먹거리에 대한 안전성을 확보하여 법률 이상으로 엄격하게 고품질관리기준을 설계해서, 기준을 채우지 못하면 잘 팔리는 NB(내셔널브랜드)상품이라도 구색에서 배제해버린다.

또한 점포로부터 7마일 내의 계약농가에서 수확한 채소를 우선적으로 판매하고, 건강에 좋은 '지역생산 지역소비'를 추진한다. 이러한 유기농 상품은 가격이 비싼 편이지만 로하스 고객층으로부터 뜨거운 지지를 받고 있다.

슈퍼마켓인 스튜레너드(Stew Leonard's)는, '와!'라고 고객들이 감탄할 만큼 즐거운 분위기를 연출하는 데 있어 독보적이다. 점포 밖에 미니 동물원이 있고, 상점 안에는 동물 인형이 노래를 부르고 춤을 춘다.

백화점인 노드스트롬(Nordstrom)은 압도적인 접객서비스로 고객을 매료시킨다. 구두를 사기 위해 가면, 반드시 3켤레 이상의 시착 상품을 준비해서 가장 적절한 상품을 선택할 수 있도록 한다. 의자에 앉아 신발을 신어보는 고객에게 직원들이 무릎을 꿇고 눈높이를 맞춰 접객하고, 백화점 내에서 피아니스트가 직접 연주하는 음악으로 고객이 풍요로운 마음을 갖게 한다.

시청각에 호소하는 마인드셰어 제고방법

시청각에 소구하는 방법은, 크게 4가지로 나눈다.

① 기업광고로 적극적인 PR

보는 횟수가 늘어나는 만큼 그 기업에의 신뢰도는 높아진다. 광고업계가 텔레비전이나 라디오 광고, 전단지를 계속하는 것과 같은 이치다. 최근 텔레비전의 CM은 기업 이미지를 부각시키는 광고가 많다. 월그린에서도 이 회사가 얼마만큼 건강한 생활에 힘쓰고 있는지 활발하게 PR하고 있다. '상품을 팔기 전에 기업의 신뢰를 팔아라.' 이것이야말로 마인드셰어를 높이는 효과적인 전략이라고 할 수 있다.

② 이미지 음악으로 브랜딩한다

점내에 흐르는 배경음악을 그 지역의 많은 사람들이 알고 있는 음악으로 내보내는 일본의 드럭스토어가 있다. 실제로 그 지역의 사람들에게 들어보니 누구나 들은 적이 있는 음악들이라고 한다. 다른 드럭스토어에서는 '웰짱', '네스짱'이라는 남자 어린이와 여자 어린이의 캐릭터를 만들어 지역 사람들에게 사랑받는 존재가 되었다.

일찍이 코카콜라가 '산뜻하고 상쾌한 코카콜라'라는 음악을 유행시킨 적이 있다. 사람들이 흥얼거릴 수 있게 되면 기업과 브랜드의 이름이 머릿속에 새겨져서 마인드셰어를 높이게 된다.

③ '냉장고'로부터 고객에게 다가가기

냉장고는 식사와 간식, 마실 것, 얼음 등 다양한 용도로 이용되고, 많은 가정에서는 빈번하게 열고 닫는 냉장고 문 메모 자석이 붙어 있다. 드럭스토어인 CVS 헬스(CVS Health)에서는 'CVS 파머시(Pharmacy)'라고 인쇄된 마그넷을 고객에게 나누어준다. 월그린에서도 월별 발생 가능성이 높은 질병 예방법을 넣은 자사 달력을 연말에 배포하고 있다. 매일 점포명을 접하며 기억하도록 하여 마인드셰어를 높여간다.

④ 에코백과 머그컵도

뉴욕 인근 4개의 슈퍼마켓 점포를 영업하고 있는 스튜레너드는 지역에 밀착한 뛰어난 중소 체인업체로서, 워싱턴의 백악관으로부터 표창을 받은 적도 있다. 연일 고객으로 넘쳐나는 이 점포는, 세계 제일의 매장 생산성을 보여주는 기업으로서 기네스북에도 등재되어 있다.

스튜레너드에서는 흥미로운 실험을 하고 있다. 여행지의 명소나 유적 앞에서 스튜레너드 매장의 쇼핑백과 고객의 모습이 들어간 사진을 찍어서 보내면, 사진을 점포 입구에 게시하고 금일봉을 준다. 여행지에까지 쇼핑백을 휴대한다는 것은 마인드셰어가 매우 높다는 것을 보여주는 것인데, 이런 행사는 고객에게도 좋은 추억이 될 수 있다.

한편, 친환경 상품을 주로 취급하는 슈퍼마켓인 트레이더 조(Trader Joe's)와 홀푸드는, 에코백을 판매하며 고객에게 이용하도록 하고 있다. 에코백을 가진 고객 자신이 광고탑이 되고, 주변 사람들의 마인드셰어도 높인다.

푸드서비스에서는 스타벅스가 체인 이름이 들어간 머그컵을 판매하고, 자택과 오피스에서도 접할 기회를 늘림으로써 마인드셰어의 향상을 꾀하고 있다.

고객의 마음에 소구하는 마인드셰어 제고방안

① 고객만족도조사의 활용

슈퍼마켓의 최대 기업인 크로거(Kroger)는 인터넷 고객만족도조사를 통해 조사에 응한 고객에게 매월 추첨으로 40명을 대상으로 100달러짜리 기프트카드를 증정한다.

서부 지역의 대형 체인 슈퍼마켓인 랠프스(Ralphs)도 영수증에 인쇄된 점포번호와 상품구매 시각, 계산담당 직원의 이름을 조사양식에 기입해서 우편으로 회신해준 고객에게 추첨으로 100달러를 증정한다. 응모 시에 이름과 성별, 연령, 주소, 전화번호, 가족 구성 등의 입력이 필요하다. 고객 정보의 수집과 마인드셰어 향상이라는 2가지 이점이 있다.

고급 슈퍼마켓인 브리스톨 팜(Bristol Farms)에서는, 영수증에 인쇄된 고객조사용(survey) 번호를 입력하고 고객의 의견을 이메일로 보내면, 1개월 이내에 재방문하여 10달러 이상을 구매했을 때 3달러만큼 깎아주는 인센티브를 제공한다.

이외에도 월그린과 타깃, 홈디포, 로우즈(Lowe's, 주택 리폼·생활가전), 베드배스 앤 비욘드(홈패션) 등의 기업에서도 적극적으로 고객만족도조사를 시행한다. 고객의 소리를 모토로 서비스 수준의 향상을 꾀하고, 참여를 유도하여 충성고객으로 이끄는 것을 겨냥하는 것이다. 이러한 대처는 기업의 존재감을 고객들의 마인드에 침투시켜서 마인드셰어를 높이는 방법이 된다.

② '넘버원'만이 인상에 남는다

야구시합이나 골프 토너먼트에서도 최고가 되면 기억에 남지만, 2위 이하의 팀과 선수에 대한 인상은 약하다. 선수들이 "우승 이외에는 다 똑같다. 따라서 우승을 해야 한다"라고 이야기하는 것도 이 때문이다.

비즈니스 세계에서도 고객들에게 자신들이 넘버원이나 챔피언이라는 강한 인상을 전달하는 것은 마인드셰어를 높이는 유효한 메시지가 될 수 있다. 월마트의 저가정책과 전문가 수준의 다양한 상품구색을 갖춘 홈디포의 '프로 유스(pro use)'의 구색은, 그 좋은 예라고 할 수 있다.

③ 학교에의 기부 캠페인

미국인 친구의 부인은 로스앤젤레스의 고급 슈퍼마켓 겔슨(Gelson's) 영수증을 열심히 모은다. 이유를 들어보니 겔슨은, '영수증 20달러어치당 지정 학교에 1달러를 기부한다'는 캠페인을 하고 있다고 한다.

미국의 공립학교는 주(州) 교육예산의 삭감으로 교재 부족 등의 어려움을 겪고 있다. 학부모들로부터 경제적 도움을 기대하지만 쉽지가 않다고 한다. 겔슨은 캠페인을 통해 이를 슈퍼마켓 매출로 연결시키고, 지역 소비자들의 마인드셰어를 높이고 있다.

④ 고객 포인트로 사회공헌

라스베이거스 최대의 주류 할인점인 '리 리쿼스토어(Lee's Discount Liquor)'는, 소비자의 구매금액에 대하여 소비자에게 이를 다시 제공하는 방식으로 포인트를 사용해서, 유나이티드 웨이(United Way)라는 미국의 대표적인 자선단체에 기부한다. 고객이 제공하는 포인트 4,000점으로 50달러, 2,000점으로 25달러, 800점으로 10달러, 400점으로 5달러를 기부할 수 있다.

포인트 프로그램을 많은 기업이 도입하고 있는데, 이용자 중에는 포인트를 사회공헌에 사용하고 싶다고 생각하는 사람이 적지 않다. 특히 시니어는 사회공헌에 대한 의식이 높다. 포인트를 사회공헌에 내놓는 소매업이 적은 가운데, '리 리쿼스토어'는 지역 소비자들에게 강한 인상을 주어 그들의 마인드셰어를 높이는 데 성공했다.

제3장

내점을 습관화하는 4E 전략

인터넷판매에 대응하는 4E 전략

인터넷판매의 확대에 대하여, 소매업에서는 '인터넷은 가격 경쟁, 점포는 CS(고객만족) 경쟁'이라는 생각이 확산되고 있다. 원스톱 쇼핑을 가능하게 하는 '폭넓은 구색'과, 지역 제일의 저가격 '에브리데이 로우 프라이스'라고 하는 소매업의 성공전략이, 인터넷판매로 더 이상 통용되지 않게 된 것이 배경이다.

이를 위하여 월마트와 월그린 등 기존 소매업은 '4E 전략'으로의 전환을 시작하고 있다. 4E 전략이 내점의 습관화를 회복시키는 열쇠이다.

〈표 14〉 내점을 습관화하는 4E 전략과 12가지 지침

4E 전략	12가지 지침
Everywhere · Every time (어디라도 · 언제라도)	· 가까운 점포에서 퀵쇼핑 · 내점 빈도 늘리기에 도전 · 아마존을 넘어서는 편리함(옴니채널 형태)
Engagement(약속)	· 마음의 유대(접객/카운슬링) · 고객 니즈에 맞춘 구색 · 충성고객 프로그램
Experience (만족도 높은 구매체험)	· 구매가 편리한 매장 · 설레는 기분을 느끼게 하는 분위기 · 방법을 제시하는 솔루션 스토어
Exchange(가치의 제공)	· 알뜰구매 느낌을 주는 가격전략 · '와!'라는 감탄이 나오는 가격 · 가치판매

5. Everywhere · Every time(어디라도 · 언제라도)

내점을 습관화하는 데에는 소비자가 필요를 느꼈을 때, 가까운 곳에 언제라도 편리하게 이용할 수 있는 상태가 되는 것이 필요하다. 이것을 실현할 수 없으면 소비자는 불편을 느끼고 반복 이용을 하지 않게 된다. '어디라도 · 언제라도(Everywhere · Every time)'는 내점의 습관화를 촉진하는 중요한 조건이다.

소매업은 지금까지 '고객은 점포에 오는 것'이라고 생각해서, 레이아웃과 플래노그램(Planogram, 선반진열 시스템),• 판매촉진, 대량 진열, 관련 진열, 카운슬링 판매 등의 구매대책에 힘을 쏟아왔다.

하지만 지금 미국의 소매업이 주력하는 것은, 단순히 특매전단을 배포하는 것과 같은 소극적 대책이 아니라, 반드시 상품을 구매하러 방문하지 않더라도 고객이 점포를 방문할 이유를 만들어주고 계기를 제공하는 것이다. 고객이 내점하지 않으면 매출이 제로지만, 일단 내점을 하면

•플래노그램(Planogram)
매장 활성화를 목적으로 최적의 선반 할당과 진열을 가능하게 하는 계획을 의미하며, 소매기업들의 시스템에 의해 이루어진다. 영어로 'plan on diagram'을 줄여서 부르는 것임.

무엇이든 구매할 가능성이 있기 때문이다.

Everywhere · Every time의 주요 대책은, ① 가까운 점포에서 퀵쇼핑, ② 내점 빈도 늘리기, ③ 아마존을 넘어서는 편리함 등의 3가지다.

가까운 점포에서 '퀵쇼핑'

소상권과 쇼트타임 쇼핑

인터넷판매에도 불편한 점이 있다. 주문해서 상품을 손에 넣기까지 시간이 걸리는 것이다. 이러한 인터넷판매의 불편함을 파악해서 상권과 점포의 소형화, 기다리지 않는 계산대, 배달서비스, 24시간 영업 등의 장시간 영업에 집중하는 소매업이 늘어나고 있다.

월그린은 10분 상권에서 5분 상권으로, 새로운 소상권화의 방침을 내걸고 있다. 이 체인의 점포 수는 8,300개를 넘어섰다. 계산상으로는 미국인의 4분의 3이 점포의 5마일 내에 거주하고 있어서 가까운 구매환경을 갖추고 있는 셈이다.

월마트의 CEO인 더글러스 맥밀런(C. Douglas Mcmillon)은, "편리함이 결여된 소매업의 붕괴가 시작됐다"라며 편리함을 중요시했다. 그것은 편리성을 통한 습관화의 필요를 표현한 것이다. 월마트는 고객 편리성의 강화를 위해 다음과 같이 대응하고 있다.

• 3,967m²(1,200평)형의 '네이버후드 마켓(Neighborhood Market)'과

1,322m²(400평)형의 '익스프레스(Express)'[2가지 상호를 익스프레스로 통일] 등 소형점의 출점을 적극적으로 진행

- 인터넷으로 구입한 상품을 점포에서 찾아가는 '사이트 투 스토어(Site to Store, 주문은 인터넷으로, 픽업은 매장에서)' 프로그램 실시
- 인터넷으로 주문 후 이틀에 걸쳐 배달하는 '십 프롬 스토어(Ship from Store, 가까운 점포로부터 배송)' 프로그램과, 주문한 상품을 당일 점포에서 찾을 수 있는 '픽업 투데이(Pick Up Today, 당일 픽업)'의 전개
- 편의점 포맷과 '월마트 투고우 서비스(Walmart to go Service, 온라인으로 주문하고, 드라이브스루 거점 점포에서 상품 픽업)'의 테스트

세계 제일의 소매업체인 월마트도 종래 그다지 중시하지 않았던 편리성을 강화해서 내점의 습관화를 서두를 태세를 보이고 있다.

내점 빈도 확대의 시작

소상권 포맷은 구색의 확대보다 내점 빈도를 늘리는 것이 필요하다.

식품을 주로 판매하는 슈퍼마켓, 건강·미용상품을 주로 판매하는 드럭스토어 등은, 지금까지의 판매방법으로는 기존 상품을 필요로 할 때밖에 고객이 오지 않는다. 특히, 드럭스토어는 그런 경향이 좀 더 강하다. 이를 위해서 일상생활에 필요한 상품과 서비스를 폭넓게 취급하는 것으로 내점 목적을 넓혀 내점 빈도를 높이는 전략이 중요하다. 드럭스토어에서는 식품 강화 등의 라인로빙(line robbing)•에 집중해야 한다.

식품을 강화하는 드럭스토어

미국의 드럭스토어는 식품 코너를 강화하고 있으며, 씻어서 먹기 좋게 잘라놓은 채소와 과일, 반찬, 샌드위치, 스시, 주류, 아이스크림, 음료수, 로스팅한 커피 등 즉석식품 카테고리와 이트인(eat+in) 코너를 도입해오고 있다. 화장지와 같은 상품들은 싸게 구입한다 해도, 오히려 그로 인해 점포를 자주 방문할 기회가 없어지게 된다. 맛있고 편리한 먹거리 상품을 제공하면 고객들이 자주 점포를 찾게 되기 때문이다.

월그린에서는 소비자가 건강용품과 생활용품을 필요로 할 때, 월그린의 이름을 상기하도록 '마이 월그린 쇼핑(My Walgreens shopping)'을 내놓았다. 종래 HBC(Health & Beauty Care, 건강과 미용)를 주력으로 하는 상품 전략을 채택했지만, 다른 소매업과의 경쟁만 확산되는 등의 변화를 겪으면서, 식품 부문을 강화해서 HBD(Health & Beauty, Daily Living, 건강과 미용, 일상생활)로의 전략 전환을 선언했다.

식품 코너를 강화하는 움직임은 수 년 전부터 전 미국의 드럭스토어에서 시작됐으며, 현재 프론트엔드(front end, 조제약 코너 이외의 매장)에서는, 식품이 OTC(Over the Counter)약•과 더불어 30% 가까운 매출을 차지할 정도로 성장하고 있다. 이러한 라인로빙의 움직임은 드럭스토어에 있어서는 시대를 넘어서 반복되고 있는 현상이라고 할 수 있다.

•라인로빙(line robbing)
특정 주제에 맞춘 상품 구성을 시도하며, 그 주제에서 어긋나는 상품을 과감하게 빼고 전문화를 도모하여 깊이 있는 상품 구성을 하는 수법. 라인로빙을 위해서는 판매 및 매출자료를 정확히 파악하고 상권 분석이 필요함.

드럭스토어는 1940년대, 거리의 중심부에 출점해서 주력인 의약품에 더하여 편의점(우유, 빵, 계란, 채소, 얼음, 음료수, 주류, 신문, 잡지 등의 구색), 미용원(2층에 미용실 기능을 갖추고 미국인 여성에게 화장 습관을 보급하는 역할을 했다), 간단한 식사를 위한 레스토랑(소다수를 판매하는 코너로 차가운 코카콜라 등의 소프트드링크, 커피, 간단한 식사, 월그린이 개발한 밀크셰이크 등의 제공) 등의 기능을 갖추었고, 식품 매출 구성비는 30% 정도를 차지했다. 그 뒤 1980~1990년대에는 다른 포맷, 특히 월마트 등의 할인점이나 편의점과 경쟁하면서, 건강과 미용의 전문성을 강화하여 자신들의 주력 사업에 보다 힘을 쏟았다.

하지만 원유 가격의 상승으로 멀리 쇼핑을 갈 경우 유류비와 소요시간을 걱정하는 사람들과 나이든 시니어층의 확대, 그로 인하여 가까운 곳에서 구매하려는 소비자들의 욕구가 높아짐에 따라 지역의 소상권 내에서 경쟁이 심화되었다. 결국 드럭스토어는 고객의 내점 빈도를 늘리기 위해 또다시 상품을 늘리는 등 식품 부문을 강화해가고 있다. 진보하면서도 과거의 모습으로 돌아가고 있는 것이다.

뉴욕 맨해턴의 드럭스토어인 듀안리드(Duane Reade)의 월스트리트 매장은, 식품 부문을 강화한다는 것이 무엇인가를 보여주는 점에서 주목할 만하다. 이 점포는 역사적 건물인 '월스트리트 40'의 2층에 매장을 만들었는데, 면적은 자신들의 체인점 중 최대 규모인 2,000m²를 자랑한

• **OTC (Over the Counter)약**
의사의 처방 없이 드럭스토어나 슈퍼마켓 등의 의약품 셀프매대에서 직접 구매할 수 있는 일반 의약품류.

다. 헬스케어, 뷰티케어, 홈케어(잡화), 컨비니언스 케어(식품)로 매장을 구성하고, 전자게시판에 의한 주식정보 제공, 신문 매장과 구두 닦는 코너 설치 등 비즈니스 상권 특유의 서비스를 제공하고 있다.

헬스케어에서는 조제약과 OTC약 등의 헬스케어 상품을 취급하는 한편, 다른 체인업체에서는 높은 수준의 간호사를 배치하는 경우가 대부분인 인스토어 클리닉(In Store Clinic)에 의사를 배치했다.

뷰티케어의 '룩 부티크(LOOK Butique)'에서는, 화장품과 뷰티케어 상품 외에 헤어살롱과 네일살롱을 갖추고 두피 마사지 등의 서비스도 제공한다. 화상으로 자신의 얼굴을 화면에 띄우고 메이크업 패턴을 바꾸어보는 시스템으로, 자신에게 적합한 화장품을 찾기 쉽게 하는 '파인드 유어 룩(Find Your Look)'이라는 시스템을 도입했다.

식품 매장에서는 바쁜 비즈니스맨을 겨냥하여 스시 조리사가 만든 스시 팩과 샌드위치를 판매하고, 매장에서 직접 과일과 채소를 짜서 당일 한정 판매하는 생주스 판매대도 운영하고 있다. 반찬과 냉동식품, 스낵, 과일, 맥주, 와인 등과 함께 스타벅스 이용 고객을 겨냥해서 만든 커피도 제공을 하고 있으며, 간단한 식사를 위한 이트인(eat+in) 코너도 갖추었다. 드럭스토어, 편의점, 간단한 식사 기능, 그리고 미용 서비스 기능을 갖춘, 바로 새로운 스타일의 드럭스토어를 갖춘 것이다.

내점 목적을 다양화한다

내점 목적을 다양화하는 것에 의해서도 내점의 습관화가 촉진된다.

몇 가지의 사례를 들어보겠다.

① 이트인

최근 미국의 슈퍼마켓은 점내에서 구입한 샌드위치나 스시 등을 먹을 수 있도록 이트인(eat+in) 코너를 갖춘 점포가 많은 편이다. 레스토랑에서는 지불해야 하는, 식대의 15~20%에 해당하는 팁이 필요 없고, 가격이 적당히 싸고 맛도 좋아 내점객들이 자주 이용한다.

사무직 근로자들은 하루 평균 석 잔의 커피를 마신다. 물론 스타벅스 등의 카페 등이 인기를 끌지만, 슈퍼마켓과 드럭스토어에서도 점포 내 카페 코너를 눈에 띄게 만들어 기존 카페의 고객을 빼앗아오려는 시도를 엿볼 수 있다.

② 간단한 식사

스웨덴 기업 이케아(IKEA)는, 약 40개국에 진출한 세계 최대의 가구 전문점이다. 가구는 한 번 구입하면 좀처럼 구입처를 바꾸지 않기 때문에, 내점 빈도는 연 3~5회 정도이다. 하지만 이케아의 경우는, 내점 빈도가 다른 업체와 비교해서 눈에 띄게 높다. 이유는 간단한 식사의 제공이다.

필자의 미국인 친구 부인도 자녀와 함께 일주일에 몇 번이나 이케아에 간다. 이케아에 가는 목적은, 가구를 사기보다는 이케아에서 제공하는 1~2달러의 아침식사, 4달러 정도의 점심식사를 먹으러 가는 것이다. 그 기회에 마음에 드는 가구와 가정용품을 구입한다.

홀세일클럽인 코스트코(Costco)도 1달러 50센트로 콜라 세트의 대형 핫도그를 판매하고 있다. 점심식사와 저녁식사 때에는 핫도그를 먹으러 오는 고객도 늘어나서, 식사를 겸해서 점내에서 쇼핑을 한다.

③ DVD 렌털

미국에서는 자판기처럼 DVD를 빌리고 반납할 수 있는 레드박스(Red Box)라는 DVD 렌털기가 인기이다. 슈퍼마켓과 드럭스토어, 편의점, 할인점 등 사람이 많이 모이는 장소에 설치되어 있다. 주소와 전화번호, 신용카드 등의 정보를 등록하면 500여 개의 영화와 게임 중에서 원하는 것을 하루 1달러에 빌릴 수 있다. 신작 DVD도 자주 들어오기 때문에 계속 빌려가는 사람이 많은 편이다.

이러한 대여기기를 설치하는 점포가 늘어나는 것은, 대여 시와 반환 시 합하여 최소 2회의 내점이 반드시 이루어지기 때문이다. 또한 DVD 대여는 습관성이 강해서 또다시 빌리고 싶어지며, 그것이 계속적인 내점을 촉진한다.

④ 세탁소

슈퍼마켓과 드럭스토어에 세탁소를 갖춘 점포가 늘어나고 있다. 로스앤젤레스의 슈퍼마켓 반스(VONS)의 일부 점포에도 세탁소가 입점해 있다. 이 점포는 드럭스토어 기능에 편의점과 같은 편리성을 더한 슈퍼마켓으로서, 일반 슈퍼마켓과는 달리 식품에 더하여 조제약, OTC약, 화장품, 가정용품 등 일상생활에 필요한 상품을 원스톱 쇼핑하는 것이 가능하다. 그 기능에 충실하기 위해 미용실과 세탁소를 도입한 것이다. 특히 세탁소는 DVD 대여기와 같이 2회 내점을 해야 하는 곳이라서 내점 빈도를 높일 수 있다.

⑤ 주유소

미국인은 주 1회 이상 주유를 하기 때문에 주유소를 설치하는 점포가 많은 편이다. 평균 5대의 주유 펌프를 설치한 코스트코 주유 매장에는, 항상 주유를 위한 차량들이 늘어서 차례를 기다리고 있다.

⑥ 은행

미국의 슈퍼마켓에는 직원이 근무하는 은행이 입점해 있는 곳이 많다. 직장을 다니는 사람이 대출상담을 할 경우, 4시경 문을 닫는 시중 은행은 방문이 어렵기 때문에 심야까지 영업하는 슈퍼마켓 점포 내의 은행이 편리하다.

은행의 입장에서도 시중에 출점하는 것보다 출점 비용을 낮출 수 있다. 그래도 시중 은행의 이용자는 기존 고객이 대부분이지만, 슈퍼마켓의 고객은 계좌를 갖고 있지 않은 사람도 많아서 신규 고객을 창출할 수도 있다.

⑦ 인터넷 구매상품의 픽업

인터넷에서 구입한 상품을 매장에서 찾을 수 있는 점포도 많다. 소비자에게는 배송료가 들지 않고 집에서 기다릴 필요가 없다. 점포의 입장에서도 내점객이 증가하여 계속해서 매출 기회가 발생한다.

⑧ 전기자동차의 충전소

미국에서도 전기자동차의 이용이 늘고 있어서 월그린, 코스트코, 월마트의 일부 점포에서는 충전소가 설치되고 있다. 주유소의 주유기와 같이 차량에 대한 인프라를 준비함으로써 내점의 습관화가 가능해진다.

⑨ 와이파이 설치 및 휴대전화 충전서비스

스마트폰과 모바일 단말기의 보급에 의해서 인터넷 환경의 제공이 내점 촉진의 수단이 된다. 점포에 와이파이(Wi-Fi)를 도입한 스타벅스와 맥도널드는, 이를 목적으로 내점하는 고객도 많다. 무료로 충전기능을 제공하는 점포도 늘고 있다.

⑩ 깨끗한 화장실의 제공

미국 백화점의 화장실은 깨끗하다. 드럭스토어와 슈퍼마켓도 화장실이 깨끗하다. 얼마 전까지 소매업은 도난 등의 범죄를 걱정해서 화장실 이용을 반기지 않았다. 그러나 고령화가 진행되면서 화장실 사용이 어려운 점포는 시니어층이 멀리하기 십상이라 깨끗하고 편리한 화장실 시설을 적극적으로 제공하고 있다.

⑪ 기타

이 외에도 미국에서는 ATM, 택배, 복사, 프로판가스 판매, 열쇠 복사, 병과 캔 회수, 영화 상영, 안경점, 미용실, 병원, 네일숍, 마사지숍, 사서함, 우편물 취급 기능, 버스 등의 대중교통 카드 판매 등 다양한 시설 및 서비스의 도입으로 내점 촉진에 힘을 쏟고 있다.

내점 메리트를 제공

고객이 반드시 구매의 필요성을 느끼지 않아도, 내점하면 이익을 얻을 수 있다는 인식을 갖게 함으로써 내점의 습관화를 꾀하는 것이 가능하다.

① 내점 포인트를 제공

구입금액에 대응해서 포인트를 부여하는 포인트 서비스는 많은 소매업에서 도입하고 있고, 점포를 선택하는 조건의 하나로써 내점 빈도를 높이는 역할을 해왔다.

하지만 미국인 한 사람이 평균 8가지 포인트카드를 보유하고 있다는 조사에서도 알 수 있듯이, 이제 더 이상 고객이 해당 점포의 포인트카드를 가졌다는 이유만으로 내점할 것이라는 순진한 기대는 하기 어려워졌다. 여기에 새롭게 도입한 것이 내점 포인트이다. 미국에서는 상점에 올 때마다 포인트를 부여하는 어플리케이션인 '숍퀵(Shopuick)'을 도입하는 점포가 늘어나고 있다. 스마트폰 등으로 다운로드한 어플리케이션을 켜고 상점 안으로 들어가면, 상점 안에 설치된 기기가 감지해서 포인트를 부여하는 방식이다.

한편, 일본에서는 가정의 신문구독률이 떨어져서 신문에 삽지로 들어가는 전단 광고도 줄어들고 있다. 따라서 소비에 있어 중심적 역할을 하고 있는 고객층인 40대 이하를 겨냥해서, 이 연령대의 이용이 많은 스마트폰을 대상으로 하는 내점 포인트가 주목받고 있다.

어떤 가전제품 할인점은 점포 입구에 내점 포인트를 제공하는 기기를 설치했다. 스마트폰의 어플리케이션을 켜고 대상 점포를 들어가기만 해도 포인트가 쌓이는 '라쿠텐(Rakuten)체크'도, 슈퍼마켓과 편의점, 드럭스토어 등 일상용품을 취급하는 점포에서 도입이 늘어나고 있다. 라쿠텐의 '라쿠텐체크'에서는 일본 최대의 온라인몰인 '라쿠텐시장'에서 사용할 수 있는 '라쿠텐 슈퍼포인트'가 제공되기 때문에 인터넷 세대에게는 이용가치가 높다. 또한 스마트폰에 어플리케이션을 다운로드해서 가맹점에 가면 내점 포인트가 부여되는 '스마포'는, 가전제품 할인점과 전문점, 쇼핑센터 등에서 도입하고 있다.

내점 포인트 서비스는 판촉비용의 평가 측면에서도 주목받고 있다. 내점 포인트 제공을 위한 경비는 점포 측의 부담이지만, 내점객 수에 따라 포인트 제공 비용이 발생하기 때문에 점포에 들어온 고객이 매출로 연결되었는가와 같은 판촉효과의 측정을 하기가 매우 용이하다. 포인트 취득만을 목적으로 반복해서 내점하는 사람들을 방지하기 위해 주월간 단위로 부여하는 포인트 상한이 있어서 판촉비용도 컨트롤이 가능하다.

② 유류대 일부를 부담

자동차로 모든 생활이 이루어지는 사회인 미국에서는, 유가가 폭등하면 소비자의 내점 빈도가 낮아지고 자기 집 부근에서 구매하는 경향이 강하다. 서부 지역의 슈퍼마켓인 랠프스에서는, 유가의 영향에 상관없이 내점 빈도를 유지하기 위해 포인트카드에 적립된 100포인트를 제휴업체인 셸(Shell) 주유소에서 사용하면, 1갤런당 10센트를 할인해주는 서비스를 제공하고 있다.

③ 커피 무료 서비스

슈퍼마켓인 트레이더 조의 점포는 언제나 고객으로 붐빈다. 뉴욕 맨해턴의 점포에서는, 고객들의 계산 대기줄의 맨 끝에 플래카드를 든 직원을 세워서 고객을 안내해야 할 정도로 점포가 활기차다. 이 점포가 인기 있는 이유 중 하나는 시식 코너의 무료 커피 서비스이다. 커피를 시식하면서 구매를 즐기는 고객을 자주 볼 수 있다. 내점객의 구매율을 높이기 위해 제공하는 메리트의 하나라고 할 수 있다.

④ 빙고 추첨권

시카고와 일리노이주의 지역 슈퍼마켓인 주얼오스코(Jewel Osco)는, 빙고 게임과 유사한 장식문자를 사용한 추첨권을 내점고객에게 나눠주고, 당첨자에게 상품과 상금을 증정하는 서비스를 하고 있다.

⑤ 리피트 추첨권

미국 전역에 점포를 갖고 있는 캘리포니아 피자키친(California Pizza Kitchen)은, 고객들의 내점이 줄어드는 슬로우 시즌이 되면, 재방문을 유도하는 '리피트(Repeat) 추첨권'을 배포한다. 1등은 상금 3,000달러, 당첨되지 않아도 식음료 10% 할인권을 증정해서 많은 사람들이 점포를 다시 찾고 있다.

아마존을 넘어서는 편리함

옴니채널 기능의 도입

스마트폰과 SNS의 확산은 소매업의 고객 접점을 크게 바꾸어놓았다. 가상세계와 현실세계의 경계를 연결하여 어디서든 고객이 원하는 상품을 구입할 수 있는 '옴니채널'의 시대를 열었다.

멀티(multi)는 '많은, 각양각색의'를 의미하고, 옴니(omni)는 '포괄적, 종합적'을 뜻한다. 앞서가는 소매업에서는, 오프라인 점포와 인터넷 판매를 병행하는 멀티채널에 한발 앞서, '옴니(점포, 인터넷, 모바일, SNS 총괄 종합형)채널' 소매업체(retailer)로의 전환이 시작되고 있다.

예전의 멀티채널은 인터넷과 오프라인 판매를 별개로 운영함으로써 소비자들이 매우 불편했다. 이에 비해 실제 점포와 인터넷의 경계를 허문 포괄적 채널 형식의 옴니채널로 인해, 점포에서 인터넷판매상품을 확인할 수 있고, 인터넷에서 구입한 상품의 대금을 오프라인 점포에서도 지불하거나 픽업, 반품할 수 있다. 또한 점포에 있는 상품도 인터넷으로 주문 가능하며 소비자가 가장 편리한 방법으로 상품을 선택하고 구입할 수 있게 된 것이다.

또한 옴니채널의 장점 중 하나가, 인터넷 구입상품의 픽업 거점 역할을 할 수 있는 점포의 존재다. 월그린과 월마트에서는, 인터넷으로 주문한 상품을 점포에서 찾는 서비스를 제공하고 있다. 인터넷과 점포 양쪽 모두를 이용하는 고객은, 점포만을 이용하는 고객에 비해 약 3배의 매출과 이익을 가져다주는 것으로 알려져 있다.

2014년 아마존이 전 미국 소매업 랭킹 10위에 들면서, 월마트를 시작으로 미국의 대형 소매업체들은 스마트폰 시대를 맞아 이에 적합한 영업전략 구축에 속도를 높였다. 이러한 스마트폰 시대에의 대응을 먼저 시작한 월그린은 디지털화를 기업 전략의 하나로 내걸고, 2011년 일상용품과 화장품의 인터넷 전문판매업인 드럭스토어닷컴(drugstore.com)을 인수해서 옴니채널 구축에 본격적으로 힘을 쏟기 시작했다.

스마트폰상에서 점포 위치, 점포 레이아웃, 상품, 진열 위치 등의 정보를 제공하고, '리필바이스캔(Refill by Scan, 리필 조제약을 약병에 부착된 바코드를 스캔해서 점포에 주문)'과 '퀵 프린트(촬영한 사진을 어플리케이션에서 선택해서, 가장 가까운 점포로 프린트아웃되도록 하여 주문)' 등 점포에서 기다리는 시간을 줄여주는 서비스, 점포 근무 약사와 함께 자신의 피부에 맞는 화장법과 화장품 구매를 도와주는 뷰티케어 상담원(beauty advisor)의 차트에 의한 상담도 진행하고 있다.

쇼핑 편리성 강화

점포를 이용하기 편하다는 것도 구매의 습관화를 좌우하는 조건이다. 점포기능, 구색, 서비스에 대해서 편리성을 높이는 것이 중요하다.

〈점포기능의 편리성〉

① 알기 쉬운 매장

점포 위치와 매장 레이아웃을 스마트폰 등의 어플리케이션에서 제공하는 소매업체가 늘어나고 있다. 대형 매장의 경우, 상품이 진열된 위치를 찾아야 하는 것은 힘든 일이며, 상품이 있는 곳을 찾을 수 없어 구매를 포기하는 사람도 적지 않다. 점포와 매장에 관한 정보를 제공함으로써, 구매에 힘이 든다는 이유로 대형 매장 이용을 피하려는 고객의 내점을 촉진시키는 것이 가능해진다.

② 빠른 대응의 계산대

계산대에서 기다려야 한다는 것은 바쁜 고객에게는 커다란 스트레스이다. 기다리는 시간을 없애거나 단축할 수 있는 새로운 계산 시스템과 운영방법의 도입은, 바쁜 소비자의 내점을 촉진하는 기회가 된다.

- **고객 3명이 기다리면 계산대를 추가 개방**

  계산을 기다리는 줄이 길어지는데 통로를 닫은 계산대가 있다면, 계산을 빨리 끝내고 싶은 고객은 초조해하면서 불편한 점포라는 인상을 갖게 된다. 3명의 고객이 한 계산대에 줄을 서면, 닫혀 있는 계산대를 개방한다는 운영 원칙을 철저하게 지키는 것이 중요하다.

- **셀프 계산대의 설치**

  일본에서도 셀프 계산대를 도입하는 점포가 늘어나고 있다. 계산대의 셀프화에 의해서 점포의 인건비를 줄이고 계산시간의 단축이 가능해진다. 미국에서는 월마트를 시작으로 슈퍼마켓과 드럭스토어에서의 도입이 계속되고 있다.

- **스캔앤고(Scan & Go)**

  뉴잉글랜드와 뉴욕 등 미국 동부 지역의 슈퍼마켓인 스톱앤숍(Stop &

Shop)은, '스캔앤이트(scan & eat)'라고 불리는 셀프 계산시스템을 도입하고 있다. 이 시스템은 고객이 스캐너로 상품을 스캔하고, 설치된 계산대에 표시되는 구매금액을 지불하는 시스템이다. 계산시간이 단축되어 고객의 편리함을 높이게 될 것이다.

③ 드라이브스루

미국의 드럭스토어에서는 차에서 내리지 않고 조제약을 받을 수 있는 '드라이브스루(drive thru)' 서비스가 좋은 평가를 받는다. 맥도널드로부터 이를 배운 월그린이, 시니어 고객의 편리성을 겨냥해 시작한 것이 최초이다.

하지만 막상 뚜껑을 열자, 시니어는 점내에서 쇼핑을 즐기기 때문에 드라이브스루의 이용률은 생각보다 낮았다. 반대로 어린 자녀를 데리고 온 엄마들과 시간에 쫓기는 사람들의 이용이 많았다. 매출도 좋아서 드라이브스루 창구에서 이루어지는 조제약 매출이, 조제약 판매 전체의 3분의 1을 점유할 정도였다.

미국에서는 점포에서 인플루엔자 등의 예방접종을 하는 점포가 많은데, 그중에는 차에 탄 채 유리창을 통해 예방접종을 하는 드라이브스루 점포도 있다.

④ 인터넷주문 상품의 픽업

• 사이트 투 스토어(site to store)

인터넷에서 주문한 상품을 지정한 점포에서 찾는 서비스다. 고객에게는 배송료가 무료이고 점포 측은 내점의 습관화를 촉진할 수 있어, 상품 픽업을 위한 내점에 뒤이어 구매도 기대할 수 있다.

- **웹 픽업**(web pick up)

  월그린에서는 인터넷으로 주문한 상품을 1시간 이내에 포장백에 담아 주차장에서 건네주는 서비스를 제공한다.

〈구색의 편리성〉

① 즉석식품 컨비니언스 푸드(Convenience Food)

식사를 판매하는 슈퍼마켓이 늘어나고 있다. 갓 만든 샌드위치와 스시, 씻어서 먹기 좋게 잘라놓은 채소와 과일, 생과일주스, 바로 추출해 놓은 커피 등을 제공하고, 점내에 이트인(eat+in)도 계획하는 등 음식 수요에 대한 간편성을 높여 내점의 습관화를 촉진하고 있다.

② 소용량 패키지와 소분 판매

견과류와 과자 등을 구입 시, 자신의 의지와 상관없이 대용량의 포장 제품을 구입해야 하는 것이 아닌, 자신이 필요한 만큼의 양을 덜어 담아 상대적으로 적은 금액으로 상품을 구입할 수 있는 소분 판매가 인기이다. 홀푸드에서는, 'No, Bulk Buying(왜 포장된 상품을 살까? 구입한 것을 다 먹지 못하면 낭비일 뿐이다. 내가 필요한 만큼만 구입하는 것이 낭비가 없어서 좋다)' 이라는 캠페인을 전개하고 있다. 고객에게 필요한 양만큼 제공함으로써 내점율을 높이고 있다.

③ 크로스 MD

법적으로 주류 판매가 가능한 주(州)의 미국 슈퍼마켓에는 정육과 수산물 매장에 와인이 반드시 진열되어 있어, 정육이나 수산물과 함께 와인을 구매하는 고객이 여기저기 눈에 띈다. 구매할 물건을 자주 잊어버리는 시니어들과 바쁜 사람들에게 크로스 MD(머천다이징)는 편리하고 뛰어난 기능이다.

조미료 코너에 진열되어 있는 경우가 많은 타바스코 소스도 피자와 파스타 코너에 중복 진열하는 점포가 늘고 있다. 3 대 7 정도의 비율로 소스 코너보다 파스타와 피자 코너 쪽이 더 많이 팔린다. 또한 적정관리 온도대가 다른 청량음료와 얼음의 관련 판매를 위해서 상온의 청량음료 코너에 얼음을 잊지 말라는 POP를 부착한 점포도 눈에 띈다.

④ 솔루션 진열

이케아에서는 부엌과 거실, 침실 등을 실제 가정 내의 모습으로 장식해놓은 공간을 보여줌으로써, 고객들이 그런 이미지를 보고 자신의 집에도 부족한 것들을 구매하게끔 하는 솔루션(solution) 진열에 주력하고 있다. 또한 드럭스토어에서는 당뇨병 관련 코너를 설치해서, 검사기기 키트와 소독약, 밸런스 영양식품, 과자, 스킨크림, 풋케어(foot care) 등을 함께 진열하여 매장의 편리성을 높이고 있다.

⑤ 맞춤 서비스(mass customization)

자신의 체형에 맞춘 상품과, 자신의 기호에 맞는 식품을 찾는 소비자가 많다. 한 의류점에서는 추가요금을 지불하면, 40가지 이상의 패턴 중에서 자신의 체형에 맞는 청바지를 만들어준다. 기존 메뉴의 요리를 고객의 기호에 따라 재료와 향 등을 넣거나 빼는 것 등으로 조리방법을 바꾸어 고객에게 맞춰주는 맞춤 레스토랑도 있다. 고객의 취향을 맞춰주어 마치 다양한 상품과 메뉴가 있는 것과 같은 효과를 만들어낸다.

〈서비스의 편리성〉

① 비취급 및 결품 상품의 제공서비스

상품이 매장에 없는 이유로 "취급하지 않습니다", "공교롭게도 떨어졌습니다"라고 잘라 말하면, 고객을 인터넷판매에 빼앗겨버리게 된다. '비취급 및 결품 상품의 제공서비스'를 하는 점포가 확산되어, 48시간 이내에 상품을 준비해놓는 점포도 늘어가고 있다.

② 편리성을 높이는 조제약국

• 전 점포의 온라인화

미국의 드럭스토어에서는 전 점포의 온라인화에 의한 약력(藥歷) 관리가 이루어지고 있어서, 같은 스토어의 전 점포에서 조제약을 구입할 수 있다. 기다리지 않고 평균 15분 내외로 조제해준다.

또한 조제약의 자동판매기인 벤딩머신(vending machine) 도입도 늘어나고 있다. 처방전 번호를 입력하면 처방에 따라 조제된 약이 나오기 때문에 공항과 약, 쇼핑센터, 대기업의 사무빌딩 등 사람이 모이는 장소에 설치한다. 휴대용 모니터를 이용해서 약사의 상담도 받을 수 있다.

• 조제약의 재주문(리필)

미국의 조제약국에서는 스마트폰을 사용한 처방으로 편리성을 높이고 있다. 같은 약을 처방받는 경우, 전화와 이메일에 의한 주문이 일반적이지만, 조제약병에 붙은 라벨의 등록코드를 스마트폰으로 스캔해서 보내는 주문도 받고 있다. 주문에 실수가 없고, 필요하면 배달도 해주어 이용자의 편리함을 높이고 있다.

• 조제약의 구입기록

미국에서는 4월에 전년도의 소득신고를 하는데, 조제약도 세금공제의 대상이 되는 경우가 많은 편이라 사람들은 드럭스토어나 소매 매장 내의 약국(pharmacy)에서 조제약의 연간 구입기록을 요청하고 받을 수 있다. 여러 곳에 있는 같은 체인의 점포를 이용하는 고객이 일일이 찾아다닐 필요 없이 한곳의 점포에서 이를 취합해서 받는 경우가 많다. 또한 같은 체인의 경우 다른 지역에서의 처방이력도 관리해주기 때문에 잘못된 처방에 대해 걱정할 필요가 없다.

③ 원스톱 쇼핑

한곳에서 필요한 것을 구입할 수 있는 원스톱 쇼핑은, 구매시간을 절약하는 필수 조건이다. 드럭스토어의 경우, 인스토어 클리닉+조제약 조제+예방접종+OTC약+건강보조식품인 헬스케어와, 매니큐어+헤어세트+화장품인 뷰티케어를 진열하고, 식품과 생활잡화의 도입에 의해 건강·미용과 일상용품인 데일리 리빙(daily living)의 원스톱 쇼핑의 기능을 제공한다. 슈퍼마켓에서는 식재료+이트인(eat+in)에 의한 식사의 원스톱 쇼핑을 제공한다.

④ 어린이 맡기기

슈퍼마켓인 웨그먼즈(Wegmans)에서는 부모가 쇼핑하는 동안 어린이를 봐주는 서비스를 제공해서 구매 시의 편리성을 높이고 있다.

⑤ 사일런트 카운슬링(silent counseling)

증상을 입력하는 것만으로 약사를 대신해서 대처방법을 제시해주는 솔로헬스(Solohealth) 기기, 발을 측정해서 적절한 신발 깔창을 보여주는 풋맵핑(Footmapping), 립스틱을 발랐을 때 등의 자신의 얼굴을 이미지화해주는 '파인드 유어 룩(Find Your Look)', 'Q & A POP(계절에 관한 고객들의 대표적인 질문과 답을 기입한 POP)' 등 편리한 상담서비스가 고객을 기쁘게 한다.

⑥ 컨시어지 서비스

드럭스토어에 머무는 시간은 평균 7분 30초로 알려져 있다. 시간 내에 효율적으로 구매가 가능하도록 매장과 상품을 안내하는 컨시어지(concierge) 서비스를 제공하는 점포가 늘어나고 있다.

⑦ 커뮤니티 공간

어린이 생일잔치, 지역 모임, 시니어 모임 등 커뮤니티 모임을 위한 공간을 제공하여 내점 동기를 만든다.

⑧ 레이어웨이

슈퍼마켓에서는 '레이어웨이(layaway)'라고 불리는 구입 희망상품의 보관서비스가 있다. 계약금과 수수료를 지불하고, 일정 기간 후에 잔금을 내고 상품을 받아가는 것이다.

점포소매업은 가격소구에 중점을 두는 광고·판촉 전략에서부터, 쇼핑을 통한 고객과의 유대 구축을 중시하는 전략으로 무게중심을 옮기고 있다.

6. Engagement(약속)

마음의 유대 구축

인터넷판매는 충성고객의 육성이 어렵다. 저렴한 가격으로 상품을 편리하게 제공할 수는 있지만, 구매자의 상황이 어떤지 알 수 없으며 구매자가 구매 시에 도움을 받을 수도 없기 때문이다. 이에 대해 오프라인 점포는 인간의 힘을 살린 차별화가 가능하다.

고령화 사회가 될수록 사람과의 관계가 중요하다. 시니어들은 직원들에게 가까이 다가가 말을 건다. 시니어 고객들을 위해 '시니어 데이(senior day)'를 만드는 점포가 많아지고 있다. 이것은 나이 든 고객이 구매한 물건을 들어다주고, 시니어를 위한 한정 할인상품을 판매하며, 무료 커피를 서비스하는 등 시니어 고객과의 유대를 깊게 하기 위한 것이다.

고객의 만족을 얻는 데 성공한 기업에는 2가지 공통점이 있다. 솔루션(solution)과 호스피탤러티(hospitality)이다. 솔루션이란 고객이 찾는 것 혹은 고민하는 문제에 대한 해결책의 제안이다. 호스피탤러티란 고객에 대한 환대이다. 근래에 고객 환대의 중요성이 비약적으로 높아지고 있다. 물건이 넘쳐나는 사회에서 고객과의 감정적인 거리가 구매행동을 크게 좌우하기 때문이다.

고객 환대와 반복성의 법칙

고객 환대(hospitality)는 점포의 매출과 이익을 높이고, 타 점포나 업태와 차별화를 하는 역할을 한다고 알려져 있다. 월그린에서 고객에 대한 환대가 우수한 점포는, 일반 점포에 비해 매출의 30%, 이익의 5%가 높다고 한다.

필자가 주재하는 드럭스토어연구회에서 실시한, 일본 드럭스토어 23개사의 '호스피탤러티 효과에 관한 조사'에 의하면, 호스피탤러티에 힘쓴 점포에서는 내점객 수 50% 증가, 매출 32% 증가라는 놀라운 결과가 있는 것으로 나타났다. 또한 클레임이 3분의 1로 감소하고 상품 도난도 격감한 것으로 나타났다.

호스피탤러티를 강화하면, 만족한 고객은 재방문객이 되고 입소문을 내주며, 다양한 방법으로 점포에 답례한다. 반대로 호스피탤러티가 나쁜 점포는, 고객의 발걸음이 뜸해지고 상황에 따라서는 나쁜 소문이 돌게 되어 서서히 쇠퇴해가게 되는데, 이것은 '반복성의 법칙'을 보여주는 것이다. 자신이 원하는 물건을 구매할 수 있는 경제적인 풍요의 시대에는, 소비자라는 '왕'은 자신을 소중하게 대해주는 점포를 애용하고, 자신을 함부로 대하는 점포는 어떤 미련도 없이 단호하게 발길을 끊는다.

얼마 전, 약 300명의 시니어층을 대상으로 '점포를 선택한 이유'와 '점포에 가지 않게 된 이유'를 조사했다. 점포를 선택하는 이유에 대해서 '접객서비스'가 상위 3위 내에 든 업태는 없었지만, 점포를 이용하지 않게 된 이유에 대해서는 모든 업태에 있어 '접객서비스가 나빠서'가 2위를 차지했다(〈표 15〉 참조). 시니어층은 점포의 환대를 당연한 것으로 받아들여서, 반대로 그것이 충분하지 않으면 나쁜 인상을 갖고 이용하지 않는다는 것을 보여주는 결과이다.

드럭스토어인 듀안리드의 사례를 들어보자.

2001년 9월 11일, 뉴욕 월드트레이드센터에서 사상 최악의 테러가 발생했을 때, 듀안리드는 점장의 판단으로 매장의 진열대를 치우고, 점포를 응급의료서비스 공간으로 바꾸었다. 맨해턴 중심의 병원들이 부상자들로 가득 차서 수용할 수 없었기 때문이다. 또 한 번의 테러 공격이 있을지도 모르고 독가스가 퍼졌다는 소문이 도는 긴장 상태였지만, 사건 발생일로부터 3일간 이 회사 직원들은 자거나 쉬지도 않고 지원활동을 하는 한편, 헌혈과 피해자 구제를 위한 모금활동도 스스로 전개했다.

〈표 15〉 시니어가 '점포를 선택하는 이유'와 '이용하지 않게 된 이유'

업종·업태	점포를 선택하는 이유		점포에 가지 않게 된 이유	
슈퍼마켓	1위	가까워서 편리함	1위	품질과 선도가 나빠서
	2위	상품구색	2위	접객이 나빠서
	3위	적정한 가격	3위	구색이 나빠서
패션 전문점	1위	센스	1위	센스가 맞지 않아서
	2위	구색	2위	접객이 나빠서
	3위	품질	3위	구색이 나빠서
레스토랑	1위	맛	1위	맛있지 않아서
	2위	적정한 가격	2위	접객이 나빠서
	3위	점포의 분위기	3위	분위기가 맞지 않아서

구조활동을 언제까지 할 것인가에 대한 텔레비전 인터뷰에서, 점장이 "필요할 때까지" 라고 단호하게 이야기한 것이 인상적이었다. '지역을 위해서'라는 직원들의 강한 책임감이 무의식 속에서 모든 직원을 스스로 행동할 수 있게 만든 것이었다.

월그린과 CVS 헬스, 라이트에이드(Rite Aid)의 출점에 의해서 맨해턴의 드럭스토어 경쟁은 격화되고 있지만, 뉴요커는 듀안리드를 응원하고, 듀안리드의 점포들은 계속 번창하고 있다. 투자가 그룹의 손에 있던 듀안리드는 결국 월그린에 의해서 높은 금액으로 매수되었지만, 뉴요커들에게 너무나도 많은 사랑을 받고 있었기 때문에 듀안리드의 이름은 지금까지도 남아 있다. '반복성의 법칙'이 멋지게 작용한 좋은 예라고 할 수 있다.

호스피탤러티는 프렌들리 서비스

'프렌들리(Friendly) 서비스'란, 허물없이 대한다는 것이 아니다. 베스트 프렌드를 대할 때와 같이 억지로 하는 것이 아닌, 정성이 담긴 친절한 서비스를 말한다.

일본에서는 포시즌(Four Seasons)과 리츠칼튼(The Ritz Calton), 웨스틴(Westin), 파크하얏트(Park Hyatt) 등 외국계 호텔의 서비스에 대한 평판이 매우 좋다. 가격은 높은 편이지만 만족도도 높아서 투숙객이 끊이지를 않는다.

필자도 이용하는 경우가 있는데, 시설과 식사의 내용은 큰 차이가 없지만 서비스 수준 차는 명확했다. 체크인 때에는 친절한 미소로 손님을 맞이하고, 날씨와 시간에 따른 적절한 인사를 한다. 그리고 체크인과 동시에 손님의 이름을 부르며 접객서비스를 시작한다. 이것이 바로 '프렌들리 서비스'다.

고객 환대, 호스피탤러티는 프렌들리 서비스가 기본이다. 그것에는 'SGNATC('바로 납득함'이라고 불린다)'에의 철저함을 빼놓을 수 없다.

① S=Smile(스마일)은 **'안심의 패스포트'**

웃는 얼굴은 고객을 안심시키는 패스포트라고 할 수 있다. 미국의 점포에서는 스마일을 일부러 '$mile'이라고 쓰기도 하고, 멋진 웃음이 매출과 이익을 가져다준다고 교육하고 있다. '상인'은 '웃는 사람'이어야 하는 것이다.

시카고 다운타운의 촙 하우스(Chop House)는 미국 전체에서도 최고 수준의 유명 스테이크 레스토랑이다. 언제나 만석이고 예약하기가 하늘의 별 따기이다. 이곳에서는 스테이크도 확실히 맛있지만, 무엇보다도 그들의 웃는 모습이 먼저 눈에 들어온다. 도대체 어떻게 하면 그런 뛰어난 웃음이 가능할까를 근무자에게 들었는데, 아주 흥미로운 이야기를 들을 수 있었다.

자신의 미소가 어떻게 보일지는 본인도 좀처럼 알 수가 없다. 그래서 이 식당에서는 '당신의 베스트 스마일'을 동료직원에게서 찾는다. 가장 뛰어난 미소를 찾으면, 그 표정을 사진으로 찍어서 본인이 항상 그 표정이 가능하도록 연습한다는 것이다. 필자는 고개를 끄덕이고 말았다.

뛰어난 미소를 짓는다는 것에는 2가지 포인트가 있다. 1가지는 '입술을 올린다'는 것이고, 또 1가지는 '눈으로 웃는다'는 것이다. 미소가 부족한 사람은 입술이 처지고, 입모양이 아래로 내려간다. 그런 사람은 볼펜을 옆으로 입에 물고 윗니와 아랫니로 물어서, 영어 알파벳의 'E'를 '이'라고 길게 늘여 발음하면, 입술이 올라가니까 해보기 바란다. 의식적으로 '눈으로 웃는다'는 것도 중요하다. 상냥한 눈은 눈초리가 살짝 내려간 정도를 말한다. 눈초리를 내리고 입술을 올리는 것으로, 뛰어난 미소의 스마일이 만들어지는 것이다.

또한 즐거운 것과 엄숙한 것을 떠올리며 연습하면 효과적이다. 즐겁기 때문에 자연스럽게 미소를 짓게 된다. 반대로 생각할 수도 있는데, 미소를 지으면 기분도 좋아지니 신기한 일이다.

② G=Greeting(인사)은 **'커뮤니케이션의 패스포트'**

'인사를 철저하게 하면, 장사는 반드시 번창한다'는 말이 있다. '인사를 잘하는 사람에게 불행은 없다'라는 말도 있다. 하지만 자신이 눈치채지 못할 뿐 독선적인 방식의 접객서비스와, 마음에서 우러나지 않는 인사로 끝내는 것이 아닐까.

어떤 점포에서 고객으로부터 이런 클레임이 있었다. "이 점포는 점포에 들어서면 어딘가로부터 '어서 오십시오'라는 소리가 들리지만, 막상 인사를 하는 직원들은 작업을 하면서 고객 쪽을 쳐다보지 않고 마음을 담지도 않은 채로 형식적으로 인사를 한다. 매장 내를 걸어다녀보면, 계속 마주치는 고객의 얼굴은 보지도 않고, 같은 직원이 '어서 오십시오'라며 마주칠 때마다 인사를 해서, 몇 번이고 반복해서 그 상황을 맞게 되면 오히려 귀찮고 불쾌하게 들린다."

얼굴을 보고 확실하게 인사하는 것의 중요성을 통감하게 만드는 클레임이었다. 점포에서 구매하는 사람은, 물건과 마음의 따뜻함 양쪽에 돈을 지불한다. 인사는 바야흐로 '커뮤니케이션의 패스포트'로, 건성으로 "어서 오십시오"라고 하면 커뮤니케이션은 성립되지 않는다.

마음을 담은 인사를 하기 위해서 미국의 소매업이 중요하게 생각하는 것이 있다. 그것은 고객이 응답해줄 수 있도록 인사하는 것이다. 일본 디즈니랜드에서도 "좋은 아침입니다. 어서 오십시오"라고 직원들이 입구에서 소리 내어 인사한다. 그러면 고객도 매우 자연스럽게 "좋은 아침입니다. 안녕하세요"라고 응답한다. 고객은 부끄럽기 때문에 보통 자신이 먼저 직원들에게 말을 걸지는 않는다. 직원이 "어서 오십시오"라고 인사를 해도 "예, 안녕하세요"라고 반응을 보이지 않아서 커뮤니케이션은 중단되고 만다.

하지만 시간대별로 '좋은 아침입니다', '좋은 오후입니다', '좋은 저녁입니다'와 날씨별로 '좋은 날씨네요', '오늘은 무덥네요'처럼 인사하면, 고객도 인사하기가 쉽다. 인사를 하면 긴밀해지고 대화하기가 수월해지고 커뮤니케이션이 시작된다. 대화를 나눈 고객, 질문을 받은 고객은 구입율이 높기 때문에 고정고객이 될 가능성도 높다.

③ N=Name(이름)은 '친밀감의 패스포트'

이름은 세상에서 가장 듣기 좋은 말이다. 일류 세일즈맨은 상담 중에 반드시 세 번 이상 고객의 이름을 입에 담는다. 그리고 헤어질 때에도 한 번 더 상대방의 이름을 부르며 작별인사를 한다. 작은 노력으로 200명 정도까지는 이름을 기억할 수 있다고 알려져 있지만, 미국의 한 패밀리 레스토랑에 1,000명의 고객 이름을 기억하는 점장이 있는데, 그 식당은 큰 성공을 거두고 있다고 한다.

고객서비스로 유명한 리츠칼튼의 '서비스의 3가지 스텝'의 이념 중에, 고객이 호텔에 왔을 때와 체크아웃을 할 때의 인사는 가능한 한 고객을 이름으로 부르도록 정해져 있다. 다만 처음 만나는 고객의 이름을 계속 부르면, 친하다는 느낌이 들지 않을 때에는 경계하게 되므로 주의가 필요하다. 고객의 이름을 부르는 것은, 몇 번 정도 만나서부터 하는 쪽이 낫다.

④ A=Action(적절한 행동)은 **'감동과 감격을 낳는다'**

비즈니스나 고객서비스에도 매뉴얼대로 하면 되는 정형적인 행동과 매뉴얼로는 해결되지 않는 부정형 행동이 있다. 정형적 행동에서 가장 요구되는 것은 시원시원한 움직임이다. 바쁠 때 시간을 질질 끌며 응대하면 고객을 짜증나게 하고, 반대로 시원시원하게 행동하면 고객을 상쾌하게 만든다.

고객은 계산대에서 기다리게 하는 것을 싫어한다. 계산대에 긴 줄이 생기면, 그것만으로도 구매한 상품을 그대로 두고 집에 가버리는 사람도 있고, 긴 줄에 아예 질려서 매장에 들어오지 않는 사람도 있다. 기다리게 하는 시간이 길어지면 길어지는 만큼 그 점포의 서비스에 대한 이미지는 나빠진다.

서비스가 좋다고 정평이 나 있는 노드스트롬에서는, 현장 직원에게 주어진 단 1가지 규정이 있다. 그것은 "어떤 상황에서도 최선의 판단에 따라 행동해주십시오(Use Your Best Judgement). 그 이외의 규칙은 없습니다"라는 것이다. 또한 로스앤젤레스에 있는 소형 약국(Pharmcy)인 '호턴앤컨버스(Horton & Converse)'는, "Yes I can(나는 할 수 있다)"이라는 슬로건으로 고객에게 최선을 다한다. 월그린과 라이트에이드, CVS 헬스 등의 대형 드럭스토어가 격전을 치르는 지역에서 호턴앤컨버스 같은 작은 점포가 끝까지 승리해서 살아남는 이유는, 바로 "Yes, I can" 서비스 때문이다.

이 서비스를 구현하고 있는 좋은 예가 주문이다. 호턴앤컨버스는 가장 큰 점포라고 해도 매장 면적이 297m^2(90평)을 넘지 않는다. 고객이 찾는 상품을 매장에서 항상 재고로 갖고 있는 것은 아니다. 그래서 약국 안에는 "필요한 상품이 있으면 언제라도 말씀해주십시오. 기쁜 마음으로 주문해서 갖다놓겠습니다"라는 안내문을 걸어놓았다. 그리고 다음 날 오전 10시까지는 고객이 원하는 상품이 갖다놓는다.

또한 "방법이 없을 때는 호턴앤컨버스"라는 말이 나올 정도로, 다른 점포에서는 "취급하지 않습니다"라고 잘라 말해도 호턴앤컨버스라면 무엇이든 구해준다는 신뢰감이 소비자에게 있다. 상품을 받은 고객은 감사하게 되고, 그러한 상품에 대해서는 깎아 달라는 말을 할 수 없기 때문에 점포의 이익으로 이어지기가 쉽다. 월말에 일괄정산하고 싶다고 하면 나중에 지불할 수도 있고, 배달도 해준다.

흥미로운 것은, 전단광고에 나온 상품이 매진되었을 때의 대응이다. 전단광고 상품이 전부 팔렸을 때에도 "이미 다 팔렸습니다"라고 하지 않고, "Yes I can"이라고 말한다. 그리고 그 상품과 같은 다른 브랜드의 것도 무방하다면, 전단광고 상품가격으로 제공하는 '대체상품 제공(substitution) 제도'와, 전단광고 유효기간이 끝나도 물건이 들어오는 대로 전단광고 게재가격으로 구입할 수 있도록 하는 '레인체크(rain check)• 제도'를 운영한다.

⑤ T=Thanks(마음으로부터의 감사)는 '재방문의 패스포트'

셀프서비스가 대부분인 점포에서는 직원이 고객을 맞는 유일한 곳이 계산대이다. 소매업은 고객이 재방문해주는 것으로 유지 가능한 비즈니스다. 실제로는 매우 소중한 고객과의 접점이 계산대인 것이다.

쾌적한 구매 환경, 좋은 구색과 적당한 가격의 매장이라도, 마지막에 계산대에서 고객이 불편한 마음이 들면 다시 오지 않는다. 계산대에서의 접객서비스는 고객에게 좋은 인상을 전달하는 '최후의 장'이다.

미국의 비즈니스 업계에서는, "재방문 고객을 늘리려면 돌아갈 때의 한마디를 소중하게"라고 말한다. 소매업도 같다. 따라서 뛰어난 소매업체와 서비스업체에서는 우수한 인력을 계산대에 배치한다. 월그린도 우수한 직원에게 계산대를 맡기고, 정산을 마친 후에 "Thank you for shopping! Be well!(찾아주셔서 감사합니다. 고객의 행복을 기원합니다)"라고 말을 건넨다.

⑥ C=Care(플러스원의 배려)는 '고객과의 마음의 유대'

플러스원의 작은 '마음의 배려'가 커다란 성과를 가져다준다. 마음이

• **레인체크(rain check)**

원래 우천 시 취소된 운동경기 입장권을 다음에 사용할 수 있도록 해주는 무료입장권의 의미인데, 소매업에서는 현재 품절된 상품을 입고 시 같은 가격으로 살 수 있도록 해주는 것을 뜻함.

메마른 시대에는 사람들이 작은 상냥함에도 목말라 있기 때문이다. 고객의 차량까지 상품을 옮겨주는 서비스, 생큐 레터, 전 직원의 서명이 담긴 생일카드, 몸이 불편한 고객에게의 안부전화 등 이러한 작은 배려가 메마른 마음을 적셔준다.

호스피탤러티를 키우는 10가지 조건

호스피탤러티를 키우려면 다음의 10가지 조항을 실천하는 것이 중요하다.

제1조 충성고객 만들기를 기업 성장의 최고 중요 전략으로 삼는다

기업이 지속적으로 이익을 확보하기 위해서는 매출과 이익을 가져다주는 충성고객을 많이 확보하는 것이 필수다. 충성고객을 만들기 위해서는, 이의 실현을 기업의 가장 중요한 전략으로 내세워 솔루션(해결)과 호스피탤러티(고객 환대)라는 2가지 요소를 철저하게 고객에게 제공하는 것이 필요하다.

충성고객=고객의 문제해결(솔루션)×호스피탤러티(유대 구축)

제2조 고객 제일의 이념 실천으로 사명감을 키워간다

고령화 사회가 진행될수록 호스피탤러티가 중요해진다. 호스피탤러티로 고객에게 다가가는 것을 기업의 가장 중요한 전략으로 삼아 이에 집중해야 한다.

2011년 3월, 동일본대지진에 의한 미증유의 커다란 재해로 도호쿠(東北)지방은 엄청난 피해를 받았다. 그 당시 T 드럭스토어는 점포가 막대한 피해를 입으면서도, 대피소 생활을 하고 있던 직원들이 쉬지 않고 점포 영업을 계속했다. 그리고 내점하는 사람들에게 점포 내의 상품을 모두 같은 양으로 나누어 판매하며, 사람들의 생활을 지켰다. 통신망의 혼란으로 본사와 연락도 원활치 않은 상황에서 "사장님도 부장님도 허락해줄 것"이라는 믿음과, 점장의 판단으로 모든 행동을 취했던 것이다.

이러한 판단을 내렸던 것은, 매일 아침 고객을 제일로 한 기업이념을 제창함과 동시에, 매장에서 이를 실천하도록 평소에도 당부해왔기 때문이었다. 이처럼 고객 제일이라는 기업이념의 실천이란, 직원이 고객 환대(호스피탤러티)를 위한 뛰어난 사명감을 갖도록 하는 것이다.

제3조 감동하는 마음을 키운다

'환대의 기술'과 '환대의 마음'이 모두가 없으면, 좋은 호스피탤러티를 제공할 수 없다. 어느 정도 고객 환대를 위한 '기술'을 가르쳐도 고객을 환대하겠다는 '마음'을 제대로 갖지 않으면, 그 기술은 바로 바닥을 보이게 된다. 환대의 마음을 키우기 위해서는 감동의 힘을 높이지 않으면 안 된다. 감동하는 마음이 크면 클수록 감동적인 호스피탤러티를 제공할 수 있기 때문이다.

리츠칼튼 호텔에서는 '와우! 스토리'라고 하는 프로그램이 있다. 고객이 보내온 감동 스토리 가운데 선정한 것을 본사에서 주 2회, 20분간의 회의에서 발표하여 직원들이 이에 대해 감동하는 마음을 갖도록 교육하고 있다.

제4조 고객을 기쁘게 하는 힘을 키운다

비즈니스의 성공은 고객을 어느 정도 기쁘게 하느냐에 달려 있다. 사람은 누구나 매일 행복과 기쁨을 찾는 생활을 하고 있는데, 사람들에게 기쁨과 행복을 전해주는 점포는 이를 통해 번창한다. 최고의 세일즈맨이라고 일컬어지는 사람은, 고객을 기쁘게 해서 고객을 행복하게 만드는 데 뛰어나다. 결국 비즈니스로 성공하기 위한 열쇠는, 고객을 어떻게 기쁘게 할 수 있을까를 직원이 생각하고, 각자가 그것을 계속해서 실천해가는 데 있다.

고객을 기쁘게 하는 1가지 방법은 고객을 칭찬하는 것이다. 사람은 누구나 칭찬을 받으면 기분이 좋다. 고객을 기분 좋게 하는 사람은 다른 사람의 좋은 점을 발견할 수 있는 사람이다. 칭찬을 잘하는 사람이 되는 것은 고객을 기쁘게 하는 힘을 갖게 되는 것이다.

제5조 고객과의 거리감을 줄인다

같은 지역 출신인지, 낚시가 취미인지, 같은 프로야구팀을 좋아하는지 등 서로의 공통점을 알게 되면 빨리 친해질 수 있다. 사람에게는 자신과 비슷한 사람을 좋아하는 심리(유사성의 법칙)가 있기 때문이다.

고객을 알고, 자신과 유사한 점과 공통의 화제(공감대)를 찾아서 어색함 없이 대화에 몰입하면, 상대방과의 마음의 거리가 줄어들고, 커뮤니케이션을 하기 쉬워진다. 공감대가 생기기 쉬운 5가지의 화제는 〈표 16〉과 같다.

〈표 16〉 공감대가 생기기 쉬운 5가지 화제

같은 사실	출신지, 출신교, 가족 구성, 동년배
같이 아는 것	사내, 사외, 친구, 친척
같은 취미	스포츠, 취미, 학습, 여행
같은 체험	좋은 체험, 공포 체험, 고민
같은 생각	신념, 사고방식, 응원 팀, 존경하는 사람

제6조 좋은 인상을 키운다

좋은 호스피탤러티를 제공하기 위해서는, 우선 좋은 첫인상을 주고 고객에게 호감을 갖게 하지 않으면 안 된다. 호감을 갖게 하면 고객과 커뮤니케이션하기 쉽고, 제공하는 호스피탤러티를 고객은 솔직하게 받아준다. 좋아하게 되는 사람의 상위 5가지 조건은, 1위 '밝다', 2위 '미소', 3위 '친절', 4위 '상냥하다', 5위 '명랑함, 즐겁다' 인데, 이러한 모습을 몸에 완전히 익혀가는 것이 필요하다.

제7조 커뮤니케이션 능력을 향상시킨다

자신이 전하고 싶은 것이 고객에게 확실히 전달되지 않으면, 아무리 노력해도 수포로 돌아가 좋은 호스피탤러티를 제공할 수 없다. 확실하게 전달하는 것은 '커뮤니케이션 능력' 이 관건이다. 커뮤니케이션은 '전달', 결국 '전' 하는 것이 상대방에게 '도달' 되는 것을 말한다. 전달할 수 있더라도, 상대방에게 도달되지 않으면 커뮤니케이션이 아니다.

좋은 커뮤니케이션은, 3가지 스텝이 포인트이다(〈표 17〉 참조).

제8조 가벼운 카운슬링(상담)의 힘을 높인다

고객에게 상품 등에 대해 설명할 때는 간결한 상담이 좋다. 차분한 카운슬링(풀 카운슬링)은 시간이 걸리고 사지 않으면 안 될 것 같은 부담을 준다. 가벼운 카운슬링의 법칙은 '1, 2, 3'으로, 한 사람의 고객에게 2분 이내에 3가지 포인트로 이야기하는 것이다. 제품의 특징, 고객의 메리트, 효과 있는 사용방법의 'F·B·I'의 흐름으로 설명하면, 고객도 이해하기 쉽다(〈표 18〉 참조).

제9조 클레임 대응력을 높인다

소매업체는 매년 약 20%의 고객을 잃는다고 한다. 통상 점포에 불만이 있어도, 이를 입 밖에 내는 사람은 4%에 지나지 않는다. 나머지 96%의 사람은 불만을 가진 채로 점포를 떠나고, 10인 이상의 사람에게 악평

〈표 17〉 좋은 커뮤니케이션을 위한 3가지 스텝

스텝	행동	내용
제1스텝	신뢰 회복	자신의 의사를 전달하기 쉽게 하는 신뢰감의 획득
제2스텝	공감 획득	마음을 담은 전달방법
제3스텝	이해 촉진	논리 구성이 확실한, 알기 쉬운 대화방법

〈표 18〉 고객이 알기 쉬운 'F·B·I'에 의한 설명 포인트

F=Feature	제품의 특징	성분의 작용, 그것에서 생기는 적응과 특징
B=Benefit	고객에 있어서의 메리트	환자가 그 상품으로부터 얻을 수 있는 효과
I=Incentive	효과적인 사용방법	효과적인 사용방법

을 한다. 그것을 피하는 것은, 고객이 클레임을 꺼내기 쉽게 시스템을 만들고, 문제를 빨리 해결하도록 하는 것이다. 그것은 매우 중요한 호스피탤러티이기도 하다. 불만이 그 자리에서 바로 해결되면, 고객의 재구입(재방문)률이 82%에 달한다는 조사결과도 있다. 고객의 불만을 재빠르게 확실히 해결할 수 있으면, '성의 있는 대응'으로 평가되어 충성고객이 되는 경우가 많다(〈표 19〉 참조).

제10조 직원의 동기를 높인다

'행복한 직원이 행복한 고객을 만든다'는 이야기가 있다. 행복을 느끼면서 일하는 직원은 그 행복을 고객에게 나누고 싶어 하고, 좋은 호스피탤러티를 제공한다. 뛰어난 호스피탤러티로 유명한 디즈니랜드에서는 '성공의 공식'을 기초로 직원 만족을 창출한다.

직원만족→직원 생산성 또는 성과의 향상→고객만족

직원들의 하고자 하는 마음을 높이는 제일 조건은 '인식'이다. 결국 좋은 일을 했을 때에 그것을 인정하고 칭찬하는 것이다.

〈표 19〉 클레임 대응의 5가지 단계

① 화(분노)와 불만을 전부 표현하도록 한다.
② 사죄한다. 틀린 점이 있어도 변명을 해서는 안 된다.
③ 고객의 불만·화를 이해하고 있음을 알도록 해서, 동시에 불만을 이야기해준 것에 감사를 표한다.
④ 고객의 입장에 서서 해결책을 찾는다.
⑤ 해결책이 충분히 되었는지 계속 확인한다.

손익보다 인명 구조가 우선

2005년 8월 25일, 초대형 허리케인 카트리나(Hurricane Katrina)가 미국 플로리다주에 상륙했다. 멕시코만에서 사라졌다가 29일 루이지애나주에 다시 상륙해서, 미국 남부에 커다란 피해를 가져왔다. 루이지애나주의 뉴올리언스는 80% 이상이 수몰됐다. 앨러배마, 미시시피 남부에서도 많은 수의 가옥과 건축물이 물에 잠겼다. 다수의 사상자가 발생했고 미국 재해 역사상 매우 드문 참사로 기록되었다.

큰 수해가 발생된 후에는 위생 상태가 악화되어 각종 질병에 감염될 확률이 높다. 실제로 루이지애나와 미시시피주에서는 피해를 입은 사람이 세균에 감염되어 사망하는 경우가 발생하기도 했다. 목이 말라서 오염된 물을 마시거나, 물에 닿았을 때 상처를 통해 세균이 침입해서 감염되었다고 생각된다.

또한, 미국 남부에서는 기온이 다시 30℃ 이상이어서, 일본의 대지진 때처럼 강한 습도로 인해 식중독이 발생하기 쉬운 상황이었다. 텍사스주 휴스턴 교외의 대피소에서는 어린이를 중심으로 1,000명 이상이 설사를 일으켰는데, 식중독의 원인인 노로바이러스에 감염된 것이었다.

이러한 혼란이 한창일 때, 월그린의 약사로 근무하던 친구로부터 메일을 받았다. 그 친구는 당시 월그린을 대표해서 피해지역에서 구제활동을 하고 있었다. 그 친구는 현지의 상황이 매스컴에 보도된 것보다 훨씬 더 심각하며 마치 지옥과 같다고 표현했다. 메일의 일부를 소개한다.

"허리케인 카트리나가 뉴올리언스를 시작으로 주변 일대를 덮친 지 2주가 되었을 때였다. 피해지역으로부터 대피한 사람들, 그리고 남게 된 사람들 사이에 커다란 의료문제가 발생했다. 예를 들어, 뉴올리언스의 의사가 다른 장소로 피난함에 따라 의사와 환자의 연결이 끊어져버렸다. 또한, 다른 장소로 피난한 사람들은 어느 의사에게 가면 좋을지 알 수 없었고, 의사는 자신의 환자가 어디로 피난해 있는지 좀처럼 알 수 없는 상태였다.

그리고 많은 환자들의 병력과 진료기록이 유실되어, 병원과 요양시설의 환자가 치료기록 없이 다른 곳으로 보내진 경우가 속출했다. 암 환자는 화학요법인 키모테라피와 방사선 치료를 받을 장소가 필요했으며, 당뇨환자는 관리를 위한 기구가 부족했고, 검사를 기다리는 환자는 언제 자신의 순서가 올지 알 수 없었다. 지인인 빈센트는, 입원해 있던 뉴올리언스의 병원이 수몰되는 바람에 30일간 폐암 방사선 치료를 중단할 수밖에 없었다. 이처럼 이번 재해 때문에 의료체계는 심각한 혼란에 빠졌고 수많은 환자들이 곤혹스러운 상태에 처했다."

월그린은 재해지역에 많은 점포가 영업 중이어서 점포도 수몰되었을 뿐 아니라 영업상 엄청난 손해를 입었다. 수백 개의 점포가 피해를 입고 경영상에 어려움이 뒤따랐으며 허리케인 발생 전보다 주가도 10% 정도 하락했다. 하지만 드럭스토어로서는 뉴올리언스에서 가장 큰 시장을 점유하고 있던 월그린은 사회적 책임감 때문에 헬스케어 제공자로서 다음과 같이 긴급 구조활동을 전개했다.

네버 클로즈(Never Close, 약국 기능을 절대로 폐쇄하지 않고, 조제약의 제공을 지속)

환자들에게 약의 제공이 중단되지 않고 휴대폰에 의해서도 구입할 수 있도록 무점포 약국을 운영했으며, 약을 보관할 곳이 없어도 직원들의 차량을 이용해 재고를 관리하면서 계속 들어오는 처방전에 대하여 약을 조제해서 제공했다.

뉴올리언스에서는 약품 운송을 위해 직원 차량들의 상단에 경찰용 경광등을 설치한 뒤 구급차로 활용했다. 이처럼 월그린은 지역 주민을 재해로부터 지키기 위해 최대한 노력하고, 주민들의 건강을 지키겠다는 신념으로 점포를 닫지 않았다. 그리고 수몰된 점포는 “We shall return(저희는 곧 돌아와 약국 문을 열겠습니다)”라는 말과 함께, 약국 재개를 위해 신속히 조치했다.

재해가 복구된 뒤 월그린의 약사들은, 진료기록과 의약품 처방기록이 분명하지 않은 환자에게는 질병의 증상을 점검하고 환자에게 조제약을 무료로 제공했다. 대피소였던 컨벤션센터에서는 처방전이 없는 재해민들에게 조제약을 제공했다. 환자들 중에는 자신이 어떤 약을 복용해야 하는지를 모르는 사람이 많았다. 약사들은 약의 형태와 색에 대해 조사하고, 질병의 증상을 문진하여 어떤 약이 좋을지를 판단했다. 무료로 제공된 약품과 건강관리 물품은 그 금액을 따질 수 없을 정도였다고 한다.

게다가 월그린은 미국 전역으로부터 약사들을 모집하고 휴스턴과 댈러스의 컨벤션센터로 파견하여 환자들을 돌보도록 조치했다. 또한 경쟁자인 라이트에이드, 월마트, 타깃 등과도 공조하여 조제약이 필요한 재해민들의 처방기록을 알려주거나, 약이 중복되지 않도록 조정했다.

이처럼 긴급 상황에서 약사들의 단결력은 강력했다. 경쟁업체일지라도 환자의 생명을 구하기 위해서는 상호협력했던 것이다. 국가가 대책을 세우기 전에 월그린이 앞장서서 많은 사람들의 생명을 구했다. "자신들의 기업 이념인 'The Pharmacy America Trusts(미국인과 미국으로부터 신뢰받는 의약품 판매업체가 되어, 지역 사람들의 건강에 공헌한다)'에 기반한 행동을 취한 것일 뿐"이라고 모스코니 약사는 담담하게 이야기했다.

커스터머 인 마케팅

인간은 자신의 의견이 반영될 때에 하고자 하는 의욕이 생긴다. 회사에서 자신의 의견을 상사가 채택해주었을 때 해보겠다는 의욕이 충만해지고, 절대로 실패할 수 없다는 강한 사명감에 불타오른다. 이러한 심리를 활용해서 미국의 소매업에서는 고객의 소리를 마케팅에 활용하는 '커스터머 인 마케팅(customer in marketing)'이라는 기법이 활발하게 활용되고 있다.

'커스터머 인 마케팅'이란, 고객의 소리를 점포의 경영에 가능한 한 반영하고자 하는 것이다. 고객의 소리에는 점포를 성공으로 이끄는 힌트가 가득 들어 있다. 물건이 부족하던 시대에는, 제조업체와 소매점이 고자세라도 상품은 팔렸다. 하지만 오늘날과 같이 물건이 넘쳐나는 시대에는 시장이 성숙해지고 고객의 취향이 다양해지면서, 생산과 상품 매입에 고객의 소리를 반영하지 않으면 바로 악성 재고가 산처럼 쌓이게 된다.

고객은 자신이 바라는 것을 반영해주는 점포에 충성하는 팬이 된다. 응원해주고 싶은 마음이 들며, 입소문이라는 효과적인 무료 광고를 해준다. 결국 점포와 고객의 유대가 강화된다는 것이다.

이처럼 소매기업의 생각이 '고객자본주의'라는 신조어를 모토로 '고객중심주의'로 바뀌게 된 것은, 인터넷 판매기업의 대두가 현실이 되었기 때문이다. 소비자는 고객을 경시하는 점포와 자신의 니즈를 충족시켜주지 못하는 점포를 이용하지 않는다.

이전의 미국 소매업체들은 '주주가치의 최대화'를 중시해서, 주가를 올려서 주주에게 환원하는 것이 최대의 관심사였다. 소비자 부재의 정책이 횡행했고 때로는 옳지 않은 일도 빈번하게 일어났다. 건축 자재와 소품을 판매하는 홈디포에서 주택 수리를 의뢰받으면, 불필요한 곳까지 수리하고는 높은 금액을 청구하는 일이 종종 벌어졌다. 이것이 발각되면서 홈디포의 매출은 한때 급추락했다. 이러한 속임수는 고객에게 불신감을 심어주고 직원들의 도덕성을 떨어뜨렸다.

한편, 슈퍼마켓인 스튜레너드는, 고객의 소리를 중요시하고 아침마다 회장과 사장 등의 간부와 본사의 스태프들이 점포 입구에 서서, 고객들에게 인사하며 무엇을 필요로 하는지 찾고자 했다. 또한, 소비자와 모든 시간제 사원들의 의견조차도 적극적으로 운영에 반영하려고 했다. 자신의 의견이 채택된 파트사원은 판매 신장을 위해 최선을 다하고, 업무 시간 외에도 자신이 진열한 상품의 판매 추이를 체크하기도 했다.

최근의 미국 소매업은, 점포에 대한 고객의 의견을 듣는 고객의 소리카드를 반드시 비치한다. 고객들이 적어서 의견함에 넣은 카드는, 대부분 사장에게 직접 전달된다. 기업들은 고객의 의견과 불만에 대해 적절한 답변을 달아 '고객의 요청', '고객의 진언', '고객의 칭찬'으로 나누어 게시한다. 이처럼 점포 안에 게시해놓으면, 고객의 소리를 중요하게 생각하고 바로 개선하고 있다는 것을 고객에게 어필할 수 있기 때문이다.

드럭스토어인 호턴앤컨버스에서는 직원들이 '신의 소리 카드'라고 하는 메모지를 주머니에 갖고 다니면서 고객의 요청을 글로 적어 바로 바로 점장에게 전달한다. 점장은 24시간 이내에 고객의 요청에 대해 대책을 세운다. 또한, 인터넷으로 접수된 고객의 소리를 점포의 영업에 반영하고 있다.

점포판매를 요청받은 상품을 상시 판매상품으로 채택하는 기업도 많다. 친환경 유기농 제품을 판매하는 슈퍼마켓 홀푸드는 고객의 소리에 적극적으로 귀를 기울여 상품구색에 반영한다. 출입구에 부착된 게시판은 고객의 요청이 적힌 '고객의 소리' 용지로 채워져 있고, 그 밑에는 점포의 답변이 첨부돼 있다.

고객은 자신의 의견을 중요하게 생각해주는 점포를 평가만 하는 것이 아니라, 새로운 상품에 대해 입소문을 내준다. 이것은 점포 측에 있어서도 커다란 이득이 아닐 수 없다. 홀푸드에서는 이런 상품에는 "고객의 요청으로 갖추어놓은 상품입니다"라는 POP를 부착해놓는다. 이처럼 고객의 요청을 반영하는 시스템을 만들어놓으면 다른 고객들도 연쇄적으로 의견을 제안하게 되고, 고객 만족은 지속적으로 높아질 수 있다.

저명한 경제학자 피터 드러커(Peter F. Drucker)는 "진정한 마케팅은, 대상고객의 니즈와 가치관으로부터 시작된다. 그리고 소매업은 무엇을 팔고 싶은가가 아니라 고객이 무엇을 원하고 있는가를 기본으로 하지 않으면 안 된다"라고 했다. 고객의 소리를 있는 그대로 경영에 반영한다. 이것이 바로 '커스터머 인 마케팅'이다.

고객 니즈에 맞는 상품구색

구매가 쉬운 구색 압축과 독자성

미국에서는 트레이더 조로 대표되는 구색 한정형 '논프릴(non-frill) 슈퍼마켓'•이 인기다. 가격이 저렴할 뿐만 아니라 작은 점포 사이즈와 압축한 구색이, 바쁜 사람들과 시니어 고객들을 즐겁게 해준다.

〈표 20〉은 드럭스토어에 있어서의 상품별 공헌도를 나타낸 것이다. 이 점포에서는 매출의 80%를 25.5%의 아이템으로, 매출이익의 80%를

〈표 20〉 한 드럭스토어의 구색과 매출, 영업이익에의 공헌도

구색(2만 5천 아이템)	매출	영업이익
상위 80%의 매출·이익	25.5%(6,375)의 아이템	25.8%(6,450)의 아이템
하위 20%의 매출·이익	74.5%(18,625)의 아이템	74.2%(18,550)의 아이템

•논프릴(non-frill) 슈퍼마켓
장식을 뜻하는 프릴(frill)의 반대 의미로, 다양하고 화려한 구색이 아닌, 반드시 필요한 상품만으로 구색을 압축해놓은 슈퍼마켓을 의미함.

25.8%의 아이템이 담당한다. 반대로 70%를 넘는 아이템이, 매출과 이익이 20%에 불과했다. 1개월간 대부분 팔리지 않는 상품도 각 카테고리별로 15~25% 정도였다. 따라서 잘 팔리는 상품에 대해서 진열공간을 충분히 할애하지 않아 고객에게 필수적인 상품의 결품이 계속됨으로써 고객의 이탈을 초래하게 된 것으로 판명되었다.

단순한 생각에서 상품을 줄이는 방법으로 구색을 축소하면, 고객에게 필요한 상품이 줄어들어 점포가 매력을 잃게 되고, 많은 종류의 상품을 제공하고 있는 할인점과의 경쟁에 직면하게 된다. 기능이 같은 상품은 동일 상품 카테고리 내에서 종류를 줄이는 방법으로 상품을 압축함으로써 고객들에게 불편을 주지 않고도 자신들의 독자적인 상품 구성을 유지하는 것이 차별화의 중요한 포인트이다.

미국의 드럭스토어가 어떻게 상품구색을 강화해가고 있는지, 한 체인스토어 본사의 상품부장 이야기를 바탕으로 그 핵심을 이야기해보자.

① 4개의 부문으로 상품을 묶는다

첫 번째는, 상품 구성을 묶는 것이다. 고객은 드럭스토어를 '30분 스토어(내점에 10분, 구매에 10분, 귀가에 10분)'로 본다. 한편, 업태 간 경계가 낮아져서 고객이 점포를 선택하는 조건으로서 구매시간이 중시되고 있다. 드럭스토어는 10분 안에 구매를 마칠 수 있는 점포가 되지 않으면 할인점과 같은 대형 메이저 빅박스(big box)• 점포에 고객을 빼앗겨버릴 위험이 있다. 드럭스토어의 구매행동조사에 의하면, 구매를 10분에 끝내는 경우 고객이 매장에서 들르는 곳은 4개 부문이다. 따라서 상품 구성을 4개 분야로 나눠 4개 존으로 구성하는 것이 중요하다.

② 구색의 방침을 명확히 한다

드럭스토어가 경쟁력을 높이는 것에는, 구색의 전문성과 편리성 강화가 필요하다(〈표 21〉 참조). 헬스케어와 뷰티케어는 전문적인 용도와 기능을 세분화하는 한편 브랜드와 디자인 위주로 구색의 폭을 넓게 하고, 고객들이 굳이 브랜드와 디자인을 고집하지 않는 상품들은 축소하도록 한다. 홈케어와 컨비니언스케어는 편리성을 중심으로 용도와 기능을 구분해서 동일한 용도와 기능에 사용되는 상품이라면 과감히 줄이도록 한다.

〈표 21〉 드럭스토어를 구성하는 4개 분야의 구색

4개 분야	부문	위치	구색 포인트
헬스케어	조제약 대중약 건강식품(헬스푸드) 헬스에이드 베이비 & 키즈 홈헬스케어(간병·간호용품)	핵심 분야 (전문성)	전문성의 관점에서, 용도·기능의 구분을 세분화함. 브랜드와 디자인을 고집하는 카테고리는 폭넓게 구색을 갖추고, 고집하지 않는 카테고리는 용도·기능 안에서 압축함.
뷰티케어	화장품 화장용품	핵심 분야 (전문성)	상동
홈케어	가정용품 일용품	보완 분야 (편리성)	편리성 측면에서 용도·기능의 구분을 하고, 동일 용도·기능 내에서 철저하게 압축함.
컨비니언스케어	식품	보완 분야 (편리성)	상동

• 빅박스(big box)
여러 가지 의미가 있으나, 소매업에서는 월마트와 같이 시장점유율이 높은 메이저 대형업체를 의미함.

③ '쌓여 있는 쓰레기 재고 청소'로 압축

경쟁력이 없는 소매업체들의 공통점의 하나는, 판매 추이가 나쁜 상태로 쌓여 있는 상품이 잔뜩 진열되어 있어 매장이 무덤처럼 되어가고 있는 것이다. 우량 소매업의 대부분은 다양한 카테고리의 압축 기준을 갖고, 판매 추이가 나쁜 상품은 과감하게 추려낸다. 카테고리에 있어서는 매출 하위의 15~30% 상품이 제외 대상이다. 다만, 용도 · 기능상 필요한 상품과 충성고객이 정기적으로 구입하는 상품, 드럭스토어에 있어 반드시 필요한 구색상품은 제외시키지 않는다.

④ 6가지 관점으로 구색을 재검토

〈표 22〉는 구색을 재검토할 때의 기준을 열거한 것이다. 6가지 관점에서 카테고리를 평가해서 구색의 확대와 축소를 판단한다.

⑤ 선반 할당을 세세하게 변경한다

일본의 드럭스토어는 1년에 2회 상시 진열상품의 변경을 시행한다. 미국 점포도 이전에는 일본과 같았지만, 현재는 신제품의 조기 도입, 잘 팔리는 상품의 매장 확대와 안 팔리는 상품의 제외, 매장의 신선함 유지를 겨냥하여 매월 선반 할당을 재검토하고 이를 세밀하게 수정한다.

단골가게가 되어야 한다

집 근처에 평판이 좋은 중화요리 식당이 있다. 멀리서 오는 손님들도

〈표 22〉 구색 재검토 시의 기준

기준	사고방법
전문성의 정도	· 전문성이 높은 분야는 용도·기능을 가능한 한 세분화하는 것보다는 카테고리에 충실하게 계획함. · 전문성이 낮은 분야는 동일 용도·기능 내로 압축하고, 선택된 상품에 충분한 진열공간을 제공함.
고집스러움의 정도	· 소비자가 브랜드와 디자인을 고집하는 카테고리는 넓게 구색을 하는 것보다 카테고리에 충실하게 계획함. · 고집하는 정도가 적은 카테고리는 용도·기능 내로 압축하고, 선택된 상품에 충분한 진열공간을 제공함.
상위집중화의 정도	· 상위 3개 브랜드로의 집중도가 낮은(30% 이내) 카테고리는 고객의 선호가 분산되기 때문에 넓게 구색을 갖춤. · 상위 3개 브랜드로의 집중도가 높은(60% 이상) 카테고리는 압축해서, 선택된 상품에 충분한 진열공간을 제공함.
카테고리 성장의 정도	· 성장과정의 카테고리는, 시장 사이즈를 더욱 크게 하기 위하여 넓게 상품 구색을 갖춤. · 성숙·쇠퇴하는 카테고리는, 상품을 압축해서 선택된 상품에 충분한 진열공간을 제공함.
마켓 사이즈의 정도	· 사이즈(면적)가 큰 경우는 구색을 풍부하게 함. 작은 경우는 압축함.
기능에 따른 차별화의 정도	· 기능이 차별화된 경우는, 차별화된 다양한 상품의 구색을 갖춤. 작은 경우는 압축함.

많고 예약하지 않으면 오래 기다려야 할 정도로 인기가 높다. 특히 만두는 천하일품이다. 맛있다고 평가받는 레스토랑에는 명물 요리가 반드시 있다. 손님들은 대표 요리만을 먹어보고 그 가게를 맛있다고 판단한다.

손님들에게 좋은 가게라는 인상을 갖게 하려면 다른 경쟁점에 절대로 지지 않는 상품을 갖는 것이 중요하다. 어떤 가게는 어떤 상품이다라는 식으로 우선적으로 떠올리게 만드는 '단골가게'가 되어야 한다. 모든 카테고리를 충실하게 갖추는 것은 경제적으로도, 진열공간에 있어서도 불가능하고 시간도 많이 걸린다.

월그린은 단골점포로 만들기 위해 선택한 주력 부문은 헬스케어이다. 월그린의 매장은, 대형 할인점인 월마트 매장의 15분의 1에 지나지 않았지만, 월마트보다 넓은 헬스케어 코너를 꾸미고 처방약, 대중약과 건강보조식품을 충실하게 갖추었다. 잘 팔리는 상품과 주력 상품, 구색상품을 강화하고 상담 전문가의 배치에 힘을 쏟았다. 이에 따라 월그린의 헬스케어 구성비(처방약 포함)는 40%대에서 75%로 증가했다.

일본 유수의 드럭스토어 기업인 C사는 오럴케어(oral care, 구강건강)의 단골점포 만들기에 성공했다. 창업 당시, 무작정 대형 체인에 대항해서는 승산이 없다고 판단하고, 사람들이 관심 갖기 시작하던 오럴케어 부문을 중점적으로 확대했다. 30센티미터 정도의 선반 6개로 상품을 진열했던 매장을 12개로 늘리고, 잘 팔리는 상품과 주력 상품, 구색상품을 집중 진열하고 전문가의 상담 기능을 강화했다. 소비자들 사이에서 '오럴케어라면 C사'라고 손꼽을 정도가 되어, 지금은 그 지역에서 '드럭스토어라면 C사'라고 인정받게 되었다.

일본의 어떤 슈퍼마켓은 독창적인 단골점포 만들기로 유명하다. 영국 왕실용 홍차, 1개에 1,000엔이나 하는 즉석카레, 6,000엔이나 하는 세계 넘버원 브랜드 피클 등의 진기한 상품으로 구색을 갖추고, 월 1개가 판매되어도 구색을 유지하고 있다. 1회 방문 시 많은 금액의 상품을 구매하는 고객을 충성고객으로 만들기 위한 구색상품이 되기 때문이다.

① '단골점포' 만들기의 장점

• 고객으로부터의 신뢰

사람은 1가지가 뛰어나면 전부가 뛰어난 것으로 보인다. 이른바 '할로효과(halo effect, 후광효과)'•를 활용하는 것이다.

• 거래선으로부터의 신뢰

특정 상품 부문이 그 지역에서 가장 잘 갖추어진 소매점포는 제조업체와 도매업자로부터 인정을 받아서 다양한 지원을 받게 된다.

• 직원들의 자신감

직원교육에서 중요한 것은 자신감을 갖게 하는 것이다. 직원이 1가지에 자신을 갖게 되면, 고객을 대하는 것에도 자신감이 붙어서 고객의 신뢰감도 높아진다. 1가지에 대한 자신감이 점포 전체의 신뢰감을 높인다.

② '단골점포'를 만드는 요령

• 지역 제일의 카테고리를 결정한다

어떤 카테고리로 지역 제일이 될까를 결정한다. 상권 내 고객니즈와 고객이 바라는 원츠(wants)를 파악해서 어떤 카테고리가 가장 뛰어날까, 혹은 어떤 카테고리가 가장 좋을까를 결정하는 것이 좋다. '좋아하

•할로효과(halo effect, 후광효과)
특정 사물이나 사람을 평가할 때, 일부분에 대한 긍정적, 부정적인 평가가 전체에 영향을 미쳐, 대상에 대한 비객관적인 판단을 하게 되는 특성을 말함.

는 것을 잘하게 된다'는 의미이다.

• 3가지 부류로 상품구색을 갖춘다

'잘 팔리는 상품', '주력해야 하는 상품', '구색상품'의 3가지 부류로 상품을 갖춘다(〈표 23〉). 3가지 부류의 상품에는 다양한 장점과 약점이 있다. 그것을 믹스함으로써 카테고리 전체에 장점을 발휘하게 하는 것이다. 특히, 경쟁점포에 대비하여 특정 상품 부문에 있어서는 폭넓은 구색으로 전문성을 보여주기 위한 차별화 전략으로서, 단순 구색상품에 중요한 의미를 두어 유지해가는 것이 필요하다.

〈표 23〉 상품의 3가지 부류

잘 팔리는 상품	시장점유율이 높은 상품의 구색. 이런 상품에는 내셔널브랜드(NB)가 많다. NB는 소비자의 신뢰, 매출 확보라는 점이 중요하다. 약점은 가격이 난립해서 이익을 취하기가 어렵다. 또한 어떤 기업이 취급을 해도 차별화가 어렵다.
주력해야 하는 상품	소매점이 의식적으로 판매를 확대하고자 하는 상품. 프라이빗 브랜드(PB)와 이류 브랜드, 로컬 브랜드에 많다. 장점은 이익률이 높고, 다른 점포와의 차별화 상품이 될 수 있다. 약점은 소비자의 인지도와 신뢰성이 약하다.
구색상품	잘 팔리지 않는 상품을 포함해서 일류 메이커라는 특정 상품 부문을 키워가겠다고 생각한다. 이런 상품은 일류 메이커라는 것에 고객의 신뢰감이 있고, 경쟁이 없어 이익 확보가 용이하다. 다른 점포에서 취급하지 않아서, 차별화와 전문성을 나타내기도 쉽다. 약점은 상품의 인지도가 낮다는 것이다.

구색상품을 스타상품으로 키운다

단순 구색상품을 육성상품으로 전개하는 점포가 있다. 잘 팔리는 NB 상품만으로 이익을 낸다는 것은 대단하다. 가격 경쟁을 피할 수 없고, 경쟁점과의 차별화도 안 되기 때문이다. 그것을 해결하기 위해서는, 유망한 구색상품을 선정해서 자기 점포의 스타상품으로 육성하는 것이다.

① 스타 후보 상품을 선정한다

일류 메이커의 상품 중에서 시장점유율을 의미하는 마켓셰어(market share)가 낮은 상품을 찾아낸다. 일류 메이커의 이름이 있으면 고객도 안심한다. 어엿한 상품으로 육성하고자 하는 제조업체의 지원을 얻어내기도 쉽다. 미국의 드럭스토어 중에는 마켓셰어가 낮은 일류 업체의 상품을 거래선으로부터 제안받는 경우가 있는데, 이 경우에는 준 PB(private brand)와 같이 상품을 취급함으로써, 1~2년간 독점적으로 판매한다.

② 독점적인 매장 진열

해당 상품의 진열 위치 외에 매장 주 통로 주변과 엔드, 곤돌라의 골든 존(golden zone), 마켓셰어가 높은 상품과 인기상품 옆 등에 진열해서 상품의 노출 빈도를 높인다.

③ 권장판매

직원에 의한 권장판매를 철저하게 시행한다. 상품의 특징과 구입 시고객이 얻게 되는 이점을 이해하도록 한다. 권장판매 횟수를 기록으로 남기게 하고, 판매 콘테스트를 진행하는 것으로 직원들의 관심을 높일 수 있다.

고집으로 인기를 끄는 슈퍼마켓

① 품질을 고집하는 홀푸드

텍사스주 오스틴에 본사를 둔 홀푸드는, 대형 슈퍼마켓들이 슈퍼센터와 홀세일클럽(MWC)에 눌려 고전하고 있음에도, 매년 높은 성장을 지속하여 매출 150억 달러에 육박하고 있다. 식품을 구입할 때 많은 미국인은 어떤 영양소가 함유되어 있는지, 건강에 좋은지에 신경 쓴다. 건강에 신경을 쓰는 시니어층이 증가하고 있고, 유기농에 대한 관심이 계속 높아져가고 있다. '의식동원(醫食同源)'•을 콘셉트로 하는 홀푸드는, 이러한 소비자의 기호를 파악하여 약진하고 있다.

이 회사의 특징은 기업이 추구하는 품질기준이 명확하다는 것이다.

- 우리는 내추럴 혹은 유기농 상품을 갖춘다. 방부제와 인공착색료 등 인공적인 것을 가미하는 것보다 자연 상태로 먹는 것이 맛도 영양도 가장 좋기 때문이다.

•의식동원(醫食同源)
인간에게 질병의 치료와 먹는 것은 건강을 지키는 것으로서, 그 근본이 같다는 의미.

- 우리의 비즈니스는 최고 품질의 식품을 경쟁력 있는 가격으로 판매하는 것이다. 그러기 위해 영양, 신선도, 그리고 맛을 항상 평가한다.
- 우리는 판매하는 모든 상품은 주의해서 확인한다. 방부제, 인공착색료, 인공향료, 인공감미료를 일절 사용하지 않는 먹거리를 취급한다.
- 우리는 맛이 좋은 먹거리를 제공한다.
- 우리는 신선하고 안전한 먹거리를 제공한다.
- 우리는 유기농 식품을 힘써 제공한다.
- 우리는 건강과 행복을 가져다주는 먹거리를 제공한다.

또한 매일 식사를 통해 충분한 영양을 섭취하는 것이 어렵다고 생각한 홀푸드는, '홀바디(whole body)'라는 영양제 판매코너를 설치했다. 영양제는 전부 자연 성분 추출제품으로 갖추고, 힐링 분위기를 연출하기 위해 매장의 집기와 바닥재도 목재로 꾸몄으며 전문가를 상담직원으로 배치했다.

② 염가를 고집하는 트레이더 조

캘리포니아 남부에서 탄생하여 뉴욕, 시카고, 보스턴 등 전미 주요 도시에 출점한 친환경 슈퍼마켓인 트레이더 조는, 겨우 1,000m²(300여 평)의 면적과 2,000개의 아이템으로 압도적인 인기를 끌고 있다. 트레이더 조가 고객을 유인하는 요소는 오리지널 상품이다. 코카콜라, 허시초콜릿, 하겐다즈 아이스크림 등 어디서든 살 수 있는 상품은 취급하지 않는다. 식품 전문가들이 세계를 돌며 찾아낸 고품질, 저가격 상품이 트레이더 조 매장에 가득하다.

그중에서도 주력은 와인이다. '찰스쇼(Charles Shaw)' 시리즈 와인은, 1병에 1.99달러라는 가격과 함께 '투벅척(Two-Buck Chuk, 2달러 찰스쇼 와인의 의미)'이라는 애칭으로 친숙하다. 최근 가격이 올랐지만 다른 소매업 체인에 비하면 압도적으로 싸다.

미국인이 즐겨 찾는 냉동식품도 건강에 신경을 쓰는 소비자 니즈에 맞춰 유기농으로 준비하고 채식주의자를 겨냥한 상품도 갖춰놓았다. 멕시코 음식 부리토, 프랑스산 양파수프, 삶은 청태콩 에다마메, 슈마이 만두 등 세계의 맛을 찾는 다양한 고객들이 트레이더 조를 방문한다.

또한 점포가 목표를 갖고 지속적으로 추천하는 권장상품을 전단을 통하여 소구한다. 예를 들어 이런 모습이다.

- **스페인산 만체고 치즈 1파운드(454g) 9.99달러**

  구수하고, 잘라낸 맛이 좋으며, 맛이 깊고, 부드러운…… 마치 심야 방송의 유명인사 소개 같지만, 실은 오락쇼가 아닌 전문식품으로서 스페인산 만체고 치즈를 소개하고 있는 것입니다. 스페인 중부의 비옥한 고지 라만차에서만 만들 수 있는 만체고 치즈는, 산양유로 만든 치즈입니다. 몇 백 년 전부터(세르반테스의 돈키호테의 치즈로 알려진) 지금까지 전통적인 제조방법을 엄격하게 지켜오고 있습니다.

  압축한 응축유(치즈의 원료)는 반드시 짚을 엮어 묶습니다. 치즈가 숙성되어가면, 이 짚이 치즈의 표면에 무늬 모양을 만드는데, 이것이 바로 만체고를 상징하는 마크입니다. 만체고의 또 다른 특징은 가격이 비싸다는 것인데, 트레이더 조는 다릅니다. 본사 구매담당자들의 뛰어난 상품구매로 1파운드에 9.99달러로 제공합니다! 그래도 1개 9.5온스 정도의 크기로 잘라놓기 때문에 대략 6달러에 구입하실 수 있습니다.

포인트카드나 쿠폰과 같은 판촉활동도 하지 않고, 기업이념에 부합되는 상품을 찾아내어 서비스하는 트레이더 조에는 많은 충성고객들의 응원이 끊이지 않는다.

주목받는 로컬 상품

최근 미국 소매업에서 주목받는 움직임 중에 '로컬(local) 전략' 즉 지역상품 판촉전략이 있다.

어떤 텔레비전 코미디 프로그램 중에서 상징적인 장면이 나온다. 주인공 2명이 식당에서 치킨 요리를 주문하려고 마음먹고 "오늘의 치킨은 어느 농장에서 잡은 것입니까?" 하고 묻는다. 그러자 종업원은 바로 로컬 농장의 이름을 대면서 사육 장면이 담긴 사진을 손에 들고 손님의 질문에 솜씨 좋게 대답한다.

코미디 프로그램에 나올 정도로 '로컬(지역)'은 미국 소매업과 서비스업에서 매우 중요하다. '로컬'은 고객과의 유대감을 형성하고, 인근의 생산자가 공급하기 때문에 안심할 수 있다.

로컬의 움직임은 대형 소매체인 기업의 전략에도 영향을 미치기 시작했다. 리테일머천트협회(Retail Merchants Association)에서는 'Think. Shop. Buy. Local'로 불리는 캠페인을 전개한다. 지역연고 기업의 영업 활성화를 겨냥해서, 지역의 소매업자로부터 상품을 구입하면 그 지역과는 관계가 없는 전국체인 업체의 점포에서 구매하는 것에 비해 판매가격의 45%에 해당되는 금액이자, 전국체인 업체에서 구매 시에 지역으로 유입되는 돈의 3배에 이르는 자금이 지역으로 환원된다는 것을 강조하는 것이다.

'Shop Local(로컬 점포에서 구매합시다!)' 운동을 전개하는 지역체인에 위기감을 강하게 느낀 광역의 지역체인인 리저널(regional) 체인과 전국체인 점포도, 로컬에 힘을 쏟아 지역에 동화하는 전략을 채택하기 시작했다. 로컬에 대한 소비자의 관심이 높아지는 것을 수용해서, 로컬의 제조업체와 농장, 목장을 찾아내지 않으면 생존할 수 없다는 것을 깨달은 것이다.

이러한 로컬의 움직임이 많은 체인들로 확산되고 있음을 보여준다. 일찍부터 로컬 캠페인에 힘을 쏟아온 홀푸드에서는 로컬 상품의 구색을 충실하게 하는 한편, 대출 등 농장에 대한 경제적인 지원을 하기도 한다. 매장 내 영양제 코너인 홀바디 코너에서는 로컬 장인을 교육시키는 프로그램 등을 전개하고 있다.

캘리포니아의 슈퍼마켓인 너겟마켓(Nugget Markets)에서는 지역 채소를 적극적으로 판매하는 한편, 연간계약으로 인근 농가를 지원한다. 지역 채소를 취급하는 것은 월마트에서도 시작했다.

향후 전 점포 공통 상품구색의 비율을 50%까지 끌어올릴 것이라는 월그린은 시카고의 플래그십 점포에 신선식품과 와인, 델리, 베이커리 등을 로컬 상품으로 충실하게 갖추었다. 자회사 드럭스토어인 듀안리드도 맨해튼 지역 레스토랑의 파스타와 소스, 샌드위치, 스시를 판매한다.

또한 중서부에서 슈퍼센터를 전개하고 있는 마이어(Meijer)는 미시간

주립대와 제휴하여 '메이드 인 미시간(made in Michigan)' 프로그램을 전개했다. 지역경제가 부진한 미시간주에 공헌하고자 미시간주의 30개 남짓한 점포에 지역산 소스와 조미료, 버터 등 46종류의 상품을 판매하는 특설매대를 설치했다.

워싱턴주를 중심으로 점포를 연 로컬 드럭스토어 체인 바텔 드럭(Bartell Drugs)은, 최근 개발해온 새로운 매장 형태인 어반 마켓(urban market)에 지역산 비누와 난로용 장작, 커피, 와인, 맥주 등의 상품을 갖추었다. 바텔 드럭은 로컬 전략의 선두주자로서 그 역사는 1920년대의 세계대공황으로 거슬러 올라간다. 이 회사는 지역 농장과 기업의 제품을 판매하면 그 농장과 기업이 혜택을 보게 되고, 결과적으로 자신의 점포도 번창하게 된다고 생각했기에 지역상품을 적극적으로 취급했다.

로컬 전략에도 해결과제가 있다. 로컬에 한정된 점포에서는, 텔레비전 등 매스미디어를 통해서 광고하기도 어렵고 내점고객에게 직접 소구하는 것 외에는 PR 방법이 제한돼 있다. 또한 동일한 상호를 사용하지 않고 필요한 상품만을 공급해주는 도매상을 통해 상품을 공급받기도 어렵고 대량생산되는 상품보다 가격대도 높다. 또한 신제품을 내놓거나 기존 상품을 개선해서 다시 소비자에게 제공하는 상품 리뉴얼 주기도 늦을 수밖에 없다.

지역 체인업체가 이러한 한계를 갖고 있음에도, 소비자의 지지와 지속 가능성, 지역의 경제적 효과를 바탕으로 한다는 점에서 전국체인 기업과 광역지역체인 기업도 로컬 전략을 무시할 수 없는 상황에 이르렀다. 이들도 일부 지역상품의 신선한 이미지에만 의존하지 않고 푸드마일리지와 지역경제 활성화 등의 관점에서 로컬 전략을 더욱더 강화해야 하는 필요를 느끼게 된 것이다.

왜 로컬 전략인가?

미국의 소매업이 로컬 전략을 강화하는 배경에는, 다음과 같은 것이 있다.

① 푸드마일리지에 신경 쓰는 소비자

푸드마일리지는 식료품의 운송에 따라 배출되는 이산화탄소가 지구 환경에 미치는 영향에 착안한 생각으로, 식품의 생산지와 소비지가 거리상 가까우면 푸드마일리지는 작아지고, 먼 경우에는 커진다. 환경에 관심이 높은 사람들이 늘어나는 가운데, 소비자는 푸드마일리지가 적은 식품을 선호하는 경향이 있다.

② 지역경제의 활성화

지역 농산물을 지역에서 소비한다는 의미의 '지산지소(地産地消)'에 의해 지역 경제는 살아난다. 지역이 윤택해지면 세수입의 증가와 고용의 촉진, 지역경제의 선순환 등 큰 이점이 있다. 소비자도 지역의 생산물을 우선적으로 구입하려는 의식도 높아졌다.

③ 신토불이의 보급

신토불이(우리의 몸과 흙, 기후는 밀접한 관계가 있어서, 분리해서 생각하는 것은 불가능하다. 결국 지역에서 얻어진 것이 우리 몸에는 가장 좋다)라는 말은 예로부터 한방(漢方)에서 전해져왔다. 이렇게 자연과 일체화한 의식이 미국에도 스며들고 있다.

④ 지역환경의 유지

농장과 목장에서의 생산을 포기하면, 환경이 황폐해진다. 농장과 목장의 활성화에 의하여 지역의 자연환경 유지가 가능해진다.

⑤ 식료품 자급률을 높인다

지역상품의 소비는 외국과 다른 지역에의 의존율을 낮추어 지역식품 자급률을 높인다. 그 결과 계속적으로 식품의 안정적 공급이 가능해진다.

⑥ 지역적 특색의 먹거리를 보존

지역상품을 소비함으로써 역사적으로 정착되어온 먹거리의 지역식품화와 보존이 가능해진다. 지역적 특색을 가진 먹거리를 보존하는 것으로 생물과 식품의 다양성을 유지할 수 있다.

브랜드 가치의 발견과 소구

어떤 상품에도 강점과 약점이 있다.

텔레비전 광고를 하는 유명 NB(National Brand)상품은 소비자의 인지도가 높고 판매하기 쉽다는 장점이 있지만, 많은 점포에서 취급하기 때문에 차별화를 꾀하기가 어렵고 가격 경쟁에 노출되는 약점이 있다. 반대로 시장점유율이 낮은 상품은 소비자의 인지도가 낮아서 판매하기가 쉽지 않지만, 경쟁에 노출되지 않는다는 강점이 있다.

소비자는 구매하기 좋은 브랜드(선호 그룹)를 묶어놓고 그 가운데에서 브랜드 교체를 반복한다. 필요한 상품을 결정해도 구입할 때까지는 브랜드를 결정하지 않는 것이다.

월그린은 중점적으로 육성해갈 상품으로 고객들이 브랜드를 교체하게끔 육성상품의 브랜드 가치를 고객들이 발견할 수 있도록 POP와 고객 상담을 통해 고객들에게 알린다. 구체적으로는 '기능적 가치', '정서적 가치', '경제성 가치'로 구분하여, 〈표 24〉 21항과 같이 가치 기점으로부터 육성할 상품이 갖고 있는 가치의 성격을 찾아내어 가장 강한 가치를 소비자에게 소구하고 있다(〈표 24〉 참조).

프라이빗 브랜드는 '프라이드 브랜드'

소매업체의 자체 브랜드 상품을 뜻하는 PB(Private Brand, 프라이빗 브랜드)상품 개발이 힘을 얻어가고 있다. 미국의 PB상품 성장률은 유명 시중 브랜드를 의미하는 NB상품의 2배에 가까워 대략 5% 증가를 나타냈으며, 소비재 시장에서 차지하는 비중은 15%(금액 기준)에 이른다. 역사적으로 PB상품이 일반화되어 온 유럽에서는 시장점유율이 거의 30%에 가까운 수준인 것을 볼 때, 미국의 PB상품도 더욱 확대되는 것이 자연스럽다. 일부 NB상품 제조업체는 PB상품 제조업체를 사들여 혁신적

〈표 24〉 월그린의 브랜드 가치 발견방법

가치 분야	가치 기점	가치의 포인트	소구내용 예
기능적 가치 (맛·사용의 편리함·성능 등의 기능적인 의미 부여)	1) 신뢰성	프로·전문가의 보증	전문적으로 연구하고 있는 대학교수도 보증
	2) 안전성	엄격한 안전 기준	어린이가 사용해도 다치지 않는 높은 안전성
	3) 기능성	부가가치, 비교우위성	종래의 제품에 비해 새로운 2가지 기능 추가
	4) 효용성	효능효과	얼룩을 제거함과 함께 광택효과도
	5) 독창성	참신	완전히 새로운 발상과 특수 재료를 사용해 만듦
	6) 편리성	언제라도, 어디서라도	방수가공이라 우천 시에도 사용 가능
	7) 능률성	효율	작업효율이 2배로 증가
	8) 시간성	속효성·단기간·장시간	15분으로 마무리되어 바로 가지고 귀가 가능
	9) 청결성	클린	매일 열탕처리에 의해 만들어 청결함
	10) 건강성	헬시	위에 부담 없고, 스태미너도 생성
정서적 가치 (편안하고 즐거운 기분이 되는, 자신을 표현 가능함 등 상품으로부터 얻을 수 있는 정서적 의미 부여)	11) 신선성	선도, 프레시	오늘 아침, 가까운 농가에서 딴 채소를 사용한 요리
	12) 유행성	유행, 인기, 평판	요즘 젊은 여성에게 가장 인기 있는 상품
	13) 희소성	수량·기간·고객·판매처	제조업체가 특별히 만든 것으로, 10개 한정
	14) 역사성	전통·연대·장기판매	에도(江戶)시대부터 이어져오는 오랜 역사의 가게가 만든 전통상품
	15) 유지성	제조법·재료·원산지	신뢰받는 원재료를 고집하는 상품
	16) 기호성	맛·향기·형태·색·소리·촉감	여운이 남는 맛으로 잊을 수 없음
	17) 심미성	디자인·색	디자인이 뛰어나 장식품으로서도 가치가 있음
	18) 미용성	색·향기·촉감	피부가 매끈매끈해져 화장이 잘 흡수됨
경제성 가치 (가격이 저렴하고, 대용량 등 경제적 의미를 추가)	19) 가득성	양·수·무게	2배의 양이 들어 있어 큰 이득
	20) 가격성	가격·포인트·무상	20% 할인과 함께 10점의 포인트 증정서비스 추가
	21) 서비스성	보증·배송료·수리	생애기간 보증

인 제품 개발과 적극적인 판촉, 효율적인 상품 공급을 통해 매장의 상품 카테고리 내 점유율 확대를 꾀하기도 한다.

PB상품의 성장 배경에는 몇 가지 이유가 있다. 첫 번째는, PB상품의 우수함이 소비자에게 인정받았기 때문이다. 한 조사에 따르면, 90% 이상의 소비자가 "PB는 NB와 동등하거나 NB 이상의 가치를 제공한다"라고 생각하고 있다. NB상품의 우위가 절대적인 것이 아니며, PB상품을 높게 평가하는 고객이 NB로부터 이동할 가능성이 높아지고 있는 것이다.

PB상품 시장을 견인하고 있는 것은 베이비부머 세대(1946~1964년에 출생)와 X세대(1961~1981년에 출생)이다. 베이비부머 세대는 NB상품의 우위를 예전만큼 인정하지 않으며, X세대는 텔레비전을 별로 보지 않아서 NB상품의 광고효과도 낮은 편이다. 인터넷의 풍부한 정보가 PB 상품의 신뢰감을 높이고 있는 측면도 있다.

두 번째, 가격 지향을 배경으로 PB상품 개발이 활발하게 이루어지고 있다. 소비자의 3분의 1이 돈을 절약하기 위해 의식적으로 PB상품을 구입하고 있으며, 구매리스트를 소지하고 점포를 방문하는 사람의 10%가 PB상품명을 메모해 간다.

세 번째는, 전자상거래 e커머스에의 대응책이다. 점포를 갖고 있지 않은 아마존은 오프라인 점포보다 싼 가격으로 상품을 팔 수 있다. NB상품만의 구색으로는 아마존에게 고객을 빼앗길 것이라는 것은 불을 보듯 뻔한 일이다.

21세기에 들어 미국의 소매업은 PB를 프라이빗 브랜드가 아닌 '프라이드(pride) 브랜드'로 의미와 가치를 부여하고 질 좋은 상품을 개발해 오고 있다. 품질이 떨어진다는 이미지에서도 점점 벗어나서 NB상품을 능가하는 상품도 등장하고 있다. 또한 소비자 전체를 대상으로 해서 상품 개발을 하는 NB상품에 비해, PB상품은 특정 고객 집단을 타깃으로 상품을 개발함으로써 NB상품에는 없는 매력을 보여주고 있다.

PB상품은 4가지 라인으로 구성

대형 슈퍼마켓의 PB상품 대부분이 ① 가치, ② 표준, ③ 내추럴 & 유기농, ④ 프리미엄의 4가지 라인으로 구성되어 있는데, 드럭스토어의 PB상품도 이것을 따르고 있다.

월그린은 엔트리(entry) 레벨, 메인스트림(mainstream), 프리미엄의 3단계로 PB상품을 개발한다. 대상 카테고리는 헬스케어, 뷰티케어, 식품, 가정용품으로, 장기적으로 30%의 매출점유율을 목표로 한다.

월그린은 이전에는 자신들의 상호가 들어 있는 패키지를 사용했지만, 최근에는 완전히 이를 배제한 상품이 늘고 있다. 식품에서는 'Delish'와 'nice', 비타민에서는 'Finest'라는 브랜드명을 사용하며 월그린이라는 이름은 제품에서 일절 볼 수가 없다.

그 이유의 하나는 PB상품의 이미지 전략 때문이다. 품질이 개선되고 있다고는 하지만 아직도 품질이 떨어져서 값이 싸다는 이미지를 갖고 있는 소비자도 적지 않다. 그래서 상품 부문별로 독자 브랜드를 사용하는 쪽이 이미지를 높일 수 있다. 또한 불량품을 회수할 경우에도 그에 따른 부정적 영향을 최소한으로 막을 수 있고, 체인업체의 상호를 넣지 않으면 다른 체인업체나 점포로도 상품을 공급할 수 있기 때문이다.

그러나 PB상품을 강화하는 것에는 몇 가지 주의할 점이 있다. 첫 번째는, NB상품과 PB상품의 적절한 균형을 갖추는 일이다. PB상품을 중심으로 상품구색을 갖추면 자칫 상품의 품질이 떨어진다는 인상을 고객들에게 주게 되어 고객의 이탈을 불러온다. 반면, NB상품 중심으로 구색이 강화되면 상품가격이 높아짐에 따라, 가격적인 매력은 낮아지고 동일한 상품을 취급하는 주변 점포들과의 경쟁으로 매출에 따른 이익률이 떨어지게 된다.

두 번째는, 경쟁 체인 PB상품과의 차별화다. PB상품은 이익률이 높고 가격이 싸다는 매력 때문에 성장해왔지만, 다른 체인업체들도 적극적으로 PB상품을 개발해서 판매하고 있기 때문에 체인업체 간 PB와의 차별화도 중요하다. 결국 PB상품도 마케팅 능력에 따라 경쟁상품과의 우열이 결정되는 것이다.

세 번째는, 판촉활동의 강화이다. PB상품의 확대를 겨냥해서 판촉활동을 강화하는 체인업체가 늘어나고 있다. 미국 텍사스주를 기반으로 하는 슈퍼마켓 HEB에서는 세탁세제 부문에서 가장 높은 시장점유율 갖고 있는 NB상품 '타이드(Tide)'와 자신들의 PB상품과의 비교진열을 통해서 판매하고, 사용에 만족하지 못한 고객에게 환불해주는 만족보증제를 실시하고 있다.

네 번째는, 상품의 비교진열을 철저하게 시행하는 것이다. PB상품이 저렴하다는 것을 보여주는 방법은 NB상품의 우측에 PB상품을 진열해서 확실하게 비교판매를 하는 것이다. '$3.77 절약'과 같이, 가격 차를 확실하게 보여주는 비교 POP를 반드시 부착한다.

충성고객 프로그램

이익을 가져다주는 충성고객

미국의 소매업이 가장 힘을 쏟는 것이 바로 충성고객 전략이다. 소매업체의 마일리지나 점포 이용 프로그램에 가입한 회원 숫자는 2015년 미국 전체에서 25억 명에 달하며, 이것은 미국인 1인당 8개 업체의 고객 프로그램에 가입하고 있다는 것을 의미한다.

충성고객은 점포를 위한 안정적인 고객이자 비교적 높은 이익률로 책정된 상품도 좋아하며, 아울러 입소문으로 고객을 모아주는 귀중한 존재이다. 일본에서는 '신자(信者)' 고객이라고 불리는데, '신(信)'과 '자(者)'를 합치면 '쌓을 저(儲)'라는 한 글자가 된다. 문자 그대로 충성고객은 점포에 매출과 이익을 가져다주는 존재인 것이다.

실제로 소매업체나 점포에 대한 충성고객의 공헌도는 높다(〈표 25〉 참조). 미국의 어떤 슈퍼마켓에서는 충성고객에 의한 매출에서 발생된

〈표 25〉 충성고객의 공헌도

고객의 종류	연간 구입액 (달러)	이익률 (%)	이용 연수 (년)	누적매출 (달러)	누적 이익액 (달러)
로열고객	2,756	25	17	46,052	11,713
단골고객	1,404	22	10	14,040	3,089
부동고객	416	18	4	1,664	300
특매겨냥고객	156	16	2	312	50
임시내점고객	52	15	1.5	78	12

이익 누적액이 부동고객에 의한 이익 누적액 대비 무려 40배에 달한다. 특히 친숙한 점포와 직원을 좋아하는 나이 든 시니어층일수록 충성고객이 되기 쉽다. 고령화 사회에서의 소매업의 승자는 충성고객의 수에 달렸다고 하는 이유도 여기 있는 것이다. 즉 충성고객을 확보할 수 있으면 매출과 이익에 커다란 도움이 되지만, 한번 잃게 되면 경쟁 점포로부터 충성고객을 다시 탈환해오기는 어려운 것이다.

충성고객을 확보하기 위해서는 어떻게 해야 할까? 그것은 '호스피탤러티(hospitality)'와 '솔루션(solution)'에 힘을 쏟는 것이다. 솔루션이란 고객이 바라는 것에 대한 문제해결능력이다. 메밀국수 가게라면 맛있는 메밀국수를 제공하고, 병원의 의사라면 환자에게 뛰어난 의료기술을 제공하는 것이 솔루션이다.

하지만 어느 정도 맛있는 생선초밥집이라도 "손님, 처음에는 참치를 드셨으면 좋겠네요. 계란부터 주문하는 것은 좀 그렇습니다" 등과 같이 강요하는 가게에는 2번 다시 가고 싶지 않다. 느낌이 좋은 접객마인드가 호스피탤러티인 것이다.

유대를 강화하는 충성도 프로그램

월마트와 경쟁을 벌이던 많은 소매기업들이 지금은 아마존과의 싸움에 직면하고 있다. 그들이 항상 사용하는 말이 'You'이다. "소중한, 소중한 당신!"

고객 한 사람 한 사람을 '개별 고객'으로 인식해서 만족도를 극대화하려는 강력한 사고가 이 말에 스며 있다. 그것을 시스템으로서 담보하는 것이 바로 소매업체에 대한 고객의 충성도를 높이는 '충성도 프로그램' 이다.

바야흐로 지금은 충성도 프로그램의 시대라고 할 수 있다. 많은 기업이 프로그램을 개선하거나 새로 도입하고 있다. 결코 새로운 시스템이 아니지만 내용은 계속해서 바꾸어간다. 포인트 환원에 의한 경제적인 인센티브로 제공으로부터 상품 개발을 위한 구매 데이터 활용 등으로까지 활용범위를 확대하고 있다. 포인트 이용의 범위도 늘어나고 있다. 월그린에서는 정기적으로 걷거나 운동하는 사람들에게 포인트를 제공하고, 라이트에이드에서는 포인트를 건강진단과 매니큐어 서비스에 이용할 수 있도록 하고 있다.

충성도 프로그램을 강화하는 이유

충성도 프로그램을 강화하는 배경에는, 가격 경쟁을 피하고 매출·이익을 확대한다는 2가지 측면이 있다.

미국 소매업은 인터넷판매와의 경쟁에 직면하고 있다. 가격 우위의 인터넷판매에 맞서 소매업은 충성도 프로그램을 통해 고객을 만족시키며, 한 사람 한 사람의 고객과 친밀하게 커뮤니케이션하는 관계를 만들어가려고 한다.

어떻게 점포를 이용하고 있을까? 무엇을 팔고 있을까? 어느 정도의 빈도로 이용하고 있을까? 많은 돈을 쓰는 고객이 있다면, 여간해서 돈을 쓰지 않는 고객도 있다. 세밀하게 고객의 행동을 이해하고, 고객 한 사람 한 사람마다 만족시킬 수 있는 접근방법이 필요하다. 예를 들어, 고객의 구매행동이나 방법에 따라 판매가격이 다르게 제공될 수 있도록 하는 것도 하나의 방법일 것이다. 이와 같은 고객별 가격 제공에 의한 접근은 경쟁점이 알아차릴 수 없는 강력한 무기가 될 수 있다.

정기적으로 특정 상품을 구입하는 고객에 대해서 "항상 구입하시는 비타민이 떨어지지는 않으셨습니까? 다시 주문하시겠습니까?"라고 안내하거나, 고객이 갖고 있는 질병에 도움이 되는 상품과 정보를 제안하는 것도 생각해볼 수 있다. 한 사람의 고객에게 종합적 문제해결을 제공하는 토털솔루션을 제안하지 않으면 인터넷판매에 대항하기는 어렵다.

두 번째 이유는 매출과 이익의 확대이다. '엑스트라케어(ExtraCare)'라고 하는 충성도 프로그램을 도입하고 있는 드럭스토어 CVS 헬스는, 6,800만 명 회원들의 매출이 전체 매출의 약 70%를 차지하며 객단가는 비회원 대비 85%나 높다. 미국 서해안을 중심으로 점포가 있는 드럭스토어체인 파르마카 파마시(Pharmaca Pharmacy)는 '필베터 리워드(Feel Better Rewards)'라고 하는 프로그램을 도입한 뒤, 처방약 부문과 계산대 앞 매대의 크로스 구매가 50%가 증가하고 회원 매출도 15%가 늘어났다.

충성고객의 이익 공헌에 대한 기대는 충성고객 카드의 도입 목적에도 나타나 있다. 〈표 26〉에서 보는 바와 같이, 1위의 '고객 충성도의 제고'에 뒤이어, 2위로 '최우량 고객의 매출 제고'가 들어가 있다.

〈표 26〉 충성고객 카드를 도입하는 목적(중복응답, %)

고객 충성도의 제고	87
최우량 고객의 매출 제고	72
고객 정보의 수집	70
마켓 리더·포지션 유지/획득	45
점포/기업 이미지 제고	44
경쟁에의 대응	18
기타	3

※ FMI Electronic Marketing Survey

로열리스트를 만드는 포인트

미국의 소매업은 어떻게 충성고객을 뜻하는 로열리스트(Loyalist)를 육성하고 있을까? 4가지 사례에서 그 포인트를 찾아보자.

① 블루밍데일의 경우

고급 백화점인 블루밍데일(Bloomindale)은, 충성고객을 '로열리스트'라고 부르며, '로열리스트(Loyalist)'라는 프로그램을 도입했다. 프로그램의 주된 인센티브는, ① 점포와 인터넷 구매 1달러당 1포인트 제공, ② 블루밍데일 카드(크레디트카드)에 의한 구매 1달러당 3포인트 제공, ③ 화장품과 향수 구매는 2배로 포인트 제공, ④ 세일 때는 2~3배로 포인트 제공 등이다.

또한 5,000포인트가 모이면 25달러에 해당하는 선불카드(6개월간 유효한 상품권)를 증정한다. 또한 아메리칸 익스프레스(American

Express) 카드사와 제휴하여, 블루밍데일 백화점 말고 다른 곳에서 신용카드를 사용해도 1달러당 2포인트를 제공하는 특전을 제공하고 있다.

하지만 로열리스트 프로그램에서 주목하고자 하는 것은 고객정보의 활용이다. 상품 개발과 플래노그램(선반 할당) 등 카드 활용의 주안점을, 고객이 원하는 것을 제공하고 진열해주는 고객 중심으로 바꾸어 가고 있다.

② 월그린의 경우

드럭스토어 월그린은 '밸런스 리워드(Balance Reward)'라는 충성고객 프로그램을 도입해서, 미국 최대인 1억 1천만 명의 회원을 보유하고 있다. 이 프로그램은 월그린이 매수합병한 영국의 드럭스토어체인 부츠얼라이언스(Boots Alliance)사의 노하우를 살린 것인데, 그 특징은 다음과 같다.

- 회원만을 대상으로 하는 세일상품 제공
- 처방약 구입과 예방접종에 대해서 매회 500포인트 제공
- 매주 변경되는 수천 아이템의 상품 구입 시, 특별 포인트 제공. 예를 들어, 펩시콜라 3박스를 12달러로 할인해서 구입 가능. 게다가 펩시 계열의 과자 브랜드인 프리토-레이(Frito-Lay) 제품 15달러 이상이나 펩시 음료를 구입하면 1,500포인트를 제공.
- '워크위드 월그린(Walk with Walgreens)' 프로그램 이용자에 대해서, 보행거리 1마일당 10포인트를 제공하여 포인트 프로그램과 건강관리를 연동시킨다.

• 50세 이상의 가입자들을 대상으로 하는 AARP 멤버(전미퇴직자협회, 4,000만 명)가 '밸런스 리워드' 멤버가 되면, 매월 25달러의 구매금액에 대해 5,000포인트를 제공한다.

③ 라이트에이드의 경우

드럭스토어 라이트에이드에서는, 구매금액이 많은 회원에게 특전을 보다 충실하게 제공하는 충성고객 캠페인을 실시하고 있다(1~2월에 받은 포인트가 대상). 주된 내용은 다음과 같다.

• 조제약 이외의 상품 구입 시 구매금액 1달러당 1포인트 제공
• 조제약 구입 1회에 25포인트 제공
• 125포인트 이상 적립 시, 구입금액의 10% 할인(1회 한정, 세일상품 제외)
• 500포인트 이상 적립 시, 항상 조제약 이외의 상품 10% 할인(세일상품 제외)
• 500포인트 이상 적립 시, 혈당과 콜레스테롤 수치 무료 검사
• 1,000포인트 이상 적립 시, 항상 조제약 이외의 상품 20% 할인(세일상품 제외)

④ 듀안리드의 경우

'그린 뉴욕(환경이 아름다운 뉴욕)' 캠페인을 추진하는 뉴욕시는, 블룸버그 시장 때부터 도로 폭을 확대하고 나무를 심는 등 환경보호에 앞장서왔다. 이 캠페인에 동참한 드럭스토어체인 듀안리드에서는 3R 운

동(Reduce=폐기물의 삭감, Reuse=재사용, Recycle=리사이클)을 독자적으로 전개해왔다. 환경보호에 도움이 되는 그린상품을 구입하면 평상시의 2배인 에코포인트를 제공한다.

새로운 고객을 충성고객으로 만든다

홈센터는 남성고객의 점포라는 이미지가 강하다. 실제 건축자재 및 공구 판매점인 홈디포에서 여성고객을 발견하기는 쉽지 않다. 하지만 미혼여성의 증가에 따라 여성의 DIY 니즈가 생기고 있다. 거기에 착안한 로우즈는 인테리어 관련 상품을 충실하게 갖추고 여직원도 배치하며 파스텔 색상의 DIY 공구제품 등으로 매장을 꾸미자 여성고객들이 붐비게 되었다.

미혼여성이 증가하고 있는 일본에서도 공구와 페인트 제조업체, 홈센터 등이 여성을 의식한 상품을 개발하고 매장을 만들고 있다. 여성을 겨냥한 목공예 워크숍, 페인트 시공방법과 반려견 집 만들기 교실을 개최하는 홈센터도 있다.

대형 홈센터의 간부는, "DIY 시장 규모는 건축 전문가와 애호가만으로는 커지지 않는다. 여성을 중심으로 초심자를 끌어들이는 것이 필요하고 여성용 도구도 제공하지 않으면 안 된다"라고 이야기한다.

반대로 슈퍼마켓과 드럭스토어는 남성고객을 끌어드리는 데 적극적이다. 이곳은 원래 여성고객의 이용이 많고 여성을 의식해 점포를 꾸며왔다. 하지만 시니어층을 포함해서 남성의 이용이 늘어나자 새롭게 점포를 단장해야 할 필요성이 제기되고 있다.

소매업체에는 매년 기존 고객 중 약 20%의 고객이 이탈하여 감소하고 있는데, 신규고객을 지속적으로 늘리지 않으면 고객 수는 계속 떨어질 것이다. 신규고객을 확보하려면, 새로운 고객층의 니즈를 파악해서 적절한 대책을 강구하는 것이 중요하다.

뉴 시니어의 3가지 특징

미국의 소매업에 있어 베이비부머 세대에 대한 대처는 중요한 과제다. 베이비부머는 언제나 유행을 이끌고 다양한 분야에 영향을 끼쳐왔는데, 그러한 그들의 은퇴와 더불어 인구는 유례없이 빠른 속도로 고령화되고 있다. 7.2초에 한 사람꼴로 시니어 세대에 진입하고 있으며 앞으로 고령화는 더욱 빨라져서 65세 이상 인구는 30년 후가 되면 지금의 2배로 전체 인구의 25%에 달할 것이다. 이들은 '가장 성장이 두드러지는 그룹(The Fastest Growing Segment)'으로 불린다.

또한 베이비부머 세대는 노후생활을 겨냥한 새로운 소비문화를 만들고 있다. 인구가 가장 밀집돼 있고 시장 규모가 가장 큰 볼륨존(volume zone) 세대일 뿐 아니라 활동적이고 경제적인 여유도 있다. "시니어 시장을 제패하는 기업이 시장을 제패한다"라고 하는 이유가 여기 있다.

일본의 고령화 속도는 미국 이상으로 빠르다. 일본의 65세 이상 인구의 비율은 2013년에 25%, 2060년에는 40%에 달할 것이다. 최근 총인구는 감소하는데도 시니어층은 유일하게 증가하고 있어서, 이들이 주요 시장으로 성장하는 것은 시간문제이다(〈표 27〉 참조).

이제부터의 시니어층은, 지금까지와는 완전히 다른 성격의 뉴 시니어(new senior)이다. 그들의 특징은 'H·A·W'로 표현할 수 있다.

- H=Healthy(건강)

  도쿄도의 조사(55세 이상, 2,000명)에 의하면, 응답자의 80% 이상이 "자신은 건강하다"라고 생각한다.

- A=Active(활동적)

  "시니어=집에서 조용히 있다"라는 이미지는 과거의 일이다. 취미와 여

〈표 27〉 일본의 인구 추이

연령층	2013년		2020년		2030년		2060년	
	실제 수(만명)	비율(%)	실제 수(만명)	비율(%)	실제 수(만명)	비율(%)	실제 수(만명)	비율(%)
총수	12,730	100	12,410	100	11,662	100	8,674	100
연소자 인구(0~14세)	1,639	12.9	1,457	11.7	1,204	10.3	791	9.1
생산연령 인구(15~64세)	7,901	62.1	7,341	59.2	6,773	58.1	4,418	50.9
노년 인구(65세 이상)	3,190	25.1	3,612	29.1	3,685	31.6	3,464	39.9
전기고령자 인구(65~74세)	1,630	12.8	1,733	14.0	1,407	12.1	1,128	13.0
후기고령자 인구(75세 이상)	1,560	12.3	1,879	15.1	2,278	19.5	2,336	26.9

행, 서클활동 등으로 언제나 활동적이다.

• W=Wealthy(여유)

전체 국민 개인 순저축액의 80%에 가까운 금액이 50세 이상의 인구가 보유하고 있다. 50세 이하보다 여유롭다.

뉴 시니어의 유망 시장

이러한 특징을 가진 뉴 시니어 시장에서 특히 유망한 시장은 다음의 4가지이다.

① 헬스케어 시장

성숙한 사람들이 인생에서 기대하는 것은, ① 육체적 건강, ② 정신적 건전함, ③ 활동적 생활 등 3요소가 결합된 것으로 곧 '성공하는 인생의 방법'이다.

노화가 진행되면서 여러 가지 질병에도 걸린다. 고혈압, 당뇨병, 고콜레스테롤, 천식, 심장질환, 관절염 등과 같은 만성질환에 걸리기 쉬운 '머추어(mature)층'•이 늘어남에 따라 그러한 질환을 예방하는 상품이 인기이다. 또한 '제2의 심장'이라고 불리는 종아리와 무릎 등의 풋케어(food care), 70세 이상 세대의 주요 사망원인이 되고 있는 오염성 폐렴

•머추어(mature)층
'머추어 에이지'라고도 하며, 40~60세 정도의 분별 있고 원숙한 세대를 뜻함.

을 예방하는 오럴케어(oral care, 제3의 심장), 아이케어(eye care), 이어케어(ear care), 위장케어, 메모리케어, 수면관리, 갱년기 장애 케어, 우울증 케어, 섹스 인조이먼트(sex enjoyment) 관련 시장도 활성화되고 있다.

실제로 조제약의 70%, 처방전이 필요 없는 OTC약의 40%는 65세 이상의 사람들이 사용하고 있다. 식사만으로는 영양소를 충분히 섭취할 수 없다고 생각해서 7종류 이상의 건강기능식품을 섭취하는 시니어도 많다. 또한 시니어들은 저영양 상태가 되기 쉽기 때문에 이를 방지하는 저영양 개선 카테고리 상품 부문의 성장도 두드러진다.

② 룩킹 굿(looking good, 멋있어 보이는) 시장

인류의 반은 남성이고 반은 여성이라고 무심코 생각하지만, 실제는 여성이 더 많다. 왜냐하면 여성이 오래 살기 때문이다. 고령화가 진행될수록 여성의 비율이 높아져, 시니어 사회의 주역은 여성이다. 뉴 시니어 여성들은 집에서 얌전하게 시간을 보내는 사람들이 아니라 같은 나잇대의 남자보다는 발랄하고 활동적이며 항상 젊음을 추구한다. 마릴린 먼로는 "나는 여성입니다. 여자임을 즐기고 있습니다"라고 말했지만, 뉴 시니어 여성들도 죽을 때까지 여자로서 아름다움을 추구하고 있다.

③ 컴포트(comfort, 안락함) 시장

사람은 50세가 넘게 되면 그동안 열심히 살아온 자신에게 칭찬하고 싶은 마음이 들게 된다. 그래서 자신의 삶의 환경을 안락하게 만드는 것이 살아온 인생에 대한 보상이라고 생각한다.

④ 인조이먼트(enjoyment, 즐거움) 시장

자녀들이 성인이 되어 떠나면, 노년층은 그때부터 인생을 최대한 즐기고 싶다는 희망이 강해진다. 물질적인 것보다는 정신적인 만족을 추구하는 경향이 강하다. 그 때문에 여행과 취미, 수강 등의 시장이 확대되고 있다. 쾌적한 삶을 보낸다는 의미로, 실낙원(室樂園, '失樂園'을 풍자해서)의 수요가 높아지고 있다. 시니어 사회에는 분명히 이러한 시장의 가능성이 있지만, 잘못된 접근을 하게 되면 뜻밖의 반감을 사게 되므로 시장 공략의 철칙을 이해하는 것이 중요하다.

시니어 시장 공략의 철칙

황금시장인 시니어 시장을 공략하는 것에는 철칙이 있다. 그것은 다음 15가지의 내용이다.

① 나이를 표시하지 않는 접근

미국에서 50세 이상의 사람들에게 고령자에 대한 이미지를 연령을 기준으로 물어보면 80세 이상이라고 대답하는 사람이 대다수이다. 많은 시니어는 평균수명 이상의 사람을 고령자라고 생각하고 있어서, 80세 이하의 사람을 고령자로 취급하지 않는 것이 중요하다. 또한 나이에는 실제의 나이와 인식연령(자신을 몇 살이라고 생각하고 있는가)이 있지만, 대부분의 중장년층이 실제 연령보다 젊다고 생각한다. 중장년층의 사람에게는 구체적인 연령을 표시하지 않는 것이 현명한 일이다.

이와 동일한 일은 상품과 서비스의 네이밍(naming)에도 있다. 나이를 느끼게 하는 네이밍은 오히려 중장년층을 멀어지게 만든다. 어떤 대형 여행사가 '은발의 이야기'라는 중장년층 대상 상품을 기획했을 때 실버(silver)를 의미하는 은발이라는 단어에 과민하게 반응해서 참가자가 모이지 않았다. 이에 대해 '동요의 길을 따라가는 여행'이라는 타이틀로 참가자를 모집하자 중장년층이 모이면서 희망자가 정원을 넘어서게 되었다고 한다.

의류상품도 '이지핏(easy-fit)', '루스핏(loose-fit)' 등의 표현을 사용하는 것이 좋다. '입고 벗기가 편하다', '활동하기 쉽다'라는 의미로 풀이되어 시니어들이 손쉽게 선택한다. 기능과 용도 측면에서 접근해야 저항감 없이 구매할 수 있다.

② 수요의 환기

시니어층은 현재의 생활에 만족감이 강하고 은퇴 후의 수입이 한정되어 있어서 젊은이들처럼 돈을 쓰지 않는다. 이른바 '주식은 부자이지만 현금은 빈곤'한 생활이다. 이러한 시니어층에게 새롭게 수요를 환기하는 것이 다양한 세대를 대상으로 하는 '멀티 제너레이션 마케팅'이다. 시니어 본인에게 새로운 상품을 권해도 지금까지의 방법과 사용에 익숙해져 있어 바꾸기가 어렵기 때문에, 어린이 등 시니어 주변의 사람을 개입시켜 동기를 부여하는 것이 이 방법이다.

영양밸런스 상품인 '엔슈어(Ensure)'는 시니어를 겨냥한 상품이지만, 아들딸 세대를 대상으로 마케팅을 함으로써 그들이 자신의 부모에게 권하여, 결과적으로는 시니어 세대인 부모가 이용하게 되었다. 또한 아들딸들도 다이어트 중이거나 바빠서 식사를 제대로 못 하는 경우가 있어서 스스로도 구입하여 시장이 확대되었다.

③ 시니어 전용 매장은 기피한다

베이비 관련 상품과 화장품, 청소년 등은 전용 코너를 구성하는 것이 효과적이지만, 시니어를 겨냥한 전용 코너를 만들어서는 안 된다. 미국의 드럭스토어가 전개했던 실버케어 코너의 대부분은 실패했고, 중장년층 전용 남성 의류숍도 종합양판점인 타깃에서 시도했으나 고객으로부터 외면당하는 등 시니어 전용 매장은 모조리 실패했다. 고객은 밝고 희망적인 매장을 좋아하고, 나이를 느끼게 하는 시니어 실버케어와 간병 매장은 멀리하기 십상이다. 자신을 아직 젊다고 생각하는 기운 넘치는 시니어가 많기 때문이다.

많은 드럭스토어에서는 매장의 이름을 실버케어(silver care)로부터 홈헬스케어(home health-care, 가정 내 간병·간호코너)로 바꾸었다. 간병용품과 함께 퇴원 후 필요한 가정 내 간호용품(응급의료용품, 서포터, 건강체크 키트, 영양밸런스 식품)을 진열하자 젊은 고객들도 이용하게 되었다.

④ 시니어 사회는 여성 사회

시니어층을 마케팅 대상으로 계획할 경우, 텔레비전 광고나 광고 포스터에 반드시 부부를 등장시킬 필요는 없다. 시니어 부부는 고령화 사회의 실정과 맞지 않기 때문이다. 고령화 사회에서는 여성의 수명이 길기 때문에 싱글 여성이 증가한다. 그들에게 부부가 등장하는 광고는 소외감을 느끼게 할 뿐 큰 의미가 없다. 여행사의 포스터와 전단, 텔레비전 광고에는 여성 2인과 남성 1인 등과 같이 여성이 많이 등장한다. 점포도 여성고객에게 호감이 가도록 꾸미는 것이 시니어 공략의 열쇠다.

⑤ 먼저 감정(우뇌)에 호소하라

중장년층은 점포의 분위기와 직원들의 태도에 민감하다. 사물을 판단할 때, 논리적 사고를 담당하는 좌뇌보다 감정과 감성을 담당하는 우뇌를 사용하기 때문이다. 젊은 사람은 가격과 상품구색 등을 관심 있게 보지만, 시니어층은 감정(우뇌)에 작용하는 측면을 선호한다.

따라서 시니어층은 느낌이 나쁜 점포에서는 구매하지 않고 나와버리거나 두 번 다시 그 점포를 찾지 않는다. 반대로 '무엇보다 느낌이 좋다'고 생각되어 우뇌를 자극하면 친근함을 갖게 되고 점포에 머무는 시간이 길어진다. 고정고객이 되어 입소문으로 점포의 좋은 점을 퍼뜨려 주기도 한다.

로스앤젤레스의 집 근처 홀푸드는 항상 평판이 좋다. 목재를 주 소재로 매장을 꾸며서 차분한 점포 분위기를 연출하고 구매한 상품을 고객의 차량까지 운반해준다. 또한 시니어가 좋아할 만한 먹거리들을 갖춰놓고 미소를 띠며 친절하게 응대하여, 시니어층에 감정적으로 호소함으로써 높은 지지를 받고 있다.

⑥ 적극적이고 행복한 접근

시니어에게는 적극적이고 행복한 분위기로 접근하는 것이 효과적이다. 미국에서는 콜레스테롤 수치를 낮춰주는 '리피토(Lipitor)'라는 약이 20세기 최대의 히트 처방약이라고 불린다. 하지만 리피토 발매 전에도 몇몇 제약업체가 유사한 약을 내놓았지만 대량 판매로 연결되지 않았다. 성공과 실패를 가른 것은 결국 마케팅 전략의 차이였다.

실패한 메이커는, "콜레스테롤 수치를 낮추지 않으면, 사망원인 1위인 심장병과 3위인 뇌졸중을 일으킨다"라고 하는 협박조의 접근을 택했다. 하지만 긴 인생에서 원치 않는 것도 충분히 경험했고, 가족의 질병과 죽음에 대해 불안하게 생각하는 시니어들은 "어두운 이야기는 이미 충분하다"라고 생각한다. 따라서 협박조의 접근에는 혐오감을 나타낸다.

한편, 성공한 후발업체는 이러한 소비자의 심리를 이해해서 "나는 콜레스테롤 수치를 개선해서 이러한 활기찬 생활을 하고 있으며 매일 너무나 즐겁다"라는, 시니어의 경험을 메시지로 전하는 마케팅을 전개했다. 시니어층이 이 업체를 선택한 것은 당연한 일이었다.

일본에서도, 눈을 돌리게 만드는 혐오스러운 치질과 무좀 사진에 두려움을 크게 자극하는 문구를 넣어서 고객의 관심을 끌려는 약국이 있다. 또한 간호서비스가 제공되는 일본의 한 아파트 광고는, 몸이 움직일 수 없게 될 때에도 안심하라는 부정적인 이미지로 마케팅하기도 한다.

하지만 이것으로는 시니어층에 호소하는 힘이 약하다. 간호서비스를 제공하는 주택광고는 미국과 같이, 보다 활력 있고 충실한 여생을 보낼 수 있다고 표현해야 한다. 이처럼 긍정적인 이미지로 접근하는 것이 절대적으로 필요하다.

⑦ 매스 커스터마이제이션

'커스터마이제이션'이라고 하면 어렵다고 생각하지만, 양복으로 말하면 맞춤양복에 해당한다. 똑같이 '매스 커스터마이제이션(mass customization)'이란, 기존 제품을 소비자의 요망에 부응하는 형태(양, 사이즈, 맛, 구성 등)로 제공하는 것이다. 양복으로 말하면 '반기성복'을 뜻하는 이지오더(easy order)에 해당된다고 할 수 있다.

슈퍼마켓 중에는 상품 몇 개를 한 팩(pack)으로 포장해 판매하는 점포가 많은데, 시니어는 많은 양이 필요 없기 때문에 형편에 따라 필요한 양만큼만 떠서 담을 수 있는 벌크(bulk) 판매가 선호된다. 드럭스토어가 비타민제를 판매할 때도 패키지로 판매하는 것뿐만 아니라, 2가지 이상의 종류를 2주치 분으로 제공하는 것과 같은 프로그램이 필요하다.

이런 매스 커스터마이제이션은, 고객의 만족도를 높일 뿐 아니라 소비자의 가격에 대한 판단을 흐리게 하여, 점포 입장에서는 이익을 취하기 쉽다는 메리트도 있다. 화장품이라면 자신의 피부색에 맞는 파운데이션과 자신이 좋아하는 향기를 찾는다. 관광상품 기획과 아파트 판매 등도 상품생산자의 입장이 아닌, 소비자의 요구를 담는 것이 바람직하다.

⑧ 시니어가 좋아하는 판촉

시니어 마케팅 중에서 유일하게 연령에 대한 소구가 효과를 발휘하는 것이 특전의 제공이다. 미국 소매점에서는 고객의 발걸음이 뜸한 화요일과 수요일 오전 중에 '55세 이상은 10% 할인' 등으로 시니어를 겨냥한 판촉을 한다. 레스토랑 중에서도 저녁 6시 이전까지 오면 특별가격으로 식사가 가능한 '얼리버드(early bird)'라고 하는 판촉을 실시한다. 시간대별 마케팅은 시간에 여유가 있는 시니어층에게 인기가 있고 점포 측도 자리가 비는 시간대를 유용하게 활용할 수 있어서 서로 좋다고 할 수 있다.

또한 할인판매가 사회공헌과 연결되면 바람직하다. 금액의 일부를 지역 초등학교와 자선단체에 기부하는 캠페인을 펼치면 시니어층은 그 캠페인을 호의적으로 받아들인다. 시니어는 '자신이 살아오며 도움을 받은 사회에 이를 갚고 싶다', '후손들에게 좋은 사회를 물려주고 싶다'라는 생각이 강하기 때문이다.

⑨ 시니어층에게 경의를 표한다

시니어는 긴 인생 동안 많은 어려움을 극복해왔다는 것에 자신감과 긍지를 갖고 있다. 자신들의 노력이 국가와 사회의 번영을 이루었다는 자부심이 있기 때문에 가볍게 취급하거나 웃음거리가 되게 하는 것은 금물이다. 자신들에게 경의를 표해주는 것을 좋아한다.

따라서 시니어를 마주치는 경우에는 예의를 갖추고 '귀하를 환영합니다'라는 마음을 표시하는 것이 대단히 중요하다. 시니어 고객은 "당신은 특별합니다", "당신에게만"이라는 표현으로 그들의 자존심과 자부심을 존중해주면 마음의 문을 열게 된다.

무리하지 않고 효과적으로 할 수 있는 방법은 고객의 이름을 부르며 맞이하는 것인데, 실제로 이러한 접객서비스에 힘을 쏟는 레스토랑과 호텔이 늘어나고 있다. 사람의 이름을 호칭해주는 것은 본인의 기분을 좋게 하며 자신을 매우 중요하게 대하고 있다는 인상을 강하게 받는다.

⑩ 에이지 프렌들리(age friendly)

활기찬 시니어들일지라도 시간이 가면 몸이 약해지는 것은 어쩔 수가 없다. 어렴풋이 느끼면서도 그것을 인정하려 들지 않는 그들에게, 눈치채지 못하게 도와주는 것이 대단히 중요하다. 그중에서도 눈이 침침해지는 것은 40대 초반부터다. 피사체에 초점이 맞지 않아 큰 글자의 POP를 필요로 하게 된다. 눈의 각막도 투명도를 잃으면서 흐려지기 때문에 색상의 대조가 확실하지 않고 사물을 보는 것이 불편해진다. 매장의 각종 사인들도 문자에만 의지하지 않고, 이미지를 나타내는 색상과 픽토그램(pictogram)•을 활용하는 것이 중요하다. 동공이 축소되고, 밝기에 대한 적응력도 떨어지기 때문에 점포 내의 밝기가 필수적이다. 예전에 미국의 레스토랑들은 분위기를 위해 점내를 어둡게 해서 메뉴판을 읽는 것이 고역이었지만, 최근에는 점내를 밝게 하는 곳이 늘어나고 있다.

⑪ 저렴함보다는 가치 있는 것으로 한 단계 업그레이드

시니어는 이미 많은 물건을 소유하고 있어, 다소 가격이 높아도 좋은 상품을 사고 싶다고 생각한다. 특히, 뉴 시니어는 업그레이드를 지향하는 경향이 강하다. 이 경우, 좋은 상품이란 '가격에 합당한 가치가 있다'라고 하는 것이다. 시니어는 품질은 물론, 편리함, 서비스, 점포의 분위기 등 종합적인 가치를 따진다. 따라서 가격이나 상품의 질로만 접근해서는 흥미를 끌 수가 없다.

미국의 유명 스키리조트 콜로라도의 아스펜(Aspen)에 있는 리츠칼튼

•픽토그램(pictogram)
화장실 표시 등과 같이 공공장소를 비롯한 공간에서 특정 기능과 장소 등을 알리기 위해 국적, 언어에 관계없이 의미를 전달하는 시각적 상징 도형.

호텔은, 저녁이 되면 난로 앞에서 무료로 칵테일을 대접하고, 중·장년 고객들은 느긋한 마음으로 식사 전에 칵테일을 즐긴다. 이용자는 리츠칼튼이 제공하는 '편안함'이라는 가치에 돈을 지불하는 것이다.

⑫ 유니버설 디자인

미국의 제조업과 서비스업 사이에 '시니어에게 좋은 상품은 젊은이에게도 좋다'라고 하는 생각이 파고들고 있다. 시니어를 겨냥해서 개발한 상품은 편리하기 때문에 젊은이들도 선호한다. 연령과 성별, 장애에 관계없이 누구라도 사용하기 쉬운 '유니버설(universal) 디자인' 상품이 급속도로 보급되고 있다.

핸드레일이 설치된 화장실, 단차가 없는 바닥, 동전투입구와 상품이 나오는 입구가 넓은 자동판매기, 여유 있게 활동하기 쉬운 의류, 손에 익숙하고 쓰기 편한 필기구, 번호키가 커서 누르기가 쉬운 푸시(push)버튼, 음성으로 울려주는 알람시계, 뜨거운 증기로 인한 화상을 입지 않도록 설계된 주전자, 캔 오프너, 상품을 집기 쉬운 철망 선반, 강도가 뛰어난 경량의 티타늄 드라이버, 대형 테니스라켓 등 셀 수 없을 정도로 많다. 모두가 젊은 사람들에게도 대단한 호평을 받은 시니어 상품들이다.

⑬ 컨비니언스! 컨비니언스!

시니어들은 시간 여유는 있지만, 직접 사러 나가거나 멀리 외출하는 것은 귀찮게 느낄 수도 있다. 따라서 근거리 점포와 배달이 중요하다.

미국에서는 시니어의 인터넷쇼핑이 늘어나고 있다. 인터넷사이트 방문시간이 다른 연령층에 비해 40%가 길고 구매단가도 50%가 높다는 데이터도 있다. 드럭스토어 역시 근거리 소상권을 대상으로 점포를 늘림으로써 고객들의 빈번한 내점을 유도하고 있다.

이러한 점포들은 주거단지와 사무지역 가까이에 위치하고 있고 점포도 작아서 구매하기도 편리하다. 헬스케어 상품의 구색에 충실하고 제휴 병원의 지원을 받는 점포 내 인스토어 클리닉에서는 높은 수준의 간호사 상담도 받을 수 있다. 즉석식품, 냉동·냉장식품, 음료수, 소모성 잡화 등 일상생활에 필요한 상품도 갖추고 있다. 편의성 측면에서 뛰어난 것들이 고객의 높은 지지를 받고 있는 것이다.

⑭ "Yes, I Can" 서비스

"가능한 것은 무엇이든 해드립니다." 시니어는 자신을 위하여 이렇게까지 노력해주고 있다고 느끼게 하는 점포에 신뢰를 보낸다. 특히 점포를 의지하는 마음으로 찾아오는 경우가 많아서, "취급하지 않습니다", "안됩니다"라고 하면 시니어 고객들은 금세 실망하고 만다. 때로는 엉뚱한 것을 요구할 때도 있겠지만, 재빨리 대응하는 것이 매우 중요하다. 일단, 이 점포는 의지할 수 있다고 생각하면, 그들은 항상 그 점포를 이용하고 가능한 한 그곳에서만 구매한다.

⑮ 하드와 소프트 양면으로의 배려, 배리어프리

바닥의 단차를 없애고 통로를 넓히고, 매장의 각종 표시를 크게 하며 상품 진열 높이를 낮춘다. 배리어프리(barrier-free)란 신체적으로 불편한 사람이 이용하기 쉬운 환경을 제공하는 것이다. 하지만 하드(hard)적인 측면만이 강조되고 소프트(soft)적 측면의 배리어프리가 간과되는 경우가 있다.

시니어의 기분을 맞춰주는 서비스가 이루어지지 않으면 그들은 환영받고 있다고 생각하지 않는다. 젊은 직원들로 이러한 대응이 어려운 경우, 시니어 직원을 배치하는 것도 하나의 방법이다. 디즈니랜드와 월마트에서는 시니어 직원으로 그리터(greeter, 손님을 맞으며 인사하는 직원)를 배치하고 맥도널드와 월그린에서도 시니어 직원을 늘리고 있다.

증가하는 남성고객의 구매를 겨냥

일본에서는 독신자가 늘어남에 따라 세대 수가 증가하고 있다. 독신세대는 2010년의 1,678만 세대(세대비율 32.4%)로부터, 2023년에는 167만 세대가 늘어나서 1,846만 세대(세대비율 37.2%)에 달할 것으로 예측되었다(국립사회보장·인구문제연구소). 독신세대의 증가는 남성고객의 증가를 의미한다. 예전에는 대리구매•를 포함해서 고객의 70~80%가 여성이었지만, 결혼하지 않은 남성과 단신부임(單身赴任)•자, 고령의 독신자 등 남성들이 구매하는 광경은 당연한 것이 되었다.

• **대리구매**
여기서는 남편이나 성년의 아들이 필요한 물건을 아내나 엄마가 대신 구입해주는 것을 의미.

• **단신부임(單身赴任)**
대개 남편의 경우를 의미하며, 남편의 직장 때문에 다른 곳으로 전근하는 경우, 가족을 두고 혼자서 근무지로 가서 생활하는 것.

① 감각적으로 단시간을 선호

직관력과 분석력의 균형과 조절이 뛰어난 여성은 시간을 들여 신중하게 비교구매를 한다. 반면, 남성은 직관력을 중시하고 품질이 좋은 상품을 찾아, 일방적인 판단에 의해 짧은 시간 내에 구매한다(〈표 28〉 참조).

② 상품에 대한 주관이 강하다

남성은 상품에 대한 자기 주관이 강해서 이미 잘 알려진 유명 내셔널 브랜드(NB)를 선호하는 경향이 강하다. 반면, 여성은 물건을 사용할 때의 상황을 고려한 생활습관에 대한 고집이 강하다(〈표 29〉 참조).

③ 알기 쉬운 매장이 필수

여성은 즐기면서 구매하지만, 남성은 목적을 달성하기 위해 의무적으로 구매한다. 이를 위해서 남성고객은 자신이 알기 어려운 매장에는 거

〈표 28〉 남성과 여성의 의식 차이

항목	남성	여성
직관력/분석력	좌우 뇌의 연대작용이 잘 안 됨. 분석력이 부족하고 직관력을 중시	좌우 뇌의 연대작용이 잘됨. 직관력과 분석력의 균형과 조절 능력이 좋음.
일방적/다면적	일방적, 한곳에 집중	다면적, 분산형(1가지 상품보다 여러 가지 상품을 비교하며 제안하면 좋음)
코스트(비용)의식/리스크 의식	약함(가격을 별로 의식하지 않고, 고가의 상품도 쉽게 구입)	강함(신중하게 구매함)
쇼핑시간	짧다	길다
요구되는 대응	품질이 좋은 상품을 권함	비교구매, 코디네이션(조합) 제안을 함

부반응을 보인다. 남성고객을 신규고객으로 만드는 데는 장벽이 높지만, 몇 차례 이용하면 고정고객이 되기 쉽다(〈표 30〉 참조).

④ 부끄러움 탓에 커뮤니케이션에 서툴러

남성은 부끄러움을 타는 사람이 많아서, 직원과 대화하지 않고 무엇이든 자신이 해결하려고 한다. 이 때문에 상품의 사용방법 등을 설명하는 POP가 중요하다(〈표 31〉 참조). 또한 직원이 자신과 다른 의견을 제

〈표 29〉 상품의 선택에 대한 주관의 남녀 차이

항목	남성	여성
주관의 대상	상품 선택에 대한 고집이 셈	타인의 눈을 의식하고, 사용습관에의 고집이 강함
관심의 내용	최신 상품과 그 기술적 요소에 관심을 가짐	상품을 사용해서 즐겁게 시간을 보내는 상황과 지인들과의 교류에 관심을 가짐
광고방법의 예	상품에 초점을 맞춤. '지금까지 없던 뛰어난 경험을 할 수 있는 ㅇㅇ드라이버'	즐거운 분위기에 초점을 맞춤. '상쾌한 골프시즌이 왔다 멋진 모습으로의 라운딩, 어떻습니까?'

〈표 30〉 남성과 여성의 구매 차이

항목	남성	여성
목적	목적 달성의 수단	자기실현
태도	어쩔 수 없이	생기 넘치게
행동	직원과의 대화가 적음(알기 어려운 곳은 사절)	직원과의 대화가 많음
충성도	신규고객은 낮지만, 이용이 늘어나면 높아짐	신규고객은 높지만, 가변성
요구되는 대응	알기 쉬운 매장 만들기(POP, 사인, 팸플릿)	친근한 대응

〈표 31〉 남성과 여성의 커뮤니케이션 차이

항목	남성	여성
모르는 것에의 태도	직원에게 묻지 않고 가능한 자신이 해결	기꺼이 상담
요구되는 대응	대화는 자신의 이론과 지식의 우위를 확인하는 수단. 자신의 판단기준과 생각을 긍정적으로 평가받고 싶어 함. 부정적이면 화가 치밂.	결정을 내리지 못하는 자신을 이야기하고 도움을 요청함. 대화 자체를 즐김.

시하면 여간해서 좋게 생각하지 않지만, 긍정적이고 자신을 치켜세워주면 약해진다.

⑤ 간편함과 즉각적인 것을 좋아한다

〈표 32〉는 미국 슈퍼마켓에서의 상품구매율을 비교한 것이다. 남성 구매율이 높은 카테고리의 키워드는 '간편성'과 '높은 남성취향성'이다. 남성고객이 여성고객보다 높은 구매율을 나타내는 상품 카테고리는 자동차용품, 계절 아이템, 음료수·알코올, 냉동식품, 핫(hot) 델리와 콜드(cold) 델리의 먹거리 상품이며, 반대로 여성고객의 구매율이 높은 카테고리는 정육, 과일·채소, 세탁용품, 유제품, 스낵, 대중약(OTC)이다.

남성고객의 델리 상품 구매율이 높은 것은, 독신세대와 남성끼리로 구성된 세대의 이용 현황을 보여준다. 조리가 필요한 신선식품, 세탁작업에 필요한 세탁용품, 가족 전원에게 필요한 상품은 여성의 구매율이 높다. 최근 커피숍을 매장 안에 설치하여 남성고객을 배려하려는 대응도 눈에 띄는데, 남녀가 함께 쇼핑하러 온 경우, 여성이 쇼핑하는 동안 매장을 둘러보기 싫은 남성은 커피숍에서 기다리며 여유 있게 시간을

〈표 32〉 남성과 여성의 구매율 차이

항목	남성	여성	차이(A-B)(포인트)
과일·채소	74	53	21
유제품	61	45	16
정육	56	32	24
음료수·알코올	50	53	–3
콜드(Cold) 델리, 샐러드	39	40	–1
베이커리	39	38	1
치즈	35	32	3
종이제품	35	30	5
스낵 푸드	32	21	11
세탁용품	32	13	19
선어	20	13	7
냉동식품	17	19	–2
뷰티케어·화장용품	17	15	2
대중약	17	6	11
핫(Hot) 델리	15	17	–2
계절 아이템	9	13	–4
캔디	9	6	3
서적·잡지	4	4	0
자동차용품	0	9	–9

보낼 수 있다. 〈표 33〉에서 보듯, 여성은 누구와 함께 쇼핑을 하는가에 따라 쇼핑시간에 큰 차이를 보이기 때문에 이러한 배려는 여성과 매장 모두에게 도움이 된다.

⑥ 기타 특징

- 가치를 중시해서 업그레이드하기 쉽다. 가치를 소구하는 POP와 접객이 중요하다.

〈표 33〉 동반자에 의해 변화되는 여성의 구매시간

여성친구와 함께	12분 25초
어머니와 함께	12분 20초
어린이와 함께	11분 42초
자신 혼자	7분 23초
남성과 함께	5분 41초

- 잘 알고 있는 상품을 구매한다. NB상품에 충실하고 '텔레비전 광고 중' 등의 POP가 효과적이다.
- 시착과 시험사용에 의한 구매율이 높다. 가능한 시착과 시험사용을 권한다.
- 슈퍼마켓에서 구매할 때, 여성고객은 약 60%가 구매리스트를 준비하지만, 남성고객은 4명 중 1명밖에 준비하지 않는다. 남성고객은 충동구매 경향이 강해서 박력 있는 비주얼의 소구가 효과적이다.
- 어린이가 졸라도 거절하지 못한다. 어린이의 구매를 의식한 상품구색, 진열의 높이, 서비스에 주의한다.
- 여성고객은 집 안에서 사용하는 상품에, 남성고객은 집 밖에서 사용하는 것을 구입하는 데 익숙하다.

'생애고객' 만들기가 점포를 지탱한다

어린이는 제조업체와 소매업에 있어 중요한 고객이다. 왜냐하면, P=Present Value(현재가치), I=Influence Value(영향가치), F=Future

Value(미래가치)의 3가지 가치를 갖고 있기 때문이다.

첫 번째 '현재가치(PV)'에서는, 어린이는 '6개의 주머니'를 갖고 있다고들 한다. 부모와 조부모, 숙부, 숙모 등이 사주기 때문에 보이는 것 이상의 구매력을 갖고 있다는 의미이다. 가격보다 본인의 기호를 우선하기 때문에 점포에서도 이익을 확보하기가 쉽다.

두 번째의 '영향가치(IV)'에서는, 어린이가 발언권을 갖는 모습이 늘어나고 있어 가정의 구매에 적지 않게 영향을 미친다. 부모와 함께 와서 자신이 물건을 고르고 구매하는 어린이가 늘고 있는 한편, 평소에는 자녀들의 의견에 큰 관심을 갖지 않다가 매장에 와서 무의식중에 마음이 풀어져서 자녀들의 의견을 따르는 부모도 늘어나고 있다. 어린이가 흥미롭지 않게 생각하는 점포는 부모도 이용하지 않게 되어 고객을 놓친다. 이를 위해 어린이가 즐거워하는 매장을 만들고, 어린이용 작은 캐릭터가 부착된 쇼핑카트의 배치 등도 중요하다. 일본의 슈퍼마켓 중에는 마스코트 인형을 점포 안에 배치하고 "(마스코트 인형인) 올리버짱은 어디에 있습니까?"라고 묻고는, 정답을 맞추는 어린이에게 마스코트 인형을 선물하는 점포도 있다.

미국의 드럭스토어는 특이하게도 완구 코너를 충실하게 갖추고 있다. 어린이가 어머니를 따라 점포에 왔을 때 완구 코너에서 놀게 되면 어린이에게 좋은 점포라는 인상을 줄 수 있기 때문이다. 일본의 드럭스토어는 '요람에서 무덤까지'라는 생각에서 모든 연령층에 도움이 되는 구색을 갖춰놓지만 키즈 매장을 만들지 않고 키즈를 겨냥한 상품만을 갖춰놓는 것은 잘못이다. 어린이가 키즈용품을 사러 가도 매장의 재미가 없다.

세 번째의 '미래가치(FV)'는 일본 기업이 반드시 배워야 할 요소이다.

일본의 판매촉진 정책은 당장 효과가 있어야 하는 프로그램이 대부분이다. 캠페인을 실시했을 때 어느 정도 매출과 이익이 발생하고 고객 숫자로 바로 연결되어야 한다고 생각하기 때문이다.

이와 비교해서 미국에서는 장래의 효과를 기대하는 판촉을 하고 있다. 장기적 관점의 판매촉진은 '생애고객'• 만들기라는 마케팅이다. 감수성이 풍부했던 어린 시절의 인상은 성인이 되어도 머릿속에 남는다. 좋은 내용이라면 다행이지만 나쁜 기억은 트라우마가 되기도 한다.

필자는 요미우리 자이언츠•의 팬이다. 초등학생 때, 자이언츠의 명투수 벳쇼 타케히코(別所毅彦)에게 팬레터를 보내면 자필로 적힌 답장이 와서 크게 감격했기 때문이다. 손으로 직접 쓴 편지는 내게 큰 보물이었고 그 후로 계속 자이언츠의 팬이 되었다. 반대로 어린 시절에 닭 잡는 광경을 본 뒤 아직도 잊을 수 없어서, 필자는 닭고기를 싫어하게 됐다.

맛에 대한 기억도 같다. 인간의 미각은 9살까지에 결정된다고들 한다. 그래서 "당신이 좋아하는 맛은?"이라는 질문에 "어머니가 만드는 음식 맛"이라고 하는 이들이 많다. 이른바 '어머니손맛'이다. 전문적인 수준에서 맛있는가의 여부를 떠나 어릴 때에 한번 길들여진 맛은 그 사람에게 있어서는 맛있는 것이다. 그래서 청량음료 업체는 어린이에게도 샘플 제공 행사를 하고, 미국의 패밀리 레스토랑 데니스(Denny's)에서

•생애고객
어릴 때부터 성년, 중·장년층을 거치는 동안 계속 동일 점포, 브랜드 매장을 이용해주는 고객을 의미함.

•요미우리 자이언츠
일본 도쿄를 근거지로 하는 일본 센트럴리그의 프로야구팀.

는 어린이가 무료로 식사할 수 있는 키즈프리(kids free) 서비스를 하는 것이다.

미국의 '생애고객' 만들기 시도

미국의 소매업에서 취하고 있는 생애고객 만들기에서 그 포인트를 찾아보자.

홀푸드에서는 '바른 식생활은 어릴 때부터 몸으로 익힌다'라는 생각에서 '홀키즈(whole kids)'라는 매장을 만들었다. 패스트푸드는 비만의 원인이 되기 때문에 채소와 곡물이 가진 본래의 맛을 어린이들이 알도록 하는 것이다. 어린이 요리교실도 빈번하게 개최(〈표 34〉)하고 식사방법에 대한 교육과 함께 우수한 셰프가 형이나 누나처럼 요리를 가르쳐줌으로써 어린이들에게 좋은 인상을 남기고 있다.

미국 동부의 유명 슈퍼마켓인 웨그먼즈도 어린이의 식사방법 교육에 계속해서 관심을 기울이고 있다. 브로콜리와 당근은 영양가가 높지만 싫어하는 어린이가 많아 부모가 자녀에게 먹이는 것이 보통 일이 아니

〈표 34〉 홀푸드의 어린이 요리교실 프로그램

키즈 인더 키친 kids in the kitchen	매주 토요일	대상은 7~12세. 라이프스타일센터에서 셰프가 어린이 대상의 즐거운 요리교실을 개최. 참가비용은 15달러로 사전 신청이 필요.
틴 쿠킹 클래스 teen cooking class	매주 금요일	대상은 10대. 셰프가 가족 단위로 먹을 수 있는 맛있는 식사메뉴를 알려줌. 참가비는 20달러로 사전 신청이 필요.

다. 요리교실에서는 어린이들이 브로콜리와 당근을 직접 요리해서 먹어 보도록 하면 싫어하는 채소도 좋아하게 되기도 한다. 주말에는 어린이 대상의 영화제를 개최하고 음료와 간단한 스낵을 무료로 제공한다.

슈퍼마켓 스튜레너드에서는 정기적으로 초등학생을 점포에 초대한다. 스쿨버스로 온 학생들을 점포 안으로 안내하고 우유와 빵을 만드는 공정과, 정육과 생선을 손질하거나 반찬을 조리하는 곳을 견학시키고, 마지막에는 점심식사를 제공한다. 캘리포니아에서 시작되어 친환경 상품을 주로 취급하는 트레이더 조에서는 지역 연고의 UCLA 대학 상징인 푸른 곰 브루인(Bruin)처럼, 각 지역 대학의 마스코트를 묘사한 그림을 점내에 부착해서 몇 개의 작품에는 표창을 한다. 자신의 작품이 채택되어 상을 받으면 어린이들에게는 좋은 추억이 된다. 표창 받은 어린이에게는 그림과 자신의 사진을 넣은 캘린더를 선물로 준다. 세계에 단 하나밖에 없는 오리지널 캘린더이다.

지역의 드럭스토어에서는 틴스클럽(teens' club)을 만들어 화장하는 방법을 가르쳐준다. 미국에서는 초등학교 졸업식 다음에 열리는 파티에 어린이들이 제각기 차려 입고 메이크업을 한 뒤 참가한다. 어머니들은 자신의 아이가 어떻게 화장하면 좋을지 몰라서, 어린이와 함께 드럭스토어의 화장품 전문직원인 코스메티션(cosmetician)을 찾아간다. 처음 해보는 화장을 제대로 배워 몰라볼 정도로 멋진 모습이 된 어린이는, 그 점포에 좋은 인상을 갖게 되어 성인이 되어서도 그 점포를 계속 이용하게 된다.

타깃의 키즈클럽(kids' club)에서는 캠프 체험을 통해 자연과의 만남을 가르친다. 또한 60년이 넘게 지역의 초·중·고교에 이익의 5%를 기부해오고 있다. 타깃의 점포 입구에는 기부받은 학교의 학생들로부터 감사편지가 붙어 있다. 종합양판점인 타깃의 패션 코너가 대학생들에게 인기가 높은 것은 백화점에서 시작된 업체로서의 이점도 있겠지만, 이 업체에 대해 어린 시절부터의 좋은 인상을 간직하고 있는 학생들이 지지하고 있는 것도 이유일 수 있다.

또한 음료, 미용품 제조업체인 제이앤제이(J&J)가 어린이를 겨냥해서 만든 밴드에이드(Band Aid)와 리치(Reach)칫솔에 디즈니 캐릭터를 부착했다. 인기 캐릭터를 사용해서 어릴 때부터 자사 제품에 익숙해지도록 하는 전략의 하나라고 할 수 있다.

의류업체인 아르마니(Armani)와 랄프로렌(Ralph Lauren), 갭(GAP), 식기 브랜드 포터리 밴(Pottery Barn)도 키즈를 겨냥한 코너나 매장을 만들고, 생애고객화하는 마케팅을 강화하고 있다. 일본의 소매업도 비즈니스를 긴 안목으로 보고 생애고객 만들기에 주력할 필요가 있을 것이다.

외국인 고객 응대법

미국은 이민자의 나라라서 영어가 통하지 않는 사람도 적지 않다. 이 때문에 소매업체에서는 언어 장벽을 없애는 것이 중요한데, 월그린은 한국어를 포함해서 14개국 언어로 서비스하고 있다. 다양한 언어를 구사할 수 있는 약제사가 3개 점포에 24시간 배치되어 있어, 많은 점포로부터 걸려오는 전화 상담에 응해주는 등 항상 외국인 고객을 응대할 준비를 갖추고 있다.

필자는 미국 시찰을 갈 때 동행한 일본인이 배가 아프다고 하면 반드시 월그린에 데려간다. 일본어 상담이 가능한 약사가 상담 후, 그 점포의 미국 약사에게 지시해서 적절한 약을 준비해준다. 물론 복약지시서도 영어와 일본어가 함께 제공된다. 중남미인 고객과 중국인 고객이 많은 점포에서는 POP와 전단에 영어와 각국 언어 모두를 사용하고 있다.

향후 인구가 감소하는 일본에서도 외국인 고객에 대한 서비스는 중요한 과제다. 일본인만을 대상으로 한 비즈니스는 한계가 있기 때문이다. 일본 정부는 2020년까지 연간 외국인 관광객 2,000만 명을 유치할 계획이다. 소매업도 적극적으로 외국인의 방문에 따른 인바운드(inbound)• 대응을 함으로써 외국인 고객에 대처할 필요가 있다. 중국인 관광객에 의한 '상품 싹쓸이'는 틀림없이 그 가능성을 보여주고 있다.

일본의 한 드럭스토어는, 중국과 한국의 여행자를 겨냥한 현지 웹사이트에 기업 소개 페이지를 게재함으로써 여행자가 일본에 오기 전부터 자신들의 상점을 방문할 준비를 하도록 한다. 또한, 점포에도 중국어와 한국어가 유창한 직원을 배치해서 항상 외국인 관광객들이 불편 없이 쇼핑을 즐기도록 한다.

여행자를 겨냥한 비즈니스는 분명히 일과성이다. 하지만 선물용품으로서 구입하는 수량이 제법 많고 가격에도 별로 민감해하지 않아, 점포

• **인바운드(inbound)**
관광업에서는, 내국인이 외국으로 나가는 아웃바운드에 반대되는 말로, 외국인이 국내로 들어오는 관광사업을 뜻함.

측에서도 큰 매상을 올릴 수 있는 기회이다. 뉴욕과 시카고, 샌프란시스코, 라스베이거스 등의 대도시에 있는 월그린 점포는, 여행자를 대상으로 하는 티셔츠, 호텔에서 먹을 식료품과 음료, 토산품 등을 골고루 갖추고 있어서, 외국인 여행자들에게는 꼭 가볼 만한 장소로 꼽히고 있다.

LGBT층을 겨냥

미국에서는 LGBT(레즈비언, 게이, 양성애자, 트렌스젠더) 시장이 주목받고 있다. 그 시장 규모는 약 80조 엔에 이를 것으로 보이며, 특히 구미에서는 중요한 시장으로 성장하고 있다. 그들은 가격이 높아도 마음에 드는 물건이 있으면 적극적으로 구입하기 때문에, 특정 브랜드와 메이커의 우량고객이 되는 경우가 많다. 헬스, 패션, 내추럴, 유기농, 생태학, 평화에 대한 관심도 높아서 격조가 높은 물건을 찾는다. 또한 어린이가 없는 사람이 많아서 높은 가처분소득으로 소비에 대해 적극적이다.

그들의 심벌마크는 다양성을 표현하는 '레인보우(무지개)'이다. 보디숍(The Body Shop)에서는 점포 입구에 레인보우 마크를 자연스럽게 부착해놓고, 백화점에서도 레인보우 현수막을 내걸어 LGBT 고객을 적극적으로 끌어들인다.

홀푸드에서는 LGBT층이 지향하는 친환경 점포 만들기에 더하여 건강에 좋은 유기농 상품, 무첨가 가공식품, 자연성분 영양제와 화장품 등을 골고루 갖춰놓고, LGBT층을 위한 점포직원도 배치하고 있다. 일본의 소매업에도 LGBT층에 관심 갖는 시대가 조만간 찾아올 것 같다.

로하스로 사랑받는 점포

1990년대 후반 미국의 사회학자가 이름 붙인 로하스(LOHAS=Lifestyle of Health And Sustainability)는, 건강과 환경에 관심이 높은 성숙한 사회의 라이프 스타일로 소비자의 새로운 생활방식을 가리킨다. 로하스층의 많은 이들이 베이비부머 세대와 겹치고 히피•와 여피• 등 미국의 다양한 유행과 흐름은 만들어온 사람들이기도 하다.

현재 미국의 로하스 인구는 성인 인구의 27%에 해당하는 약 8,000만 명, 시장 규모는 약 40조 엔으로 추정된다. 일본에서도 성인 인구의 약 30%가 로하스층으로 파악되며 그들은 고학력, 고수입으로 구매력도 크다. 관련 시장은 의식주에 해당되는 상품으로서 폭넓으며, 2015년 기준으로 시장 규모는 20조 엔으로 알려지고 있다.

로하스는 고도성장기의 '대량생산 대량소비', '염가', '효율' 등의 효율지상주의와는 분명하게 선을 긋는다. 대신 '몸에 좋은', '지구환경에 좋은' 이라는 키워드를 내세우고, 유기농, 공정무역, 지역생산 지역소비(지산지소), 그린 컨슈머(green consumer)를 지향하며 센스와 멋을 중시하고 촌스러움을 싫어한다.

• **히피(Hippie)**
전통, 제도 등의 기성 가치관을 기반으로 하는 인간 생활을 부정하는 것을 신조로 삼고, 문명 이전의 자연생활로 돌아가기를 주장하는 사람들의 총칭.

• **여피(yuppie)**
Young Urban Professionals를 줄여 합성한 단어로, 도시와 도시 주변에 거주하는 전문직 종사자를 뜻하며, 주로 30대의 젊은 층을 지칭함.

또한 가치관을 공유하는 기업의 제품을 구입하는 경향이 강해서, 기능이 같다면 가격이 높아도 환경지향형 상품을 구입한다. 로하스층의 대두로 미국에서는 요가와 자연식 레스토랑, 대체의학, 환경지향형 에코투어리즘(ecotourism), 풍력 발전, 에코 자동차, 스파(spa)가 대유행이다.

건강에 큰 관심을 보이는 로하스는, 약물에 의한 부작용 증가(미국에서의 사망원인 4위가 약물 부작용, 잘못된 약의 복용 등 의약품에 관련된 것임)에 반해 몸에 좋은 대체의학을 지향한다. 시크하우스증후군(Sick House Syndrome)•을 피하기 위해 주택의 건축자재에 목재와 규조토를 주로 사용한다. 면, 양모, 마 등 자연 소재 의복을 선택하며 유기농 식품을 좋아하는 등 생활 전반에 걸쳐 자연지향적이다.

이러한 소비 성향으로 인해 유기농 음식, 내추럴 화장품, 내추럴 가정용품, 내추럴 의류, 내추럴 메디슨(내추럴 비타민, 미네랄, 허브, 호메오파티로 불리는 대체요법 등)의 시장 규모는, 1990년의 40억 달러에서 2000년 250억 달러로까지 커졌다. 2010년 500억 달러를 넘어서 2020년에는 1,000억 달러에 달할 것이라는 관측도 있다. 이러한 소비 흐름을 타고 성장해가는 것이 유기농, 친환경 상품 슈퍼마켓 홀푸드이다.

• 시크하우스증후군(Sick House Syndrome, Sick Building Syndrome)
신축 건물에서 나타나는 권태감, 어지럼, 두통, 습진, 목의 통증 및 호흡기 질환 등의 증상.

베이비 고객을 확보하는 포인트

영유아 가족이 있는 고객의 확보도 향후 성장에 없어서는 안 될 테마이다.

① 타깃의 정기구매 프로그램

종합양판점인 타깃은 유아용품 정기구입 서비스인 '타깃·섭스크립션(subscription)'의 테스트 마케팅을 시작했다. 섭스크립션이란 정기구매를 의미하며, 종이기저귀와 분유 등 정기적으로 소모하는 유아용품 150개 아이템을, 계약한 고객에게 배송료를 무료로 해서 보내주는 서비스이다. 이용자는 4~12주간의 기간으로 발송일을 지정할 수 있고 발송 전 10일 이내에 확인통지를 받는다.

시카고 지역의 10개 점포에서는 유아용품 부문을 확장하여 시험운영 중이다. 육아 사이트인 베이비센터(babycenter)와 제휴하고, 상담전문가가 상주하여 고객의 질문에 답해준다. 유모차에 아이를 태워보기 쉽도록 진열해놓거나 테이블에 아이패드와 키오스크 단말기를 준비해놓고 상품 검색과 베이비 레지스트리(생일에 받고 싶은 상품목록을 등록해놓으면, 증정하는 쪽에서 선물을 선택하는 시스템)를 위한 서비스도 제공하고 있다.

이 프로그램의 도입은 신규고객의 확보가 주목적이지만, 비즈니스 측면에서 커다란 효과가 있다. 유아가 있는 가족은 구매할 상품을 대개 한 곳에서 구입하는 경향이 있어 매출금액도 크고 많은 이익을 가져다주기 때문이다.

② 토이저러스의 '베이비 버스데이 클럽'

미국의 토이저러스에서는, 10세 이하의 미국 국적 어린이가 자신의 이름, 부모 이름, 생일 등의 정보를 제공하면 베이비 버스데이 클럽(Baby Birthday Club)에 가입할 수 있다. 이 클럽에 가입하면 다음과 같은 특전이 있다.

- 멋진 생일을 보낼 수 있는 다양한 아이디어를 제공받을 수 있다.
- 토이저러스의 캐릭터인 제리(Jerry)로부터 생일카드와 선물을 받을 수 있다.
- 생일에 내점하면 매장 내에서 왕관을 머리에 씌워주고 풍선을 선물로 제공한다. 점내 방송으로 그 어린이의 생일임을 알리고 점포 직원들과 손님들이 함께 생일축하 노래를 부르며 축하해준다.
- 생일축하 전화를 아이들이 좋아하는 만화영화 캐릭터인 제리로부터 받을 수 있다.

토이저러스에서 생일축하 전화를 받은 어린이들은 모두가 무척 즐거워하며 흥분한다. 자녀들의 행복한 얼굴을 본 부모들도 만족한다. 이러한 고객만족 프로그램으로 신규고객을 확보하는 한편, 기존 매장도 안정적으로 유지하면서 영업을 성공으로 이끌었다.

7. Experience(만족도 높은 구매체험)

미국에서는 인터넷판매의 힘이 커지고 있다. 소비자들은 자신의 형편에 맞는 점포를 선택하는 것을 매우 중요하게 생각하기 때문에, 부담 없이 편리하게 인터넷으로 구매하려고 하는지도 모른다. 따라서 소매점포가 부활하기 위해서는 1가지 더, 소비자의 구매심리를 깊이 이해하고 만족도가 높은 구매체험(Experience)을 제공하는 것이 필요하다. '쇼핑하기 편리한 매장', '활기가 넘치는 매장', '솔루션 스토어'라는 관점에서 점포의 만족도를 높이는 방법을 찾아보자.

'들·구·즐'의 법칙

소비자가 원하는 것은 '들'어가기 쉽고, '구'매하기 쉬우며, '즐'기기 쉬운, '들·구·즐' 매장이다.

'들어가기 쉬운' 접근성

① 외관으로 점포의 인상이 바뀐다(초두효과와 후광효과)

인간은 이치보다는 감정이 앞서는 감정의 동물이다. 외관상 느낌이 좋은 점포는 모두가 좋게 보인다는 것도 납득이 간다. 하버드 비즈니스 스쿨에 의하면, 번창하는 점포와 고객이 외면하는 점포의 차이는 인간의 감정을 관장하는 우뇌의 작용 차이에 의한 것이라고 한다.

따라서 감정을 좌우하는 우뇌에 '느낌이 좋은 점포'라고 강한 인상을 먼저 남기고, 그것을 바탕으로 논리를 관장하는 좌뇌에 '구색과 가격'을 소구하는 것이 고객을 불러 모으는 데 효과적이라고 할 수 있다. 심리학의 측면에서 이를 '초두(初頭)효과'와 '후광(後光)효과'라고 설명할 수 있다.

초두효과란, 최초의 인상이 강하게 남는다는 것을 설명한 것으로, 고객이 어떤 소매점을 처음 접하면서 받은 느낌이 좋으면 그 인상을 계속 갖게 되는 것을 의미하며 이는 우뇌에 작용하여 작동한다고 할 수 있다. 후광효과란, 어떤 대상을 평가할 때에 뛰어난 특징에 이끌려 다른 것도 동일한 기준으로 평가하게 된다는 심리적 현상이다. 소매점에서는 점포의 첫인상이 좋으면 상품과 가격 등 그 외의 요소에도 좋은 영향을 미치게 된다.

초두효과와 후광효과를 일으켜서 점포 전체에 대한 호감도를 높이는 것이 가능하다. 의류전문점이라면, 점두를 장식하는 디스플레이의 좋고 나쁨이 점포의 인상을 결정해버린다. 하지만 청결 상태가 나쁘거나 디스플레이에 감각이 떨어지고 센스 없는 직원이 그곳을 담당한다면 어떨까? 점포 입구인 파사드(Facades)에 대한 인상이 어느 정도 좋다 해도, 점포에 대해 실질적으로 평가할 수 있는 부분이 소홀했기 때문에 후광효과로 인한 평가는 낮아질 수 있다.

② 고객이 있는 점포는 들어가기 쉽다(동조의 법칙)

고객으로 홍청거리는 점포에는 고객이 더 모인다. 줄이 늘어선 라면 가게를 보면 줄을 서도 먹고 싶은 마음이 들고 그 줄은 더 길어진다. 반대로, 한산한 점포에는 들어가기가 주저되고 고객은 점점 더 들어가지 않게 된다. 사람이란 누구에게나 같은 것을 바라는 마음이 있으며, 우리는 이러한 작용을 '동조효과'라고 부른다. 그러한 이유로 점주 입장에서는 점포에서 놀거나 시간을 때우려는 고객조차도 환영해야 하는 것이다. 그러한 고객들이, 본인은 의식하지 못하겠지만 점포의 입장에서는 바람잡이 역할을 하고 있기 때문이다.

또한 고인 물이 썩는 것처럼, 활기를 잃은 점포는 썩게 된다. 반대로 직원들의 부지런한 관리로 매장이 깨끗하고, 또한 시원시원하게 일함으로써 점포에 활기를 주면 고객은 모이게 된다. 따라서 고객이 없다면 바쁘게 점포를 운영하고 활기 있는 모습으로 만들어야 한다.

상품의 소구방법도 같다고 할 수 있다. 판매 추이가 좋은 와인이 있을 때에는 잘 팔리는 상품 '톱10'을 발표하는 것이 좋다. 어느 슈퍼마켓에서 자기 점포의 잘 팔리는 상품 '톱10'을 게시한다면, 그런 상품은 당연히 잘 팔리게 될 것이다. 모두가 구매하는 상품은 고객들이 안심하기 때문이다.

남성화장품 코너에 잘 팔리는 상품 POP를 부착한 점포는 판매 추이가 좋은 편이다. 또한, 대리구매(남편과 아들의 남성용 화장품을 주부가 구매)하기 좋은 상품은 고객에게 제공되는 POP 정보가 구매 시의 판단 기준이 된다.

③ 색은 심리에 작용한다(색의 힘 법칙)

"형태는 지성에 작용하고, 색은 감정에 작용한다"라는 말이 있다.

런던의 블랙프라이어즈 다리(Blackfriars Bridge)는 일찍이 자살의 명소였다. 구름 끼는 날과 비가 많은 런던에서, 중후한 검은색 다리가 사람들을 음울하게 만들어 자살로 이끌었는지도 모른다. 그런데, 다리를 밝은 색으로 바꾸자 자살률이 3분의 1로 줄어들었다고 한다. 색은 인명을 구할 정도로 감정에 작용하는 바가 크다.

이처럼 사람의 지각에 미치는 색의 역할은 크다. 사람은 오감을 통해 정보를 얻지만 그중 약 80%는 시각에 의하고, 또 그 시각 정보의 약 80%를 색이 지배한다. 결론적으로 사람 감각의 60% 가까이를 색이 지배한다는 계산이 나온다. 색에 의해 점포의 인상이 바뀌고 고객의 발걸음에도 영향을 미친다.

소매점 내에서 일어나는 일들도 색의 작용에 민감한 것이 당연하다. 빨간색은 흥분과 활력을 주고 부교감신경을 자극해서 위장의 활동을 활발하게 하지만 반면에, 통증과 피, 두려움, 더위 등을 떠올리는 흥분색이기 때문에 피로감을 가져오기도 한다. 의류전문점도 고급, 캐주얼, 아동(kids), 청소년(teens), 남성(mens) 부문 등은 각기 포지셔닝과 타깃이 완전히 다르기 때문에 각각에 맞춘 적절한 색을 각각의 공간에 사용하는 것이 중요하다.

'구매하기 쉬운' 쇼퍼빌러티(Shopperbility)

① 밀어내기에는 살 마음이 없어진다(반발 현상의 법칙)

노골적인 장삿속이나 선택의 여지가 없는 권유는, 고객의 반발을 부른다. 심리적 반발이 생기기 때문이다.

무척 흥미로운 사례가 있다. 아동복 브랜드 미키마우스는 직원들에게 고객지향의 태도를 철저하게 요구하는데, 그 배경에는 창업 당시의 경험이 있기 때문이다. 창업 당시 규슈(九州)의 많은 소매점들이 오사카(大阪)의 섬유도매상에게 매입하러 오고는 했다. 오사카에 점포를 갖고 있던 이 회사는 규슈 지역으로 진출하려고 생각해서 시제품을 가지고 가고시마(鹿県島), 구마모토(熊本), 사가(佐賀), 하카다(博多) 등 규슈 지역 도시의 도매상을 돌았지만 소매점주들과 이야기조차도 나눌 수가 없었다.

미키마우스사의 키무라 코이치(木村皓一) 사장은 왜 그랬을까를 곰곰이 생각해보았다. 그리고 깨달은 것이, "그저 당연히 사줄 것이라는 밀어내기 식의 영업이 아니었을까. 상대방에겐 어떤 메리트가 있는가를 생각하며 장사를 하지 않으면 소용이 없다"였다. 그 뒤로, 방문했던 오구라(小倉)의 점포에서, 자신이 도매상들에게 얼마나 도움이 될지 열심히 이야기했을 때쯤에서야 시제품을 전부 놓고 가라는 이야기를 들었다고 한다. 거기서부터 판로가 생기고 현재의 미키마우스의 시초가 되었다는 것이다.

점포의 접객도 같다고 할 수 있다. 고객이 점포로 들어오면 환영 인사를 한 후에는 본인의 습관대로 구매를 하도록 하는 것이 중요하다. 바로 직원이 다가오는 점포만큼 싫은 가게가 없다. 고객은 마음속으로 "내버려둬…… 그렇지만 필요할 때는 바로 달려와줘!(Leave me alone…… but take good care of me)"라고 외친다.

또한 잘 팔리는 상품밖에 팔지 않는 점포는 맛없는 음식과 같다. 여성이 립스틱을 사러 갔을 때, 잘 팔리는 4종류밖에 없는 점포와 15종류 이상을 갖춘 점포 중 어느 곳이 즐거울까? 자신에게 물어보면 알 수 있을 것이다.

② 부담 없이 만지고 입어보는("See me, Touch me, Feel me"의 법칙)

고객은 상품을 사기 전에 자신이 직접 보고, 만지고, 느끼고, 확인하고 싶어 한다. 이러한 생각은 의류나 식품 모두 같다고 할 수 있다. 따라서 상품과 서비스에 가능한 가까이 다가갈 수 있도록 해야 한다.

만져본다는 행위는 사람의 호기심과 소유욕을 만족시키는 첫걸음이다. 시승을 하면 자동차의 구매율이 높아지고, 에어컨도 온도와 풍량을 체험할 수 있으면 설득이 되어 구매하게 된다. 의류전문점에서는 짓궂은 고객이라도 가능한 한 시착해보도록 하는 쪽이 좋다. 피팅룸도 고객의 기분이 상쾌하도록 분위기와 조명, 향기, 거울 등을 준비해야 한다.

최근 미국의 한 백화점은, 편안 마음으로 옷을 입어볼 수 있도록 피팅룸의 면적을 1.5배로 넓히고, 몸매가 아름다워 보이도록 조명과 전신거울을 갖추었다. "보고, 만져보고, 느끼게(See me, Touch me, Feel me)" 하면, 압도적으로 구매율이 높아지는 것을 알고 있기 때문이다.

③ 전문가 추천사를 활용한다(후광효과의 법칙)

고객을 설득하려면 그 분야 전문가의 힘을 빌려야 한다. 왜냐하면 사람은 권위에 약하고 전문적인 지식과 능력이 있는 사람, 유명한 사람의 말을 믿기 쉽기 때문이다. 이것을 '후광효과'라고 한다.

건강 관련 프로그램에서 다룬 상품이 다음 날 품절되거나, 생산자의 한마디가 담긴 유기농 채소가 인기를 끄는 것, 황실(일본의 천황 가족)용이라는 문자가 절대적인 신뢰를 주는 것 등은 전부 이 후광효과에 의한 것이다.

의류전문점에서는, 디자이너의 사진과 메시지가 있으면 고객의 구매의욕이 커진다. 유명인이 좋아하는 스타일과 색을 소개하거나, 파리와 뉴욕에서 인기 있는 모습을 전하면서 주간지에서 오려낸 것을 POP로 사용해 붙여놓으면 효과는 엄청나게 크다. 소비자는 이러한 이면의 스토리를 즐기기 때문이다.

구매를 망설이는 고객에게는, 직원의 "저도 애용하고 있습니다"라는 한마디가 절대적이다. 고객들은 사려는 상품을 결정은 했지만 자신의 선택에 불안감이 든다. 그럴 때, "정말 좋은 것을 사셨네요. 안목이 높으시네요"라고 계산대에서 한마디만 거들면 고객은 만족한다.

매스미디어 광고와 전단에서 유명인과 전문가의 소리를 게재하는 경우도 자주 있다. 마케팅의 세계에서는 '테스티모니얼(testimonial) 추천광고'라고 한다. 저명인사와 권위자에게 상품의 좋은 점과 지위를 이야기하도록 해서, 소비자에게 안심하고 또 동경하는 마음이 들도록 하는 수법이다.

미국의 드럭스토어 바텔 드럭(Bartell Drugs)은 이 수법을 잘 사용한다. 예를 들어, '약사가 추천하는 대중약'이라는 코너를 만들어 계절수요에 대응한 상품을 진열하고, 디지털 POP, 텔레비전 모니터, 손으로 쓴 POP 등으로 소개한다. 일본에서도 유명인이 좋아하고 즐겨 마시는 와인, 유명 탤런트가 사용하는 스킨, 크림이라고 쓴 POP를 상품에 붙여놓기도 한다. 그들의 명성을 이용해서 소비자로부터 신뢰를 얻으려는 것이다.

중요한 것은, 코멘트를 받는 경우, 실제로 사용해보고 상품이 뛰어나다는 것을 실감한 사람의 이야기가 아니면 안 된다는 것이다. 그저 입에 발린 말로, "저도 사용해보았습니다. 뛰어난 상품입니다. 여러분에게도 자신을 갖고 추천합니다"라고 이야기해도, 현명한 소비자, 특히 인생 경험이 풍부한 시니어들은 바로 알아차리기 때문에 자칫 기업과 상품에 대한 신뢰는 오히려 마이너스가 될 수 있다.

예를 들어, 후광효과가 효과를 발휘하는 것이 와인이다. 와인은 종류가 너무 많아서 라벨만으로는 그 맛을 판단할 수 없다. 그래서 실패하고 싶지 않은 사람들은 새로운 와인을 테스트하려고도 하지 않는다. 그런 때, 권위 있는 사람의 평가가 있으면 무의식중에 구매를 해버린다.

미국에서 주류판매 전문점을 뜻하는 리쿼(liquor) 스토어와 슈퍼마켓에서 가장 많이 사용되는 것이 '파커 포인트(Parker's point)' 표시다. 이것은 세계에서 가장 유명한 와인평론가 로버트 파커(Rebert M. Parker)에 의한 평가로서, 50점을 기본점수로 해서 가격과 관계없이 다양한 관점에서 평가하여 100점 만점에 의한 종합평가를 하는 것이다. 공정한 평가로서 세계적으로 인정받고 있으며 와인의 선택에는 필수적이다.

또한, 미국에서 가장 많이 팔리는 와인전문지 「와인 스펙테이터

(Wine Spectator)」는 가격과의 밸런스도 고려한 평가를 하고 있다. 매년 말에 세계의 와인 톱100을 잡지에 발표하는데, 이 잡지의 평가는 세계적으로 대단한 영향력을 갖고 있어 그 평가를 POP로 만들어 추천 와인에 붙여놓는 곳도 있다. 필자도 평가가 높고 비교적 가격을 잘 아는 와인을 즐겨 찾는 편인데, 이런 포인트는 항상 도움이 된다.

④ '일면표시, 양면표시'는 고객에 따라(커뮤니케이션의 법칙)

상품과 서비스의 장점을 표시해서 긍정적인 이미지를 전달하는 커뮤니케이션 방법을 '일면표시', 장점과 단점의 양면을 표시하는 것을 '양면표시'라고 한다.

마(痲)로 만든 옷을 판매할 때, "통기성이 우수하고 시원하기 때문에 하복에 최적입니다"라고 장점만을 언급하는 것이 '일면표시'이다. 계속해서 "결점은 주름이 생기기 쉬워 주름을 걱정하는 분은 고려하지 마세요"라고 단점을 함께 언급하는 것이 '양면표시'이다. 어떤 방법이 효과적인지는 고객이 가진 정보와 지식에 따라 다르다. 충분한 상품지식을 갖고 있는 고객에게는 '양면표시'가 효과적이다.

'즐기기 쉬운 매장' 인조이어빌러티(Enjoyability)

고객은 점포에 특별함을 원한다(특별함의 법칙). 고객은 밝은 기분으로 무엇인가를 찾을 수 있는 즐거운 점포를 좋아한다. 매장을 어수선하게 만들자는 것은 아니다. 정리정돈은 당연하지만, 박력 있고 즐거운,

특별한 매장이 중요하다는 것이다.

우리의 생활에는 특별함과 일상적인 것이 있다. 특별함은 비일상적인 시간과 공간을, 일상적인 것은 평소의 생활을 말한다. 사람은 일상적인 생활만 지속되면 그 단조로움에서 벗어나지 못한다. 고객이 점포에 발걸음을 옮기는 것은 평소의 생활과는 다른 비일상적인 것을 기대하기 때문이다.

미국에서는 '판매는 축제, 진열은 예술'이 업계 상식이다. 시기에 맞는 특별한 점포 분위기를 만들지 못하면 고객은 싫증이 나서 내점하지 않는다. 장사는 바로 싫증과의 싸움이라서, 처음에는 번창하던 점포가 무너지는 것은 '싫증의 벽'을 넘지 못했기 때문이다. 내점 빈도에 맞춰 "새로 눈에 띄는 것은 무엇일까?(What is new?)"를 언제나 고객에게 제안하지 않으면 안 된다.

비즈니스란, 어떻게든 특별한 날을 만들어내서 상품과 매장을 각별하게 바꾸는 것에 다름 아니다. 시즌, 행사, 기념일 등에 대응해서 구색과 진열을 의식적으로 바꾸어줄 필요가 있다.

구매하기 쉬운 인스토어 MD

상품 판매에서 중요한 것은 소비자와의 마인드셰어와 매장의 스페이스셰어(space share)의 확보이다. 마인드셰어란, 상품이 소비자의 기억에 새겨지는 정도를 말하며, 이것을 높이기 위해 광고, PR, 소비자 캠페인 등이 행해진다. 스페이스셰어는, 상품이 잘 보이고 고르기 쉽고 집기 편하게 만드는 것으로, 이를 높이기 위해 플래노그램(선반 할당) 시스템과 인스토어 머천다이징(In-Store Merchandising, 이하 인스토어 MD)이 필수적이다. 매스미디어 효과의 저하로, 광고를 통한 결정보다는 점두에서 상품을 결정하는 사람들이 늘어나고, 인스토어 MD의 중요성이 커지고 있다. 인간심리학과 행동공학에 기초해서 이루어지는 미국의 인스토어 MD 사례를 소개하겠다.

객단가를 높이는 '쇼핑바구니 효과'

쇼핑바구니를 소지한 경우, 70%의 고객이 상품을 구입하는 데 반해, 소지하지 않은 경우는 30% 정도의 사람만이 구매한다고 한다. 월마트에서는 쇼핑카트를 사용하는 사람은 사용하지 않는 사람에 비해 4배의 상품을 구입한다고 한다. 쇼핑바구니를 집는 순간 구매모드로 의식이 전환되어 확실하게 구입하려는 생각이 드는 것이다. 고객에게 쇼핑바구니를 들게 하는 것은 구매율과 객단가를 높이는 가장 간단하고 효과적인 방법이다.

그래서 미국의 소매업은 쇼핑바구니와 쇼핑카트의 사용률을 예외 없이 100%에 달하도록 노력하고 있다. 슈퍼마켓과 제휴해서 쇼핑카트에 자사 제품의 광고를 부착하거나 안내전단을 넣어두는 제조업체도 있다. 이와 같은 계획은 쇼핑카트 이용을 촉진하게 만들어, 상품을 효과적으로 소구할 수 있기 때문에 슈퍼마켓과 제조업체 모두에게 이익이다.

① 입구에서 쇼핑카트를 건넨다

미국의 소매업에서는 고객의 편리성과 객단가를 높이기 위해 쇼핑바구니와 쇼핑카트를 고객에게 건네도록 하고 있다. 월마트와 타깃 등은 점포 입구에서 고객을 맞이하는 그리터(greeter)를 입구에 배치하고 내점객에게 인사를 하며 쇼핑카트를 건넨다. 친밀한 접객으 로 고객은 친절한 인상을 받고 고객과의 눈맞춤은 도난 방지로 이어진다.

② 카트보관소를 계획한다

쇼핑바구니는 입구의 우측에 배치하는 것이 철칙이다. 오른손잡이가 많기 때문에 우측에 두는 것이 고객이 집기도 편하다. 쇼핑카트의 경우는 좌우측 어느 쪽이든 무방하다. 구매 중이라도 고객이 이용할 수 있도록 매장 내에도 쇼핑바구니와 카트를 배치한다. 특히, 구매 빈도가 높은 상품과 부피가 큰 상품 가까운 곳에는 반드시 배치해야 한다. 시애틀에 점포가 있는 드럭스토어 바텔 드럭에서는 1,322m²(약 400평)의 점포 내 14개소에 쇼핑바구니를 배치하고 있다.

오감에 소구해서 관심을 끈다

소리, 빛, 움직임, 향기 등 오감을 자극하면 사람은 반응한다. 슈퍼마켓 스튜레너드에서는 몇 분 동안 노래와 춤을 보여주는 캐릭터 인형을 바나나 매장에 설치했다. 고객은 그 소리와 움직임에 빠져들었는데 그 결과 바나나의 매출이 늘어났다. 또한, 초록색에서부터 노란색까지 5단계 색의 바나나를 진열해서 요리와 케이크, 주스 등 다양한 색상과 상태에 어울리는 메뉴를 소개하고 있다.

"Do you know?" POP로 고객을 교육

미국의 심리학자인 조지프 루프트(Joseph Luft)와 해리 잉햄(Harry Ingham)의 '조하리의 창(Johari's Window's)'이라는 커뮤니케이션 모델이 있다. 이 모델에 따르면, 자신이 몰랐거나 잊어버린 것을 POP 등으로 깨닫게 되면 이해도와 납득의 정도가 높아져서 충동구매의 경향이 강해지게 된다고 한다.

예를 들어, 미국에서는 감기 시즌이 되면, 치과의사협회가 "감기에 걸리면 칫솔을 바꾸세요"라는 캠페인을 실시한다. 감기에 걸려서 같은 칫솔을 계속 사용하면 칫솔에 붙어 있는 감기 세균이 입 안에서 증식하여 치료가 어렵기 때문이다.

일본의 점포에서도, "감기에 걸리면 칫솔을 바꿉시다. 세균이 붙어 있는 칫솔이 감기를 오래가게 합니다"라고 하는 "알고 계십니까?(Do you know?)" POP를 부착했을 때, 칫솔의 대량 구입이 늘어나 3배 이상의 매출을 올렸다는 사례가 있다. 자신이 몰랐거나 잊어버린 것을 일깨워주면 직접적인 구매행동을 일으키는 경향이 있다.

부문을 넘어서 크로스 MD로

월그린은 크리스마스 시즌이 되면 화장품 코너에 샴페인을 진열하기도 한다. 이 시기에 화장품 코너의 테마는 크리스마스 파티로서, 파티에 갈 때 사용할 화장품과 함께 선물, 샴페인 등 파티에 필요한 상품을 크로스 진열하는 것이다.

일본의 한 중견 드럭스토어에서도, 산토리(Suntory)에서 나온 여성용 주류 마카디아(Macadia)를 화장품 코너에 진열한다. 스트레스와 불면으로 '피부가 거칠어졌다', '얼굴이 상했다'고 하는 여성에게는, "우선 마카디아를 마시고, 푹 쉬세요. 컨디션을 되찾고 화장을 해보세요"라고 제안해서 마카디아의 매출이 대폭 늘어났다고 한다. 주류 매장만으로는 이 정도의 성과를 얻을 수 없었을 것이다.

필자가 존슨앤존슨에 근무했던 1980년대, 존슨 베이비로션의 매출이 크게 늘었다. "아기에게 좋은 존슨 베이비로션은 성인의 피부에도 좋다"라고 하는 POP를 붙여 성인용 스킨케어 코너에 진열한 결과였다.

이런 레이아웃이 구매를 쉽게 한다

매장 레이아웃에는 다양한 스타일이 있다. 그리드(grid)식 레이아웃이란, 상품진열공간을 마주보는 진열폭이 좁고 매장 안쪽까지 길게 배치하는 방법으로, 단시간에 구매하는 고객이 많은 편의점과 드럭스토어, 슈퍼마켓 등에 적합하다. 레이스트랙 방식이란 운동장의 트랙처럼 주 통로를 구성하는 것으로, 대형 백화점과 GMS(General Merchandise Store, 종합 슈퍼마켓), 대형 할인점, 홈센터 등에 적합하다.

어떠한 업태라도 레이아웃은 쉽고 편리한 쇼핑을 가능케 하는 것이 절대적 조건이다. 고객이 그 점포에서 구매할 때에 자신이 예정한 시간 내에 선뜻 즐겁게 구매할 수 있도록 하지 않으면 안 된다. 특히, 시간적인 여유가 없는 사람과 시니어들에게는 알기 쉬운 레이아웃이 필수적이다.

일상용품을 판매하는 점포는 소비자심리학과 행동학에 의한 레이아웃을 구성해야 하는데, 몇 가지 포인트를 열거해보자.

① 매장이 순식간에 파악되는 레이아웃

드럭스토어 등 편리성이 요구되는 업종에서는, 사고 싶은 상품이 어디에 있는지 빠른 시간 내에 알게 하는 것이 필수조건이다. 고객은 매장에 들어서는 순간 구매가 쉬운지 아닌지를 판단한다. 따라서 입구가 매장의 한쪽 끝에 있으면 90도의 시각범위에서 좌우를 살필 수 있지만, 직선부의 중앙에 입구가 있으면 좌우 180도로 둘러보지 않으면 안 된다. 이것만으로도 고객은 스트레스를 받는다.

다른 기업에 매수, 합병되어 이름이 사라진 유명했던 드럭스토어 페일리스드럭(Payless Drug)은 일찍이 독특한 레이아웃으로 점포를 구성했다. 매장 중앙에 화장품 코너를 배치하고 다른 부문은 그곳으로부터 방사형으로 뻗은 주 동선을 따라 배치했다. 도입 당시 매스컴과 전문가에 의해 연일 화제가 되었는데, 실제로 이용해보니 점내는 미로와 같아서 사고 싶은 상품이 어디에 있는지 알기가 어려웠고, 결국 그 진열방식은 좌절되었다. 구매의 습관화에는, 눈을 감아도 구매가 가능한 쉽고 편리한 레이아웃이 중요하다.

② 구매행동에 맞춘 조닝

• 구매 허용시간에 맞춘다

상품을 그룹핑(grouping)해서 매장을 몇 개의 구역으로 나누면 고객의 구매시간을 단축할 수 있다. 슈퍼마켓은 30분간을 구매 허용시간으로 해서 청과, 정육, 수산, 반찬, 베이커리, 가공식품 등으로 상품을 분류한 점포가 일반적이다.

월그린에서는 뷰티케어, 헬스케어, 컨비니언스 케어(컨비니언스 케어는 식품이 주 상품), 홈케어(가정용품, 일상용품)의 4개 존으로 매장을 구성한다. 10분 안에 돌아볼 수 있는 부문을 4개까지로 하는, 인간행동학의 측면에서 나온 원칙을 적용하고 있다.

• 프레이밍 효과● 를 고려한 조닝

매출을 올리려면 충동구매를 유도하는 것이 중요하다. 고객이 가격을 의식하지 않게끔 하여 상품을 구매하도록 하면 점포의 입장에서도 이에 따른 이익이 높아지기 때문이다. 이를 위해서는 레이아웃할 때 충동구매가 많은 상품부터 진열해야 하는데, 슈퍼마켓의 청과, 드럭스토어의 화장품, 대형 할인점의 의류가 이에 해당된다.

구매행동 시 최초에 본 상품은 고객의 심리를 프레이밍(framing, 틀을 짜는 것)하게 되고, 구매하는 상품 전반에 영향을 미친다. 충동구매로 구매를 시작하면 충동구매가 프레이밍되어, 다음에 나오는 상품에도 충동구매에 대한 저항이 없어진다.

한 조사에 의하면, 비계획구매(사전에 결정하지 않고 점포에 와서 결정하는 구매)의 비율은 60~70%에 달한다. 비계획구매는 충동성이 강해서 점포에의 이익공헌도도 크다. 여성의 사회 진출 등으로 여유로운 시간이 줄어들면 줄어들수록 충동구매의 경향은 강해진다.

소비자가 구매할 상품에 대해 계획을 세우고 점포를 방문하는 계획구매는 30~40% 정도로, 점포로 고객을 불러주는 판촉물 같은 '트래픽 빌더(traffic builder)'• 성격과, 점내를 이곳저곳 돌아보게 하는 2가지 성격이 있다. 하지만 고객이 가격을 염두에 두고 하게 되는 구매행동이라서 점포의 입장에서는 이익을 취하기가 어렵다. 따라서 매출을 올리려면 어떻게든 충동구매를 늘려야 하는 것이다.

또한 '비일상성→일상성'의 흐름도 중요하다. 우리의 생활에 늘 있는 일이 아닌 비일상성으로 프레이밍한 경우에도 고객의 시선은 자연히 일상성의 상품으로도 향할 수 있다. 하지만 이와 반대로 일상성 상품으로 프레이밍한 경우에는 의류 등의 비일상성 상품에 관심을 갖기가 어렵다. 드럭스토어의 경우, 일상성 상품(화장지, 세제, 냉동식품 등)으로 프레이밍된 고객은 화장품에 관심을 갖지 않게 된다.

월그린은 "충동구매에서 시작해서 충동구매로 끝난다"고 하는 원칙에 따라 60%의 상품을 충동구매를 겨냥해서 배치하고 있다. 점포에 들

• **프레이밍 효과**
문제의 표현방식에 따라 동일한 사안에 대해서도 판단과 결과를 다르게 할 수 있다는 현상의 이론.
• **트래픽 빌더(traffic builder)**
손님을 유치하기 위하여 배포하는 판촉물.

어서면 충동성이 가장 높은 뷰티케어로부터 시작해서 계획구매성이 강한 헬스케어로 옮겨가고, 그다음 충동성이 높은 일상성 상품인 사진용품과 배터리, 음반 등의 잡화로 연결되도록 매장이 만들어져 있다.

비일상성을 중요하게 생각하는 디즈니랜드가, 잔디밭 위에서 무엇을 먹거나 음식물의 소지를 금하는 것도 일상성의 배제를 겨냥한 것이다. 방문하는 사람들에게 일상성을 허용하면 두근거리고 설레는 느낌을 잃어버리게 된다. 디즈니랜드는 철저한 일상성의 배제로 90%가 넘는 재방문률을 유지하고 있다.

• 구매의 초·중반기는 판단력이 작용한다

매장 레이아웃에서는, 구매의 시작과 중반 정도에 판단력을 요하는 상품을 배치하는 것이 포인트이다. 집중력의 저하와 피로의 축적, 시간의 절박감 등 시간이 지날수록 구매의욕과 판단력이 저하하기 때문이다. 구매의 시작 부분에는 기호성이 강한 상품과 화장품, 의류, 청과, 테마 진열, 계절상품, 고가 상품(다만, 입구 가까이 배치하면 자신이 이용하기에는 문턱이 높은 비싼 매장이라는 인상을 준다)을 배치하는 것이 좋다.

미국의 드럭스토어에서는, 제1의 주 통로에는 기호성이 강한 뷰티케어, 제2의 주 통로에는 어느 정도의 판단력을 요하는 대중약과 헬스케어를 배치한다. 그리고 제3의 주 통로와 제4의 주 통로에는 컨비니언스케어 상품인 식품과, 편리성이 높고 고객의 상품 선택이 까다롭지 않은 잡화 등을 배치한다.

③ 스토리가 있으면 구매하기가 쉽다

스토리가 있는 매장이면 구매가 쉽게 일어난다. 슈퍼마켓에서는 계절감이 풍부한 색과 향기가 넘치도록 충동성이 강한 청과를 입구에 배치하고, 그 뒤로 채소와 함께 조리하는 정육과 수산을 연속 배치해서 도중에 분위기가 끊어지지 않도록 하며, 마지막으로 갓 나온 먹거리 델리 상품과 반찬을 배치한다. 조리를 필요로 하는 상품군으로부터 그대로 먹을 수 있는 편의성이 높은 상품으로 흐르는 스토리이다.

④ 주 통로는 좌회전이 베스트

사람은 우측에 대한 관심이 강해서 우측에 놓인 상품이 손에 쥐기도 쉽다. 왜냐하면 90% 이상의 사람이 주로 쓰는 눈이 오른쪽이라서 우측으로 시선이 향하기 쉽고, 오른손잡이의 사람은 왼손으로 쇼핑바구니를 잡고 오른손으로 상품을 집기 때문이다. 이를 위해 주력 상품을 우측 벽면에 진열하고 고객의 관심을 끄는 것이 원칙이다.

또한 주 통로는 좌회전(반시계 방향)이 되도록 구성해야 한다. 왼손에 쇼핑바구니를 들었을 때 진열대 선반에 부딪히지 않고 구매하기가 쉽기 때문이다. 야구에서도, 육상경기에서도, 운동회에서도, 스포츠는 통상적으로 좌회전이다. 동그라미를 그릴 때 잘 쓰는 발과 팔로 균형을 잡으려고 많은 사람들이 어릴 때부터 습관적으로 좌측으로 돈다.

어느 텔레비전 프로그램에서 400미터 트랙을 여자 육상선수에게 달리게 했을 때, 좌측으로 돌게 한 것이 우측으로 도는 것보다 4초 가깝게 빨랐다. 오른손잡이는 왼발을 주축으로 해서, 잘 쓰는 오른발로 바깥쪽을 차면서 코너를 돌았기 때문이다.

⑤ 핵심 상품은 주 통로 주변에

주 통로 주변은 점포의 콘셉트를 표현하는 매장이다. 또한 주 통로에서 구매가 완료되면 이처럼 편리한 점포는 없다. 따라서 주 통로 주변에 핵심 상품을 진열해야 한다.

미국의 우수 슈퍼마켓과 드럭스토어는 제1의 주 통로를 '매그니피선트 아일(magnificent aisle, 매혹적인 주 통로)'라고 부르며 계절감 있는 색과 향기가 나는 상품을 진열한다. 제2의 주 통로는 '골든 아일(golden aisle, 황금의 주 통로)'이라고 불리며, 고객을 점포의 안쪽까지로 끌어들이는 목적구매성이 강한 상품을 배치한다. '컨비니언스 아일(convenience aisle, 편리한 주 통로)'로 불리는 제3의 주 통로는 편의성이 강한 상품군을 배치한다. 계산대 앞의 제4의 주 통로는 '임펄스 아일(impulse aisle, 충동의 주 통로)'라고 불러, 충동구매와 생각을 떠오르게 해서 구매하도록 하는 경우가 많은 상품군을 배치한다(〈표 35〉 참조).

⑥ 구매하기 쉬운 주 통로

통로폭의 원칙은 '오가는 사람들이 무리 없이 지나칠 수 있도록' 하

〈표 35〉 주 통로의 부문 배치

통로	슈퍼마켓	드럭스토어
제1 주 통로(매그니피선트 아일, 매혹적인 주 통로)	청과	뷰티케어
제2 주 통로(골든 아일, 황금의 주 통로)	정육·수산	헬스케어
제3 주 통로(컨비니언스 아일, 편리한 주 통로)	반찬	컨비니언스케어(식품)
제4 주 통로(임펄스 아일, 충동의 주 통로)	계산대 주변 상품	홈케어(잡화)

는 것이다. 여성의 평균 어깨폭은 약 50센티미터, 어깨를 내려뜨렸을 때의 신체폭은 60센티미터라서, 고객이 서로 스쳐서 지나가는 데에는 최소 120센티미터의 폭이 필요하다. 주 통로는 통로폭의 여유가 없으면 고객이 점포의 안쪽까지 돌아다닐 수 없기 때문에, 최소한 180~240센티미터의 너비가 기준이 된다.

대부분의 내점객이 다니는 제1의 주 통로는 다른 주 통로보다도 넓게 하고 계산할 고객으로 붐비는 계산대 앞의 제4의 주 통로는 최소 300센티미터를 확보하면 좋다. 특히, 고객으로 항상 붐비는 번창하는 점포에서는 충분한 너비의 통로를 확보해야 한다. 또한, 부통로의 폭은 주 통로의 70~80% 정도로 하는 것이 점포 전체의 밸런스상 적절하다.

기대감을 주는 진열대 앞 엔드

비슷한 종류끼리는 독자적인 색을 내기 어려운데, 이것을 '중첩현상'이라고 한다. 이 방식에 따르면, 팔고 싶은 상품과 소구하고 싶은 상품은 압도적인 볼륨으로 진열하고, 다른 것과는 구분되는 색상의 POP를 사용하는 등 눈에 띄게 하는 것이 필요하다. 그렇지 않으면 다른 상품과 구분되지 않고 뭔가를 기대할 수 있는 익사이트먼트(excitement)의 느낌이 부족한 매장이 된다. 슈퍼마켓이나 할인점에서 상품이 진열되어 있는 집기인 곤돌라(gondola)에는 주 통로와 접하는 진열대 양쪽의 끝이자 통로 쪽에서 보면 진열대의 앞이 되는 엔드(end)를 중요하게 생각하는데, 점포 안에서도 고객이 상품에 대한 기대감을 갖도록 강조하고 싶은 것을 진열한다. 그러면 이 진열대에서 엔드 진열의 포인트를 찾아 보자.

① 곤돌라 엔드의 3가지 역할

• 연출 매장

계절행사와 생활 제안을 테마로 하는 것으로, 매력적인 매장으로서 인상을 주어 계절적인 것을 통하여 전문성을 높였음을 어필한다.

• 회유성을 높이는 매장

곤돌라 엔드는 '제3의 마그넷(자석)' 이라고 불리며 고객을 상품이 진열된 곤돌라 안쪽으로 이끄는 기능을 한다.

• 판촉 매장

전단특매와 판촉행사를 해서 매력적으로 변화가 많은 매장을 어필한다. 언제나 같은 식상한 엔드 매대로는 고객을 놓치게 된다.

• 매출, 이익 확보의 매장

엔드 한 곳의 매출은 곤돌라의 일반 진열대 3~10칸에 해당될 만큼 효율이 높다. 항상 이익률이 높은 상품을 진열해서 매출과 이익을 적극적으로 확보해야 한다.

② 곤돌라 엔드에 진열하는 상품

곤돌라 엔드에는 적어도 다음의 조건을 만족시키는 상품을 진열해야 한다.

• **곤돌라 통로에 연관된 상품**

엔드에 진열하는 상품은, 연결되는 곤돌라 라인과의 연속성을 확보하는 것이 중요하다. 예를 들어, 구강 관련 상품이 진열된 곤돌라에 붙은 엔드에는 구강 관련 상품을 진열한다. 고객들은 엔드에 진열된 상품으로부터 뒤쪽 곤돌라 라인에 진열되어 있는 상품을 추측하기 때문이다. 엔드 상품과 뒤쪽으로 연결된 곤돌라의 상품이 연관성이 없으면 쇼핑하기 어려운 매장이 된다.

또한, 화장품 곤돌라에 연결된 엔드에 살충제를 진열하거나, 스낵을 진열한 엔드에 반려동물 상품을 진열하는 등 무신경하게 진열하는 드럭스토어를 발견할 때가 많은데, 고객은 이러한 점포에는 전문성이나 신뢰감을 느끼지 못하고 오직 상품 가격에만 관심을 갖게 되어, 결과적으로는 매출도 이익도 높일 수 없는 점포가 되어버린다.

• **인지도가 높은 상품**

엔드는 점포를 찾은 사람들이 매장의 이곳저곳을 돌아다니게 하는 회유성을 높이는 기능을 갖고 있지만, 진열상품의 인지도가 낮으면 고객의 관심이 상품으로 향하지 않아서 회유성이 저하된다. 따라서 신상품 등 화제의 상품 외에 인지도가 높은 로컬 상품(예들 들어, 지역을 대표하는 상품이나 지역 연고의 인기 프로 스포츠팀 상품) 등을 진열해야 한다. 인지도가 낮은 PB상품만으로 진열하는 것은 피하는 것이 좋다.

• **계절감 있는 상품**

엔드 상품으로 계절감을 연출해서 필요한 상품을 상기시키거나, 점포에서 실시하고 있는 행사에 어울리도록 분위기를 끌어올린다.

• **사용 빈도가 높은 상품**

화장지, 세제, 음료수, 스낵 등 사용 빈도가 높은 상품은 눈에 들어왔을 때 충동구매할 확률이 높다. 엔드 진열에 의해 상품이 눈에 쉽게 띄도록 지각력(知覺力)을 높여준다.

• **이익률이 높은 상품**

주목도가 높은 엔드는 충동구매의 기회가 크다. 가장 지각력이 높은 매장 입구 정면의 엔드에는 이익 확보를 겨냥해서 이익률이 높은 상품을 진열한다. 월그린에서는 계산대 앞을 이익 창출의 매장으로 해서 이익률 50% 이상인 상품을 진열한다.

월그린의 엔드 진열

월그린의 곤돌라 엔드 운영을 살펴보자.

① 엔드마다 요구되는 역할

월그린에서는 계산대 앞은 이익 확보와 행사 진열, 안쪽의 엔드는 고객 유도를 위한 디스카운트 상품, 조제실 앞은 약사에게 상담이 많은 헬스케어(감기약, 진통제) 상품, 가운데 통로는 회사가 앞으로 키우고자 하는 육성상품과 고객 유도상품으로 엔드의 역할이 정해져 있다.

② 엔드에 이익 목표를 부여

"엔드는 일반 상품 진열 부문 대비 3배의 이익을 올린다"가 이 회사의 기본적인 원칙이다. 이를 위해 엔드의 중요도에 대응해서 진열하는 상품을 선택한다. 각각의 엔드는 매장통과율과 상품이 눈에 들어오는 지각력을 고려해서 1~5포인트로 분류하고, 1포인트당 기준이익액이 결정된다(다만, 상품 매출에 따라 달라진다).

예를 들어, 통과객 수가 많아서 눈에 띄기 쉬운 전면 엔드는 5포인트다. 안쪽 통로와 가운데 통로, 구석의 엔드는 통과율과 상품이 눈에 띄지 않아서 지각력이 낮으므로 포인트가 낮은 편이다. 1포인트를 부여받는 엔드는 재고정리 '클리어런스(clearance)'와 '1달러 균일가 코너'로 활용되는 경우가 많다(〈표 36〉 참조).

점장은 주 단위로 엔드에서의 판매 실적을 확인해서 기준이익액에 미치지 못하는 엔드는 상품을 교체한다.

〈표 36〉 주당 판매 30만 달러 점포의 엔드 분류

엔드의 분류	기준이익액(달러)
1포인트	600
2포인트	1,200
3포인트	1,800
4포인트	2,400
5포인트	3,000

③ 오버레이 진열에 철저

싸게 특매하는 전단상품으로만 채우면 엔드의 이익률은 나오지 않는다. 특가 판매 화장지를 진열하는 경우, 정상가의 화장실 세제와 소취제 등을 함께 진열하는 오버레이(overlay) 진열을 철저히 해서 연관 구매의 촉진과 마진믹스(Margin mix)•를 강화한다.

④ 곤돌라 엔드의 측면 진열

엔드 진열대의 양쪽 측면은 경시하는 경향이 있는데, 엔드의 메인 진열상품에 1가지를 더 판다는 개념의 '플러스원(+1)' 판매를 겨냥하여 고정 집기를 설치하고, 정상 판매상품 코너와 어필상품 판매코너로 상품을 진열한다. 매장 관리가 엉성하면 결품이 일어나기 쉬우므로, 상품 보충진열에 주의하고 같은 자리에 같은 상품의 진열이 길어지면 고객이 싫증을 내게 됨으로 3개월 단위로 상품을 교체한다.

⑤ 이익이 큰 TLC 상품을 진열

TLC란, 템포러리 로우코스트(temporary low cost) 전략으로, 말 그대로 어떤 상품을 일정 기간 동안만 싸게 팔고 다시 원래의 가격으로 판매하는 전략이다. 3개월간 계속해서 할인가격으로 판매하는 상품인데, 이

•마진믹스(Margin mix)
고객들의 수요가 많은 특정 상품을 적은 마진으로 싸게 특매하고, 주변에 마진이 높은 연관 상품을 함께 팔아 양쪽의 마진을 합하여 판매상품의 평균적인 마진을 취하도록 하는 판매기법.

익률이 높은 상품을 활용한다. 장기간 할인하는 상품과 점장 추천 상품으로 해서 엔드 매대에 진열한다.

계산대 앞의 매대는 달러박스

미국에서는 계산대 앞의 진열대가 재조명되고 있다. 바쁜 고객들과 시니어 고객의 증가, 변화가 부족한 매장, 과도하게 압축한 상품구색, 구매시간의 단축 등의 이유로 고객이 점포 내 매장을 돌아다니는 시간이 감소하고 있다. 그렇지만 계산대는 대부분의 고객이 통과하는 곳이라 계산대에 붙어 있는 진열대의 중요성이 그만큼 커지고 있기 때문이다.

소매업의 점포 만들기는, 고객을 끌어들이는 역할을 한다는 의미의 제1 자석 매장의 벽면이나 제2 자석 매장의 주 통로 끝까지 고객을 유도하고, 제3 자석 매장의 엔드와 제4 자석 매장의 곤돌라 진열대 가운데를 활용해서 객단가를 높이는 것이 기본이다. 하지만 안타깝게도 고객은 실제로 점포의 기대대로 움직이지 않는다. 계산대 앞 진열대는 대부분 구매고객이 통과하는 곳으로, 매장 생산성(매출·이익)과 충동구매를 높일 수 있다. 이를 위해 담당자와 바이어가 함께, 고객들이 계산을 위해 대기하는 뒤쪽의 곤돌라 엔드 매대와 함께, 통로상에 상품을 쌓아올리는 섬진열로 제3의 자석 매장으로 만들고, 계산대 앞 진열대까지의 매출·이익 계획을 세워 중요 매출공간화하는 경우도 늘고 있다.

월그린에서는 매출 데이터를 분석해서 고객들이 보기 좋고 집기 쉽도록 진열대의 전면에 상품을 진열하는 페이싱(facing) 계획의 확대와

POP 부착 등으로 상품이 쉽게 눈에 띄도록 점포의 계산대 앞 매대를 운영하는 점포는, 해당 부문의 전체 점포 평균에 비해서 매출이 36%나 높은 것으로 알려져 있다. 이 회사는 통상적인 계산대 외에 조제실, 화장품 코너, 사진 코너의 점포 내 4개소에 별도의 계산대를 설치하고 있는데, 그 별도의 계산대 앞 진열대에서 일어나는 매출 합계를 상품 전체 매출의 5%로 목표를 세우고 있다.

또한 목표 달성을 위해 계산대 앞 진열대의 담당자를 지정하고, 식품과 잡화를 각 30%, 기타 상품을 40%로 진열해 관리하고 있다. '인지도와 판매력이 있는 것', '영업이익을 충분히 취할 수 있는 것', '회전율이 비교적 높은 것' 등 3가지 조건을 기본으로 상품구색을 갖춤으로써, 내점객에게 필요한 상품을 생각나게 하는 동시에 충동구매를 유도한다.

계산대 앞 진열대를 강화하는 방법

① 계산대 앞 진열대는 충동구매를 겨냥한다

계산대 앞 진열대는 충동구매 상품에 적합하다. '사놓지 않으면 안된다', '재미있을 것 같다'고 생각되는 상품을 진열한다. 반대로, 계산대 앞 진열대에 어울리지 않는 상품은 특가상품과 전단 게재 상품, PB상품 등 목적구매성이 강한 상품과, 고가 상품, 인지도가 낮은 상품 등이다.

② 입지와 고객층에 맞춘 상품구색

미국의 드럭스토어는 점포가 위치한 상권의 성격에 따라 핵심 고객층을 설정하고 구색을 결정한다. 계산대 앞 진열대도 타깃에 맞는 상품구색이 기본이다. 통상의 계산대 앞 상품에 더하여 관광객의 이용이 많은 다운타운에서는 기념품(토산품), 오피스 지역에서는 구취 예방 페퍼민트와 치아 화이트닝 상품, 주택가에서는 가정용품 등 입지 특성에 대응하는 상품구색을 강화하고 있다.

③ 계산대 운영시간에 맞춘다

대부분의 계산대가 운영시간이 같지 않다. 상시 개방하는 계산대가 있다면, 피크타임밖에 개방하지 않는 계산대도 있다. 그에 따라 계산대별로 통과 고객 수에 차이가 있고, 고객층이 한정되는 경우도 많다.

슈퍼마켓의 경우, 저녁의 피크타임에 개방하는 계산대 앞의 진열대에는 저녁과 야간에 필요한 상품을 진열할 필요가 있다. 델리 매장에 가까운 계산대 앞 매대는 직장여성의 이용이 많기 때문에 편의성이 뛰어난 상품과 고가격대의 상품을 진열해도 좋다.

④ 날씨의 변화에 대응한다

날씨, 기온 등의 변화에 따라 기동력 있게 매대를 변경하고 고객들에게 상품의 신선함을 최대한 소구하는 점포가 늘어나고 있다. 주간용, 야간용, 우천 시, 눈이 내릴 때, 더울 때, 추울 때 등에 사용하는 상품을 상황에 맞게 재빨리 매대를 변경하는 점포도 있다. 또한 계산대 앞 진열대는 부담 없이 집기 쉬운 가격대의 상품을 진열하는 것이 일반적이지만, 습관적인 영업에서 벗어나기 위하여 40달러 정도 고가의 핫(hot)한 신상품을 진열하는 점포도 눈에 띈다.

⑤ 계절감에 대응한다

'계산대 앞 진열대에는 무조건 상온 상품'이라는 고정관념에 사로잡히지 않고, 계절에 따라 고객들이 즐겨 찾는 뜨거운 상품이나 차가운 상품을 진열하는 점포도 늘어나고 있다. 여름에는 소형 냉장·냉동 케이스를 배치해서 차가운 청량음료와 아이스크림을 진열하고, 겨울에는 온장케이스를 설치해서 따뜻한 도넛과 뜨거운 캔커피 등을 진열해서 충동구매를 촉진한다.

⑥ 계산대 앞의 '종말잔존효과'

어느 정도 훌륭한 점포 구성과 상품구색, 좋은 가격을 갖춘 점포라고 해도, 구매행위의 마무리가 되는 계산대 앞 진열대의 상품 정리정돈 상태, 그리고 계산원의 접객 태도에 따라 고객의 인상이 결정된다. 이 과정에서 고객들은 다시 내점할 것인가 아닌가를 결정한다. 이것을 심리학에서 '종말잔존효과(終末殘存效果)'라고 부르는데, 마지막으로 보고 듣는 것이 강한 인상을 남긴다는 뜻이다. '끝이 좋으면 전부가 좋다'는 말도 같은 의미일 것이다. 미국에서 성공하는 소매업체는, 계산대에 뛰어난 직원을 배치해서 계산대 주변의 정리정돈과 계산 대기시간 관리 등 고객의 상황에 세심한 주의를 기울이고 있다.

⑦ 독특한 계산대 앞 진열대 운영

반대로 뭔가를 줄여서 계산대 앞 진열대를 활성화하고 있는 사례도 있다. 동부 지역의 대표적인 슈퍼마켓 웨그먼즈의 '노 캔디 계산대'이다. 캔디는 계산대 앞 진열대에서 빠질 수 없는 진열 상품이지만, 어린이의 눈에 띄지 않게 하고 싶은 엄마들의 마음을 읽고 아이를 동반한 엄마를 겨냥한 '노 캔디 계산대'를 운영하고 있다.

스튜레너드에서는 계산대 상단에 텔레비전을 설치해서 뉴스 프로그램을 틀어놓거나, 대기열이 길어졌을 때 먹거리의 샘플링 시식행사를 하기도 하고, 직원이 고객에게 말을 거는 등으로 계산 대기고객의 스트레스를 풀어준다.

트레이더 조에서는, 알로하(Aloha) 셔츠를 입은 쾌활한 계산원이 "오늘은 날씨가 좋네요", "어제 UCLA 풋볼팀 시합은 정말 좋았어요"와 같은 말을 고객에게 반드시 소리를 내어 건넨다. 점포의 계산대마다에는 그 지역의 유명한 거리 이름(마켓스트리트, 반네스스트리트 등)을 붙여놓아 고객의 지역의식을 자극한다.

또한 계산대의 고객을 순서대로 공정하게 안내하기 위해, 항공사의 카운터처럼 일렬로 세운 후 순서대로 빈 계산대로 안내하는 점포도 늘어나고 있다. 홀푸드에서는 알파벳 순서로 된 계산대기 라인에 고객을 줄 세우고 모니터 화면과 안내방송으로 순서가 되는 계산대로 안내를 한다.

POP는 '사일런트 컨시어지'

'사일런트 컨시어지(silent concierge)'.* POP를 말한다. POP란 'Point of Purchase(구매시점광고)'의 약자이다. 셀프서비스 점포에서는 대면 판매직원을 대신하여 POP가 'See Me, Touch Me, Feel Me(저를 보고,

저를 손으로 집어보고, 제가 좋다는 것을 느껴주세요)' 라고 조용히 소리를 내고 있는 것이다.

구매를 하는 고객은 1분간 300개 이상의 상품 앞을 지나친다. POP는 수많은 상품 중에서 고객의 관심을 끌게 함으로써 진열된 상품을 인식하도록 하고 상품정보를 제공한다. 미국의 한 조사에 의하면, 가격소구와 상품정보 제공을 하는 POP가 매출의 효과를 높인다고 한다(〈표 37〉). 또한 비영리 마케팅단체인 POPAI•의 조사에 의하면, POP 부착에 의한 충동구매율은 20% 정도에 이른다고 한다(〈표 38〉).

거리를 덮고 있는 간판과 포스터, 도로 사인, 쇼윈도. 집과 사무실에 넘쳐나는 텔레비전과 라디오, 신문, 잡지, 인터넷, 다이렉트 메일, 전단. 점포가 내보내는 POP와 점내방송, 점내 텔레비전과 비디오. 우리 주변에는 다양한 미디어를 통한 방대한 양의 정보가 넘쳐난다. 이것들을 전부 처리하려고 한다면 시간과 에너지가 아무리 많아도 부족하다. 지금의 시대는 정보를 처리할 수 없는 '정보의 홍수상태'라고 할 수 있다.

이 때문에 인간은 정보를 차단하는 심리적 행동을 취한다. 요컨대 정보를 받아들이지 않는다는 것이다. 따라서 매장에 넘치는 POP에 고객이 점차 관심을 보이지 않고 POP는 없는 것과 같이 되어버렸다.

미국의 소매업도 일찍이 일본과 같이 POP가 매장에 넘쳤었다. 하지

• **컨시어지(concierge)**
호텔 로비에서 종합안내를 담당하거나, 저택에서 집사의 역할을 하는 사람을 뜻하는 말로, 여기서는 업무를 대신하는 역할의 의미.
• **POPAI**
Point Of Purchase Advertising International의 약자.

〈표 37〉 POP에 의한 매출효과

상품 POP	18% 증가
상품정보 사인	33% 증가
특별가격 사인	124% 증가
전단상품의 사인+특별가격 사인	194% 증가

〈표 38〉 POP와 충동구매의 관계

상품	충동구매율(%)
화장품	23
담배	13
의약품	25
가정용 잡화	23
여성위생용품	18
남성화장품	24

만 최근에는 그 수가 줄어서 반드시 소구하고 싶은 상품에만 POP를 부착하게 되었다. POP의 범람을 역효과로 간주해서 곤돌라 1대에 7개까지로 제한하는 원칙을 정한 기업도 있다.

또한 우수한 소매업체는 POP의 활용을 다음과 같이 정의한다.

① 과도한 POP는 없는 것과 같다.

② 잘못된 POP는 신뢰성, 전문성을 손상시킨다.

③ 눈이 나쁜 사람과 영어를 읽지 못하는 사람을 위해서 그림과 사진을 자주 이용한다.

트레이더 조와 홀푸드, 퍼블릭스(Publics) 등의 유명 슈퍼마켓에서는 생선 매장에 흑판과 백색판에 컬러펜으로 쓴 POP를 설치한다. 이 흑판과 백색 칠판은 언제든 지우고 새로 쓸 수가 있어, 상품이 입하되자마자 추천상품 내용을 쓰고, 다 팔리고 나면 바로 지우고 새로운 상품을 소개함으로써 항상 신속한 정보를 전달할 수 있다.

POP 만들기는 다음과 같은 점을 주의해야 한다.

① 1초 안에 눈에 확 띄게

가장 중요한 것은 고객의 눈에 '확' 하고 띄는 것이다. 빛나는 소재, 눈에 띄는 색상이나 형태로 만드는 것도 그런 이유이다. 반면 과도한 POP는 오히려 무시될 수 있다. 임팩트 있는 단어를 사용해서 소구하고 싶은 정보에 형식을 맞춰야 한다. 짧은 시간에 기억이 가능한 단어 수는 잘해야 7개 정도다.

② 15초 안에 읽을 수 있는 내용으로

고객은 POP를 스쳐지나가는 순간 보게 된다. 흥미를 끌더라도 단기 기억으로서 머리에 머무는 고작 시간은 15초 정도여서, 그 범위 내에서 읽을 수 있는 있는 정보량밖에는 기억에 남지 않는다. 심리학자 밀러의 실험에 의하면, 처리해야 할 정보가 많은 만큼 틀릴 확률도 높다고 한다. 과다한 정보는 오히려 혼란을 초래해서 구매를 어렵게 하는 것이다.

미국에서는 3S(Simple, Straight, Strong)를 기본으로 POP 내용을 구성한다.

- Simple: 소구하고 싶은 것으로 압축
- Straight: 고객의 마음에 바로 꽂히는 임팩트 있는 단어를 사용
- Strong: 강렬하고 생기 넘치는 POP

임팩트가 강한 단어는 고객으로부터 객관적인 사고력을 빼앗는다. 미국의 슈퍼마켓은 신선함을 강조하는 상품에 "Just Arrived(지금 막 도착했습니다)"라는 POP를 붙이기도 한다. 냉정하게 생각하면, 대부분의 상품은 도착 당일이나 그 전날 도착한 것에서는 신선도에 별다른 차이가 없지만, 고객은 "Just Arrived"라는 표현에 끌려 구입한다. 이것은 심리학에서 이야기하는 일종의 '프레이밍 효과'로, 고객에게 선입관을 갖게 해서 구매로 연결되도록 하는 것이다.

③ 위협적인 내용으로의 접근은 금물

POP는 사람의 기분을 밝게 하는 내용으로서 행복함을 느낄 수 있게

〈표 39〉 드럭스토어의 3S

3S	내용
Specialty (전문성)	건강과 미용의 전문성. 최근에는 점내 클리닉의 도입과 예방접종의 실시로, 헬스케어 솔루션을 지향한다. 뷰티케어에서는, 미용전문가에 의한 피부 진단부터 카운슬링, 메이크업, 아이브로우, 헤어세트, 메니큐어에 대한 상담을 제공
Speed (편리성)	퀵쇼핑을 가능하게 하는 편리성. 소상권, 장시간 영업, 단시간 쇼핑을 가능케 하는 점포 크기와 레이아웃. 최근에는 인터넷쇼핑 기능을 추가해서 옴니채널화 함
Service (접객성)	'고객님'으로 만들어주는 접객. 충성고객 프로그램의 도입에 의해 상권 고객에 맞춘 상품구색과 서비스 제공

하는 긍정적인 표현이 좋다. 인간은 몸에 닿거나 눈에 보이는 것을 있는 그대로 지각하지 않는다. 자신의 상황에 좋은 정보만을 받아들이고 나쁜 정보를 배제하는 자기방어본능이 있다. 따라서 공포감이 지나치게 크면 듣는 내용을 무시하거나 과소평가하는 심리가 작동한다. 긍정적인 표현이 POP와 카운슬링의 효과를 높여준다.

④ 기분 좋게 들리는 표현을 사용

같은 내용이라도 사용하는 방법에 따라 말의 느낌이 다르다. 지방 함량을 표시할 때, "20% 지방 함유"와 "80% 지방 불포함"에서 고객은 후자를 긍정적으로 받아들인다. 실제로 "80% 지방 불포함"이라고 POP를 부착한 상품이 더 잘 팔린다.

양해를 구할 때도 같다. 슈퍼마켓 랠프스에서는, 금연에 대해 당부할 때 "담배를 피우지 말아주세요"라는 직접적인 말보다는 "금연에 협조해 주셔서 감사합니다"라는 유연한 표현을 사용한다. 의미는 같지만 고객에게 전해지는 인상은 완전히 다르다.

'설레는 느낌'이 있는 매장

고객은 기분 전환과 즐거움도 기대하며 내점한다. 소매업은 편리함을 우선하는 인터넷판매에 대응하여, 시식과 체험 등을 통한 설레는 느낌의 매장으로 차별화를 꾀할 필요가 있다.

점포는 즐겁지 않으면 갈 맛이 나지 않는다

구매를 즐긴 고객의 70%가 다시 그 점포를 이용한다고 알려져 있다. 하지만 일찍이 견실하다고 알려진 대형 체인점이 실적 부진으로 어려움을 겪는 사례가 꽤 있다. 그 이유는 효율성을 우선적으로 추구함으로써 '즐거운 점포 만들기'에 태만했기 때문이다.

또한 이런 점포도 문제가 없는 것처럼 보인다. 정리정돈도 잘돼 있고 깨끗하다. 사인과 POP도 바르게 부착되어 있고 잘 팔리는 상품을 중심으로 균형 잡힌 구색을 갖추었으며 접객도 매뉴얼에 따라 이루어지고 있다. 하지만 고객 공감을 부르는 따뜻함이 없어서 뭔가 빠진 느낌이다.

일찍이 주목받았던 미국의 슈퍼마켓 앨버트슨(Albertson)이 이에 해당된다. 마치 아무 맛이 없는 음식처럼 무미건조하고 획일적인 느낌이다. 효율만을 추구하는 점포 구성은 결국 고객의 이탈을 부른다. 그 회사는 곧 매각되었다. 할인점 K마트와 GMS(종합양판점)인 시어스(Sears)도 역시 마찬가지였다.

물자가 부족한 시대에는 생존욕구에 대한 니즈가 강해서 효율을 우선하는 비즈니스라도 무방했지만, 지금은 다르다. 물자가 여유로운 시대에는 물건만이 아니라 '즐거움'이라는 부가가치도 함께 제공해야 한다. 물건만 판매하는 점포는 필요한 때밖에는 가지 않는다. 즐거운 점포에는 기분 전환도 하고 여가를 보내기 위해 들렀다가 상품도 사가는 것이다.

홀푸드와 퍼블릭스, 웨그먼즈와 같은 대형 슈퍼마켓, 그리고 비교적 작은 규모의 매장인 스튜레너드, 브리스톨 팜, 트레이더 조, 드럭스토어인 CVS 헬스, 홈패션업체 베드배스 앤 비욘드 등 고객의 높은 지지를 받는 업체는 예외 없이 매장 안이 즐겁고 익사이팅하다.

또한 미국의 드럭스토어는 지금까지 전문성(Specailty), 편리성(Speed), 접객성(Service)의 '3S'를 중시해왔지만, 이제 '엔터테인먼트성(Show)'을 더해 '4S'로 바뀌고 있다. 인터넷판매의 확대에 대응하여 오프라인 점포에는 '설레는 느낌의 접객과 환대'가 요구되기 때문이다.

소매업은 판매자의 논리에 의해 효율적으로 '판매하는 곳'에서 벗어나 고객이 사기 쉬운 '사는 곳'으로 진화했지만, 그것도 이미 시대에 뒤떨어졌다. 이제는 고객을 즐기게 함으로써, 고객을 점포로 유도하고 시간과 돈을 소비하도록 하는 환경을 제공해야 하는 때가 된 것이다.

즐거운 점포 만들기는 실적을 높인다

즐거운 점포 만들기는 고객을 점포로 불러오는 것만이 아니라 매출과 이익도 향상시킨다. 머무는 시간이 길어짐에 따라 매출과 이익이 늘기 때문이다. 점포 분위기로 인해 매출이 20% 정도 변화는 것은 보통이다.

시간에는 물리적 시간(시계가 가는 시간)과 인식시간(인간이 느끼는 시간)의 2가지가 있다. 사람은 무엇을 하고 무엇이 일어났는가에 따른 시간을 기억하는 경우가 많은데, 그래서 인식시간이 중요하다. 기다리게 하거나 차가 지체하는 경우에는, 같은 30분이라도 길게 느낀다. 흥미가 없는 수업도 마찬가지이다. 반대로 연인과 보내는 즐거운 시간이나 게임에 열중하는 시간은 눈 깜짝할 사이에 지나가버린다. 구매도 같다. 쇼핑을 하면서 '벌써 시간이 이렇게 됐나?' 하고 느끼면 즐거운 구매를 하고 있을 때이다. 즐거운 시간은 짧고 지루한 시간은 길게 느껴진다.

미국의 마케팅 회사의 '익사이팅한 분위기가 구매행동에 어느 정도의 변화를 일으키는가'에 관한 조사에서도 같은 결과를 볼 수 있다. 이 조사에서는, 구매하기 전에 피실험자로부터 예정한 구매시간과 구입예산에 대해 미리 듣고, 구매를 시작하고 15분 후에 어느 정도 즐겁고 익사이팅한 상태일까를 10점 만점으로 평가하도록 했다. 그 결과, 익사이트먼트 평가가 높은 사람일수록 실제 구매시간이 늘어나고 구매금액도 높았다.

따라서 '즐거울 때는 시간이 짧다고 느낀다'는 심리를 응용해서 고객이 즐겁게 느끼는 점포 만들기와 판촉, 접객을 하는 것이 중요하다. 그 중 하나가 행사다. 미국의 소매업은 계절별 행사를 중요하게 생각해서, 구매의 즐거움과 비일상성의 연출에 힘쓰고 있다. 예를 들어 월그린에서는 52주 판촉 프로그램으로 행사를 스케줄로 만드는데, 1년 전부터 기획해서 제조업체와 벤더의 협력을 얻어 이벤트 행사를 진행한다(〈표 40〉 참조).

일본 가정에 정착된 행사는 크리스마스, 정월(신년), 어린이날, 히나마츠리(ひな祭り),• 어머니날, 아버지날 정도지만, 할로윈의 수요도 점차 늘어나고 있고 앞으로는 부활절도 큰 행사가 될 것 같다.

• 히나마츠리(ひな祭り)
3월 3일, 일본에서 여자아이의 무사함과 성장을 기원하는 축제.

〈표 40〉 월그린의 연중행사

시즌	종류	시기
겨울	크리스마스 세일 화이트 세일 발렌타인데이 성패트릭데이(St. Patrick's day)	11월 초순~12월 24일 12월 25일~1월 중순 1월 중순~2월 14일 3월 초순~3월 17일
봄	부활절(Easter) 베이비 주간 어머니날	3월 중순~4월 중순 4월 초순~4월 하순 4월 중순~5월 중순
여름	졸업 시즌 아버지날 6월의 신부(June Bride) 독립기념일 화이트 세일 서머 바겐세일(Summer Bargain Sale)	5월 초순~6월 중순 6월 초순~6월 하순 6월 중순~6월 하순 6월 중순~7월 4일 7월 5일~7월 중순 7월 초순~8월 중순
가을	백 투 더 스쿨(Back to the school) 할로윈(Halloween) 추수감사절(Thanks Giving Day)	8월 중순~9월 중순 10월 초순~10월 31일 11월 초순~11월 하순

익사이팅한 점포 만들기

홋카이도(北海道) 아사히카와(旭川) 소재, 일본 최북단의 동물원인 아사히야마(旭山動物園) 동물원은 연간 방문객이 한때 300만 명을 넘어선 인기 동물원이다. 그 후, 방문객 수는 다소 감소했지만 아직까지도 탄탄한 인기를 누리고 있다. 그러나 이 아사히야마 동물원도 1996년에는 방문객이 26만 명까지 떨어져 문을 닫을 위기에 처했던 때가 있었다. 과연 어떻게 해서 그 위기를 벗어날 수 있었을까?

그 커다란 이유로, 현장감 넘치는 환경을 꼽을 수 있다. 아사히야마 동물원은 '행동표시'라는 방침을 내걸고 동물의 생태와 야생에서의 행동을 그대로 보여주는 계획에 공을 들였다. 예를 들어, 유리창 너머로 물속을 수영하는 백곰이 보이고, 투명 캡슐 안에서 보면 백곰의 걷는 모습이 손에 잡힐 듯하다.

오랑우탕은 식사 시에 우물우물 먹이를 먹으며 울타리가 없는 높은 공중회랑을 어슬렁거리고, 펭귄이 동물원 안을 뒤뚱거리며 걸어다니기도 한다. '침팬지의 숲'에서는 스카이브리지 아래에서 관람객들이 침팬지의 행동을 가까이 볼 수 있고, 동물원을 구경하다가 호랑이의 오줌에 맞을 수도 있다. 기린이 죽었을 때에는 추모의 예를 갖춰 어린이들에게 생명의 중요함을 가르치기도 한다.

이러한 현장감은 관광객들에게 강한 인상을 주었다. '보고(See Me)', 동물의 생태를 가능한 한 생생하게 보고, '손으로 만져보고(Touch Me)', 동물을 접촉하거나 만질 수 있을 정도로 가까이 가고, '느끼고(Feel Me)', 동물을 느껴본 결과 방문객이 몰려들어 '구입해서(Buy Me)'로 연결되었던 것이다.

이와 같은 일이 소매업에도 일어난다. 구매행동에서 이성과 비이성의 비율이 최저 1 대 9로 알려질 정도로, 비이성적인 힘은 압도적으로 크다. 따라서 점포 입구에서 되도록 비이성적으로 강하게 느끼도록 소구하는 것이 판매력을 높이는 열쇠이다.

사물을 판단할 때 인간은 오감(시각, 청각, 촉각, 미각, 후각)을 움직여 대뇌에 정보를 모은다. 이것은 자신을 환경에 적응시키기 위해 뇌가 자연적으로 행하는 것인데, 그중에서도 시각이 가장 크게 작용한다.

예를 들어, 점포 입구가 지저분하면 '이 점포 괜찮을까?', '상품도 안 좋은 것이 아닐까?'라는 인상을 받고 그 점포를 멀리하게 된다. 또한, '왠지 모르게 불쾌하다'라는 것은 동물적인 직감에 의한 것으로 사람의 감정에 빠르게 전해진다. 감정에 의한 비이성의 평가가 이루어진 다음에, 상품구색과 가격 등에 대한 이성적 평가가 행해진다. 최초에 '느낌이 나쁘다'고 인식되는 점포를 번창하게 만드는 것은 무척이나 어려운 일이다. 그 정도로 점포의 분위기는 고객의 구매행동에 영향을 미친다.

그러므로 앞에서 말한 후광효과(hallo effect)가 중요하다. 점포로 말하면, 맛있을 것 같은 가게는 상품을 먹기 전부터 '맛있겠다'라는 인상을 갖는다. 반대로 처음부터 맛이 없을 것 같은 가게는 모든 것이 맛없게 느껴지는 것이다.

스튜레너드의 익사이트먼트

슈퍼마켓 스튜레너드는, 매장 입구에 들어서면 언제나 "와우!(대단해!)" 하고 놀랄 정도로 주변 환경을 만들어 고객들을 즐겁게 해준다. 주차장에 있는 미니 동물원에서는 닭, 거북이, 장어 등이 고객을 맞아준다. 점포 입구의 조형물에는 다음과 같은 기업의 신조가 새겨져 있다.

원칙 1　고객은 항상 옳다.

원칙 2　만일 고객이 틀려도, 우리들은 원칙 1로 돌아간다.

이런 다짐은 고객을 안심시킨다. 프랑스 파리에서 제빵을 공부한 레너드 회장의 장녀가 점포 내에 베이커리를 열었다. 즉석에서 만드는 빵 냄새가 고객의 코를 자극한다. 유제품 매장에서는, 우유팩의 모형물이 노래를 부르고 춤을 추며, 2.5미터의 '행크'라는 이름을 가진 개 모양의 인형이 바나나를 머리에 쓰고 기타를 치며 컨트리뮤직을 연주한다.

할로윈에는 주차장에 꽃으로 집을 만들고 많은 직원들이 분장해서 고객들을 즐겁게 해준다. 크리스마스에는 점포 전체가 크리스마스 분위기로 단장하고 입구에서는 합창단이 크리스마스 캐럴을 부르며 분위기를 띄운다.

이 점포가 항상 활기로 넘치는 이유는 퍼포먼스 때문만은 아니다. 주력상품의 품질이 월등하고 언제라도 샘플 시식이 가능하며, 직원들이 청결하고 센스 있는 유니폼 차림으로 활기차게 일하는 것도 매장을 즐거운 구매공간으로 만든다.

"번성하는 점포의 공통점은 고객의 우뇌에 호소하는 즐거움." 하버드 비즈니스스쿨은, 조사결과에 근거해서 번성하는 점포의 조건을 이렇게 결론 내렸다. 아사히야마 동물원과 스튜레너드의 큰 성공은 바로 그것을 증명하는 것이라고 할 수 있다. 즐거움과 익사이팅한 점포 만들기가 21세기 비즈니스 성공의 열쇠를 쥐고 있는 것이다.

점내 이벤트를 하는 홀푸드

미국의 소매업은, 고객의 내점 빈도에 맞추어 무엇인가 이벤트를 항상 실시한다. 고객의 평균 내점 빈도가 주 1회인 드럭스토어는 매주 캠페인 내용을 바꾸고, 고객들이 한 주간에 여러 번 찾는 슈퍼마켓은 빈번하게 캠페인을 전개한다. 점내의 분위기와 행사가 지난번 방문 때와 같으면 고객은 싫증을 내기 때문이다.

홀푸드도 고객의 특성과 점포 규모에 맞춘 캠페인을 실시하는데, 그들의 대처방법을 살펴보자.

① 살 것이 없어도 고객을 오게 하는 방법

구매를 위한 것만의 점포는 구매의 이유가 없으면 내점하지 않는다. 홀푸드는 요리교실과 세미나, 파티 등 구매 이외의 목적을 만들어 고객의 내점 기회를 늘리고 있다.

② 요리교실에 참가해서 물건도 산다

구매 이외의 이유로 내점한 고객도, 점내를 이동하는 동안 필요한 물건이 생각나서 구매를 하거나, 또한 구매할 생각이 없었는데도 충동구매를 하게 되는 경우가 있다. 따라서 요리교실 시간에 사용하는 식자재와 식칼, 냄비, 식기류도 구입할 기회가 그만큼 높아진다.

③ 이벤트의 참가로 신뢰를 높인다.

프로 셰프의 조리를 가까이서 보고 그 요리를 먹어보게 되면 셰프에 대한 친근감과 신뢰가 생긴다. 영양사와의 개별 상담도 점포에 대한 신뢰를 높인다.

④ 기분 전환을 위해 점포를 찾는 고객을 활기차게 맞이한다

기분 전환을 목적으로 내점하는 고객도 많은데, 이런 고객은 즐겁고 활기 있는 점포를 선택한다. 갭(GAP) 등의 의류업체와의 협력으로 열리는 패션쇼에서는, 고객 자신이 모델이 되어 점포를 활기차게 만들고 친밀감을 높인다.

⑤ 종업원과의 친근감을 높인다

요리교실에서 셰프에게 친근감이 생기면 요리에 대해 편하게 질문할 수 있다. 소믈리에 자격을 가진 스태프가 강의하는 와인시음회에서는 새로운 와인과 치즈의 훌륭한 궁합을 배울 수 있다.

⑥ 커뮤니티의 친근감을 높인다

점포에서 개최되는 파티를 통해, 참가자 간에 서로 교류하고 사귈 수 있다. 다음 파티의 참가를 약속하는 등 홀푸드는 사람의 연결을 중개한다. 요리교실과 여러 강좌가 열리는 라이프스타일센터는, 이벤트가 없을 때에는 생일과 결혼식 파티 등 고객의 다양한 모임 장소로 제공된다.

미국인은 파티를 좋아하지만, 맞벌이가 늘어나면서 파티 주최자에게는 집안 장식과 요리 준비, 뒷정리가 부담스럽다. 집도 예전처럼 크지 않아 파티를 열기에는 비좁다. 라이프스타일센터에는 요리와 디저트, 식기 등이 갖춰져 있어서 뒷정리도 따로 안 해도 된다.

〈표 41〉은 홀푸드 시카고 사우스루프(South Loof)점 행사계획이다.

〈표 41〉 시카고 사우스루프점 행사계획

행사 프로그램	시기	프로그램 내용
1. 선데이 브런치	매주 일요일 12시	셰프 스테이시(Stacy)가 만드는 브런치를 1인 8달러에 제공. 장소는 당 점포 라이프스타일센터
2. 키즈 인 더 키친	매주 토요일 12시	7~12세의 어린이를 라이프스타일센터에 맡김. 셰프 스테이시(Stacy)가 어린이들과 즐거운 요리교실을 개최. 참가비는 15달러로 사전 신청이 필요. 어린이에게 요리의 즐거움과, 어릴 때부터 바른 식생활을 하는 식사방법을 요리교실을 통해서 가르침.
3. 틴즈 쿠킹 클래스	매주 금요일 오후 1시 30분 ~2시 30분	셰프 스테이시(Stacy)가 가족과 함께 먹을 수 있는 맛있는 식사메뉴를 10대 어린이들에게 가르침. 참가비는 20달러로 사전 신청이 필요. 부모가 일하는 가정이 많아서 어린이들이 스스로 식사를 만들 수 있도록 가르침.
4. 펑키 프라이데이	매주 금요일 오후 5~8시	매장의 스페셜티 부문으로 맥주, 치즈 샘플과 디제이가 음악을 들려주는 익사이팅한 매장 파티. 주말 금요일에 사람들이 모여서 음악과 대화를 즐김. 만난 적이 없는 사람들이 서로를 알게 되는 기회임.
5. 로컬 비어 페스티벌	10월 2일(토) 오후 1~4시	맥주가 맛있는 10월에 맥주축제를 열어 각종 로컬 맥주와 치즈를 소개. 참가비용은 무료. 로컬 기업을 응원하고, 또한 점포도 로컬 이미지를 보여줌으로 지역 밀착을 꾀함.
6. 알덴테 파스타 데몬스트레이션	10월 2일(토) 오후 1~4시	로컬 파스타 회사인 알덴테 파스타사의 파스타 요리 혹은 기타 요리의 시연과 시식. 참가비용은 무료. 로컬 기업을 응원하고, 또한 점포도 로컬 이미지를 보여줌으로 지역 밀착을 꾀함.
7. 28일간의 커스터머 챌린지	10월 3일(일)	건강한 식생활 스페셜리스트 베키 바우웰(Becky Bauwel)과 보니타 킨들(Bonita Kindle)이 '당신의 28일간의 건강한 식생활과 피트니스' 목표를 가르침. 참가비는 15달러지만, 'Health Starts Here Supper Club' 디너 식사권, 초보자용 조리세트, 미니쿠킹 클래스, 그리고 15분간의 컨설팅이 포함됨.
8. 아시아 생선회 먹기 클래스	10월 5일(화)	생선초밥, 생선회, 김치, 메밀에 관한 역사와 먹는 방법 등을 가르침. 참가비는 1인 10달러. 인기 있는 생선초밥 등 에스닉(ethnic) 푸드을 알게 하고 사람들의 식생활을 풍성하게 함.
9. 〈현대의 자연환경〉 영화 상영	10월 6일(수)	컬럼비아 컬리지에서 영화가 상영되고, 스낵은 홀푸드가 제공. 참가비는 10달러. 홀푸드가 유기농과 에코(eco)에 높은 관심을

행사 프로그램	시기	프로그램 내용
		갖고 있음을 고객들에게 PR함.
10. 글루텐 알레르기 그룹 모임	10월 7일(목) 오후 7시	글루텐 알레르기를 가진 사람과 가족에 대하여, 글루텐 프리의 생활을 어떻게 하면 좋은가를 지도함. 알레르기 체질을 가진 사람의 식생활 교육을 실시함.
11. 커플 쿠킹 '빠르고 간단하게 만드는 평일 디너'	10월 8일(금) 오후 7시	피곤한 몸으로 퇴근한 후 힘든 식사 준비를, 셰프 스테이시(Stacy)가 빠르고 간단하게 만들 수 있는 맛있는 디너의 조리방법을 교육. 참가비용은 커플당 100달러. 만든 식사를 그 자리에서 먹을 수 있음. 바빠도 정확한 식생활을 할 수 있는 비법을 가르쳐줌.
12. 키친 오픈하우스	10월 15일(금)	셰프 스테이시(Stacy)가 실제로 요리하는 장면을 견학하고, 또한 요리된 먹거리를 시식. 스테이시의 요리교실 내용도 소개함.
13. 사우스루프 서퍼클럽	10월 19일(화) 오후 6시	건강한 식생활 스페셜리스트 베키 바우웰(Becky Bauwel)과 보니타 킨들(Bonita Kindle)이 가을에 수확한 식재료로 만든 5종류의 풀코스 요리를 소개. 참가비용은 15달러. 외부의 요리전문가를 초빙해서 바른 식생활 방법을 가르쳐줌.
14. 할로윈 키즈 워크숍	10월 20일(수) 오후 6시 반~8시	할로윈 저녁식사를 어린이들과 함께 만듦. 참가비용은 무료. 어린이들과 할로윈 식사를 만드는 것으로 가족과의 유대감을 높이고 즐거운 추억을 만듦.
15. J-def 재즈 트리오 연주	10월 20일(수) 오후 6~8시	점내에서의 재즈 연주. 재즈를 좋아하는 사람들이 점내에서 샘플을 시식하고 마시며 즐김.
16. 가을 패션쇼	10월 21일(목)	갭(GAP), 바나나 리퍼블릭(Banana Republic), 올드 네이비(Old Navy), 1969 Jean 등의 협력으로, 그들의 가을 패션을 점내에서 소개. 참가자는 추천으로 작품을 받을 수 있음. 고객이 모델이 되고 점내에 활기와 즐거움을 연출함.
17. 뷰티 푸드	10월 26일(화)	자연식 전문 셰프 아만다 스크립(Amanda Scrip)에 의한 미용에 좋은 먹거리와 메뉴 소개. 실제 요리된 음식을 시식. 참가비용은 25달러. 미용에 관심이 높은 사람에게 올바른 식습관을 교육함.
18. 초보자 쿠킹스쿨	10월 29일(금) 오후 7시	셰프 스테이시(Stacy)가 요리의 기본과 테크닉, 그리고 간단한 레서피를 가르쳐줌. 이어서 점포 투어 시에 요리를 위한 적절한 도구를 소개함. 참가비용은 40달러. 요리의 즐거움을 통해 먹는 방법을 가르침.

오감에 소구하는 MD

매장에 즐거움을 가져다주는 '색의 힘'

매장에 어떤 색을 사용하는가는 매출과 고객 수에 큰 영향을 미친다. 미국의 소매업은 '파워 오브 컬러(Power of Color)'라고 불릴 만큼 색채 전략을 중시한다.

미국의 드럭스토어가, 화장품 코너에 젊음과 회춘을 상징하는 핑크색을, 약품 매장에는 치유의 이미지인 초록색과 파란색, 그리고 청량음료 매장에 차가운 이미지의 파란색을 사용하는 것도 상품 부문별로 이미지에 맞는 색을 사용함으로써 해당 상품 부문을 찾기 쉽게 하고 충동구매를 유도하기 위함이다. 그러면 색이 갖고 있는 힘에 대하여 살펴보자.

① 알아두고 싶은 색의 기초지식

인간이 판단 가능한 색은 1,000만 가지라고 하며, 그것들은 '색상', '명도', '채도'로 구분할 수 있다.

• 색상

색상이란 빨강, 노랑, 파랑이라고 하는 색을 말한다. 빨간색을 시작으로 색조의 색상순으로 늘어놓으면 다시 빨간색으로 되돌아간다. 이것을 '색순환'이라고 하며, 180도 반대쪽에 있는 색들을 '보색관계에 있다'고 한다.

보색관계의 색은 서로를 북돋는 성질을 갖고 있다. 예를 들어, 빨간색과 초록색은 생선초밥 식당의 참치 색상이나 크리스마스 컬러와 같이 선명하게 눈에 띈다. 하지만, 대조가 강해서 눈이 피로해질 수 있다. 이 경우, 보색관계의 색 사이에 흰색과 검정색 같은 무채색을 끼워 넣으면 부드럽게 보이면서도 눈에도 잘 띈다. 빨간색, 흰색, 초록색의 이탈리아 국기는 정말 좋은 사례이다.

• 명도

명도란, 색의 밝은 정도를 말한다. 같은 빨간색이라도 명도가 높으면 핑크색이 되고 낮으면 갈색이 된다. 매장의 분위기를 밝게 하거나 차분한 분위기로 만들고자 할 경우는 명도로 조절한다. 명도가 높은 매장은 양기로 경쾌한 느낌이 들며, 중간 정도의 명도는 차분함을 주며, 낮은 명도는 음기를 띠어 중후한 분위기가 된다.

• 채도

채도란 색의 선명함이다. 채도가 가장 높은 색을 순색(원색으로 만든 색 그룹)이라고 하고 색이 느껴지지 않을 정도의 엷은 색, 칙칙한 색, 어두운 색을 저채도의 색이라고 한다. 채도가 높으면 화려함과 발랄함, 중간 정도라면 차분함과 평안함, 낮으면 수수함과 은근함을 느끼게 한다.

• 색조

색조(톤)은 색의 강약, 명암, 농염을 보여주는 '색의 상태'를 말한다. 명도와 채도를 합한 것이다. 색조의 종류는 다양하지만, '선명함, 밝음'으로부터 '칙칙함, 어두움'의 순서로 세워보면 〈표 42〉와 같다.

〈표 42〉 색조와 인상의 관계

색조(톤)	인상
비비드(vivid)	화려함, 선명함
브라이트(bright)	건강한, 밝음
스트롱(strong)	열정적, 강함
딥(deep)	전통적, 충실함
라이트(light)	상쾌함, 투명함
소프트(soft)	온화함, 부드러움
덜(dull)	칙칙함, 둔함
다크(dark)	어른스러움, 어두움
펄(pearl)	여성적, 귀여운
라이트 그레이시(light grayish)	은근함, 차분함
그레이시(grayish)	수수함, 탁함
다크 그레이시(dark grayish)	남성적, 중후함

② 매장에서 색을 활용한다

• 색상과 명도의 배색

색상과 명도의 배색에 의해 색의 두드러짐이 달라진다. 간판과 각종 사인을 눈에 띄고 읽기 쉽게 하려면 색상만이 아닌, 바탕색과 문자, 도형의 명도 차를 크게 하는 것이 좋다(〈표 43〉).

• 분리 컬러의 활용

이미지대로의 배색해봤지만 눈에 띄지 않는 경우가 있다. 예를 들어, 크리스마스 컬러의 초록색 바탕 위에 빨간색으로 문자를 표현하거나, 동일 계열의 핑크색에 빨간색 문자를 사용하는 등의 경우다. 그런 경우, 문자를 검정색이나 흰색 같은 분리되는 컬러로 테두리를 하면 잘 보인

〈표 43〉 배색에 의한 가시도 순위

바탕색	도형·문자색
검정색	흰색, 노란색, 오렌지색
흰 색	검정색, 빨간색, 파란색
빨간색	흰색, 노란색, 파란색
파란색	흰색, 노란색, 오렌지색
노란색	검정색, 빨간색, 파란색
초록색	흰색, 노란색, 빨간색
보라색	흰색, 노란색, 오렌지색

다. 맥도날드의 간판은 바탕이 빨간색, 문자는 흰색, 마크는 노란색이지만, 분리가 되는 검정색을 이용해서 테두리를 했기 때문에 선명하게 보인다.

• 면적이 넓어지면 색이 엷어진다

색의 면적이 넓어지면서 자신이 생각한 것 이상으로 밝은 색이 되는 경우가 있다. 이것을 '컬러 면적현상'이라고 부른다. 그런 이유로, 색을 결정할 때는 샘플만이 아닌, 큰 색 견본으로 판단해야 한다.

• 이미지의 위력을 발휘하는 색

매장 사인으로 이미지 컬러를 활용하면 멀리서도 매장을 알아보기 쉽다. 홀푸드는 유기농 이미지를 만들어내기 위해서, 스타벅스도 치유와 내추럴의 이미지를 소구하기 위해 지구를 상징하는 색을 사용하고 있다(〈표 44〉, 〈표 45〉 참조).

〈표 44〉 베드배스 앤 비욘드의 이미지 컬러

매장	이미지 컬러	이유
키친용품	빨간색	불을 사용하는 장소
옷장 관련 용품	초록색	내추럴
키즈용품	오렌지색	활동적
침실용품	베이지색	편안함
목욕용품	파란색	물을 사용하는 장소

〈표 45〉 CVS 헬스의 이미지 컬러

매장	이미지 컬러	이유
조제약	진한 파란색	마음의 차분함
대중약	초록색	약초 이미지
식품	빨간색	위장운동을 활발하게
사진	노란색	사진의 플래시
가정용품	진한 초록색	내추럴

③ 고객 유도에 적합한 색

• 마그넷 매장으로의 유도

고객을 끌어당긴다는 뜻의 마그넷 매장(자석 매장)으로 유도하기 위해 색을 활용하면 효과적이다. 마그넷 기능으로는 채도가 높은 색, 파장이 긴 따뜻한 색(빨간색, 오렌지색, 노란색)을 사용한다. 스튜레너드는 새빨간 사과를, 웨그먼즈는 형형색색의 캔디 색으로 고객을 유도한다.

• 그라데이션(단계)에 의한 유도

그라데이션(gradation)이란 단계적으로 변화하는 배색을 말한다. 색상, 명도, 채도의 다양한 그라데이션이 있다. 명도에 의한 그라데이션은 검정색부터 회색, 흰색에 이르는 색의 변화로, 사람의 시각은 어두운 쪽에서 밝은 쪽으로 그라데이션을 따르는데, 유도하고 싶은 방향으로 색이 밝아지는 그라데이션을 사용하는 것이 좋다.

④ 색의 작용 '9가지 의문'

- **빨간색은 왜 간판에 사용되는 것일까?**

빨간색은 가시광선 중에 가장 파장이 길고 팽창하는 색이다. 멀리서 봐도 잘 보이기 때문에 점포 입구의 폴사인(pole sign)과 점포 간판, 계산대 사인에 많이 사용된다. 교감신경을 자극해서 맥박수와 호흡수, 혈압을 올리는 생리작용과 흥분시키는 심리작용이 있다고 알려져 있어, 단시간에 할인상품을 단숨에 구입하게 하고 싶은 점포와 대형세일 행사의 POP 등에 사용하면 적절하다.

또한 부교감신경을 자극함으로써 위장활동을 활발하게 하여 식욕을 높임에 따라, 중화요리와 한국요리, 패스트푸드에서 많이 사용되고 있으며, 소매점의 식품 매장에서도 따뜻함을 전달하기 위해 빨간색 계열이 사용되는 경우도 많다

하지만 단점도 있다. 빨간색은 흥분색이라서 피로감도 빨리 느끼게 되어, 볼일이 많은 점포임에도 머무는 시간은 짧아진다. 카운슬링 코너에 빨간색을 사용하면 고객의 차분함이 사라지기 때문에 적절하지 않다. 또한 공포색이기 때문에 의약품을 판매하는 코너에서는 피와 고통을 떠올리게 해 고객의 발걸음이 멀어지게 한다. 더위와 따뜻함을 느끼게 하는 색이므로 겨울에 주로 사용하고 여름에는 자제하는 것이 좋다.

• 핑크색은 왜 화장품 코너에 사용할까?

핑크색은 아드레날린 분비를 억제하고 신경 상승을 낮추어 마음을 차분하게 가라앉혀줌에 따라 힐링 코너에 사용한다. 사랑스러운 이미지도 강하고 베이비 코너에 최적이라서, 월마트의 베이비 코너는 핑크색으로 칠해져 있다. 마음을 놓이게 해주는 안심 이미지 때문에 유니폼에도 사용된다.

또한 회춘의 심리작용 때문에 화장품 코너에도 최적이다. 미국의 드럭스토어의 많은 업체들이 화장품 코너의 이미지 컬러로 핑크색을 사용한다. 다이어트 코너에서도 핑크색 패키지와 POP가 눈에 띄는데, 식욕을 높이고 살쪄 보여서 어울리는 색은 아니다. 다이어트에는 식욕을 억제하고 단단해 보이는 파란색 계열이 좋다.

• 오렌지색은 왜 식품과 자양강장제에 많이 사용될까?

오렌지색은 내분비선의 활동을 활성화하고 식욕 증진의 생리작용이 있다고 알려져서 식품 매장에 적합하다. 또한 원기를 돋우는 이미지도 있어 자양강장제 코너에도 사용된다. 반면 싸구려 이미지도 있어서 특가 코너와 가격소구의 POP에는 좋지만, 격조 있고 고급스러움을 표현하고자 할 때에는 적합하지 않다. 아울러 많이 사용하면 시끄러운 느낌이 들어 사람들을 짜증스럽게 하기 때문에 주의가 필요하다.

• 노란색은 왜 영 코너에 어울릴까?

노란색은 대뇌에 자극을 줘서 순간적으로 학습의욕과 집중력, 상상력을 발휘하게 한다. 정력적이고 쾌활하고 밝은 플러스 이미지도 있다. 그 때문에 영(young) 코너에 최적이다. 하지만 성인 여성에게는 불쾌하거나 우울한 색이기도 하다. 동양에서는 열반의 색이고 구미에서는 죽음으로 이어지는 색이기도 하다. 일본의 할인점에서는 눈에 띄게 하기 위해서 가격에 쓰는 경우가 많은데, 여성에게 불쾌감을 줄 우려가 있고 점포 전체를 싸구려로 보이게 할 위험이 있다.

• 초록색은 왜 힐링(healing) 코너와 비타민 코너에 많이 쓰일까?

초록색은 중파장 색으로, 균형을 상징하고 누구나 친근하게 느낀다. 스트레스를 억제하고 피로를 덜어주며 눈의 피로감을 완화시켜 두통과 화를 줄여주는 등 마음을 차분하게 하는 작용을 한다. 그 때문에 자연, 환경, 치유를 테마로 한 상품과 공간에 어울려서 청과와 건강식품, 약 등의 코너에 적합하다. 미국의 비타민 숍과 드럭스토어의 비타민 코너의 집기, 사인에는 초록색이 많이 사용되어 내추럴한 이미지를 높이지만 어중간함과 애매모호한 이미지도 갖고 있다.

• 파란색은 왜 헬스케어 코너에서 많이 사용할까?

파란색은 세계적으로 가장 선호되는 색이다. 부교감신경에 작용함으로써 맥박, 호흡, 혈압, 체열을 낮추고 흥분을 가라앉혀 헬스케어 코너에 적합하다. 심리작용으로서는 스마트, 지성, 성실, 쿨(cool), 클린(clean), 정확, 정밀함의 이미지가 있다.

시원한 인상을 줌으로써 차가운 음료 매장과 여름 매장 만들기에 알맞은 색이다. 반면 핫(hot)하고 원기 있는 이미지의 연출에는 맞지 않으며 겨울에는 서늘한 이미지를 준다. 또한, 식욕을 억제하는 색이라서 음식점과 식품 매장에는 맞지 않다.

• 보라색은 왜 힐링 코너와 화장품 코너에 많이 사용될까?

보라색은 심신을 치유하고 스트레스를 낮추는 작용이 있다고 알려져, 상처 입은 사람에게는 보라색이 아름답게 느껴진다. 그 때문에 힐링(healing) 코너와 고가의 화장품 코너에 사용된다. 하지만 격조와 품위 없음, 부티와 싸구려, 고귀함과 이상함의 양면성도 갖고 있어, 천박하게 사용하면 진열이 빈약한 점포처럼 보이게 될 위험이 있다. 또한 식욕을 감퇴시키는 색이라서 식품에는 사용하지 않는다.

• 흰색은 왜 조제실과 유니폼에 많이 사용하는가?

가시광선을 반사하는 흰색은 유채색과 무채색을 포함한 전체 색상 중에서 가장 명도가 높으며 점내를 밝게 하기 위해 사용된다. 또한 청결함을 느끼게 해서 유니폼에도 많이 사용된다.

하지만 "새하얀 흰색은 투명해 보인다"는 말이 있듯이 다른 사람을 매몰차게 거절하는 이미지도 있다. 흰색 유니폼을 핑크, 크림 등의 연한 색으로 바꾸는 경우도 환자가 다가가기 쉽도록 부드러운 이미지를 주기 위해서이다.

• 검정색은 왜 고급 화장품 코너에 사용될까?

검정색은 위엄, 중후함, 고품질 등의 이미지가 있어 고급 화장품 코너와 고급 슈퍼마켓에 사용되는 경우가 많다. 화장품 전문점인 세포라(Sephora)는 검정색을 사용해서 획기적으로 매장을 표현했으며, 고급 슈퍼마켓인 드라이가즈(Drygard's)도 바닥에 흑백 타일을 사용해서 차별화하고 있다. 남성적이고 샤프한 이미지 때문에 남성 매장에 많이 사용되는데, 어둠과 불길함을 연상시키는 색이기도 하다.

⑤ 색을 효과적으로 사용하는 방법

• 팽창색과 수축색

따뜻한 계열은 팽창색•이라서 실제보다 크고 굵고 가까운 것처럼 보이게 한다. 그 때문에, 강하게 소구하고 싶은 상품의 POP에는 반드시 따뜻한 계열을 사용한다. 차가운 계열은 축소색이라서 벽과 천장에 사용하면 실제보다 점내를 넓어 보이게 한다. 작은 물건을 모아서 진열하는 경우는 따뜻한 계열을 사용하는 것이 상품을 크게 보이게 해서 고객이 상품을 쉽게 발견할 수 있다.

• 색에 의한 시간의 길고 짧음

따뜻한 계열은 맥박, 혈압, 호흡을 증가시켜서, 걷기 등의 가벼운 운동을 하는 것과 동일한 상태가 되는 것으로 알려져 있다. 이처럼 공간에서는 시간이 긴 것같이 느끼게 되어, 단시간에 구매를 끝마치고 싶어 하는 셀프 판매점이나, 이용에 시간 제한이 있는 연회장과 뷔페식당, 회전율을 높이려는 패스트푸드점과 커피전문점 등에 알맞다. 상품에서는 소모 빈도가 높은 상품, 단가가 낮은 상품, 가격소구 상품, 싸게 잘 샀다는

•팽창색
수축색의 반대로, 실제보다 더 커 보이거나 길어 보이게 하는 색을 의미함.

이미지를 주는 상품에 적절하다.

파란색 등의 차가운 색은 생리적으로 차분하게 하는 작용이 있어서 시간을 짧게 느끼게 한다. 계산대, 조제실의 대기 공간, 차분하게 구매하고 싶은 상품, 전문지식을 요하는 상품 코너와 구매 빈도가 낮은 상품 코너, 고가 상품 매장에 알맞다.

• 3도나 다른 따뜻한 색과 차가운 색의 체감온도

색에는 따뜻함과 차가운 느낌을 주는 색이 있다. 일반적으로 색상이 갖고 있는 따뜻함은 빨간색, 주황색, 노란색, 초록색, 보라색, 검정색, 파란색의 순이다. 또한 명도도 중요한 역할을 한다. 여름에는 흰옷을 입으면 시원해 보이는데, 명도가 높은 색은 어떤 색이라도 시원함을 느끼게 하며 반대로 명도가 낮은 색은 따뜻함을 느끼게 한다.

그 때문에 차가운 계열 색상의 집과 따뜻한 계열 색상의 집 사이에는 체감온도가 3도 정도 차이가 난다고 알려져 있다. 매장의 실내가 더울 때에는 차가운 색을 위주로 매장을 만들고 추울 때는 따뜻한 계열의 색을 주로 사용해서 매장을 만들면 좋다.

또한 일본과 같이 여름과 겨울이 있는 지역에서는, 간판 색은 차가운 계열과 따뜻한 색 계열 양쪽 모두를 사용할 필요가 있다. 차가운 계열만으로는 더욱 춥게 느껴져서 겨울에는 고객의 발걸음이 멀어질 수 있기 때문이다.

• 색에 의해 중량감이 달라진다

같은 무게라도 색이 다르면 무게감이 달라진다. 어느 텔레비전 프로그램에서 이루어진 실험에 의하면, 무게와 크기가 완전히 똑같은 상자를 준비해서 운반시켰는데 흰 상자가 더 가볍다고 대답했다. 색마다 느끼는 무게는, 흰색이 100그램인 것에 비해 노란색 113그램, 황녹색 132그램, 옥색 152그램, 빨간색 176그램, 보라색 184그램, 검정색 187그램이었다. 같은 무게라도 검정색은 흰색의 약 2배 정도로 느낀다.

감각적인 무게에는 색의 명도가 중요한 작용을 한다. 흰색과 파스텔톤의 밝은 색은 가볍게 느끼고 검정색에 가까울수록 무겁게 느낀다. 그 때문에 압박감을 느끼게 하지 않으면서도 상품을 집기 쉽도록, 밝은 색을 위쪽에 어두운 색을 아래쪽에 배치해 진열하는 것이 매우 중요하다.

소리가 매출을 늘린다

음과 음악이 인간의 심리에 주는 영향은 크다

① 배경음악의 효과

• 음악이 사람에게 주는 영향

음악만큼 사람의 마음에 직접적으로 작용하는 것은 없다. 활기찬 음악은 기분을 들뜨게 하고 조용한 음악은 기분을 떨어뜨린다. 또한 장례식의 슬픈 음악은 중요한 사람을 잃었을 때의 슬픔을 깊어지게 하고, 돌격을 알리는 나팔소리는 병사의 기분을 고취시킨다.

단조로운 일을 하는 장소에서 배경음악을 트는 것은 단조로움에서 오는 생산성 저하를 막으려는 이유이다. 조립 공장에서 리드미컬한 음악을 흘러나오게 했을 때 생산성이 높았다는 실험결과도 있다.

산부인과와 치과에서는 불안함과 통증을 완화해주기 위해서 힐링 음악을 흘러나오게 하는데, '뮤직테라피'라고 하는 음악치료법은 베트남 전쟁에서 귀환한 병사들의 치료에 많이 사용되었다. 정신과 의사인 로자노프(Losanove)가 지적한 음악효과는 다음과 같다.

① 권위가 있다(후광효과를 연출한다).
② 솔직한 마음이 들게 한다.
③ 어울리는 분위기를 연출한다.
④ 우뇌를 자극한다.

오감 중에서 인간이 세상에 태어나서 최초로 느끼는 것은 소리이다. 아기가 최초로 듣는 것은 엄마의 심장박동 소리이다. 임신 중에 매일 듣던 음악을 들려주면, 아기는 울다가도 온순해진다고 한다. 아기는 불을 봐도 두려움이 없지만 소방차의 사이렌 소리를 들으면 놀라서 운다. 엄마가 사이렌 소리를 듣고 긴장감, 공포감을 느꼈던 것을 뱃속에 있을 때부터 알았기 때문이고, 이는 청각이 다른 감각에 앞서 발달한 것을 증명하는 것이기도 하다.

그러면 교회에서 찬송가를 부르는 것은 왜일까? 가사는 교회에서 목사가 하는 설교와 같이 인간의 좌뇌에서 이해된다. 이에 비해 멜로디는 우뇌에 작용하여 우리의 감정을 흔들어, 이해한 것을 즉각 행동에 옮기는 환경을 만든다.

미국의 심리학자인 갈리지오(Galizio)와 헨드릭(Hendrick)은, 반전

(反戰)가요와 같은 메시지가 강한 가사를, 낭독해서 듣는 경우와 멜로디를 붙여서 듣는 것으로 나눠 실험했다. 그 결과 단어만으로 듣는 것보다 멜로디를 붙인 경우가 확실히 효과가 있었다.

2001년 9·11 미국 월드트레이드센터의 테러 이후, 미국에서는 많은 곳에 성조기가 게양되었는데, 사람들은 기회가 있을 때마다 '제2의 국가'인 '갓 블레스 아메리카(God Bless America)'를 불러 애국심을 고양시켰다. 음악은 군중심리를 하나로 이끄는 커다란 효과를 갖고 있다.

• 매출에 큰 영향을 미치는 배경음악

배경음악은 구매금액을 늘리는 수단으로 자주 사용된다. 느슨한 마음으로 구매하게 만들어 지갑을 열게 하는 효과가 있기 때문이다. 감정에 직접 어필하는 음악은 고객의 감정과 정서를 자극해서 구매의욕을 환기시킨다.

슈퍼마켓과 홈센터를 운영하고 있는 어느 소매기업이 배경음악으로 실험한 결과, 매출이 36%가 늘고 고객 수는 16%, 객단가는 18% 늘었다고 하는 등 모든 부문에서 좋은 결과를 보였다고 한다.

② 효과적인 배경음악 종류

배경음악을 효과적으로 사용하기 위해서는 음악의 종류를 신중하게 선택해야 한다.

• 적절한 음악

어느 조사에 의하면, 템포가 느린 배경음악을 틀면 고객이 걷는 속도를 늦추게 되어, 템포가 빠른 배경음악을 틀었을 때보다도 구매금액이 늘었다고 한다. 음악의 선택 다음으로 구매행동이 변화하는 것을 여실히 보여주는 결과라고 할 수 있다.

하지만 템포가 지나치게 느린 음악은 점내에 활기를 떨어뜨려서 가벼운 구매를 하는 점포에는 맞지 않았다. 또한 가사가 있는 음악은, 직원이 하는 이야기를 듣기 힘들게 해서 시니어 층이 많은 점포에서는 피하는 것이 좋다. 음악은 강한 영향력이 있어서 템포와 음의 높낮이, 진폭의 변화가 주는 영향에 대한 이해가 매우 중요하다(〈표 46〉 참조).

• 다양한 고객층이 좋아하는 음악

젊은 사람은 히트팝스, 여성은 무드 있는 음악, 중·장년층은 조용한 음악을 좋아하는 경향이 있다. 힐링 계열의 점포에서는 작은 새소리나 물소리 같은 자연의 소리를 담은 배경음악이 알맞다.

〈표 46〉 음악이 사람의 감각에 주는 영향

항목		인간의 감정
템포	늦다	침착, 슬픔, 퇴출, 불쾌감
	빠르다	활동, 놀라움, 행복감, 기분 좋음, 정력, 공포, 노여움
음의 높낮이	낮다	기분 좋음, 퇴출, 슬픔
	높다	활동, 놀라움, 정력, 노여움, 공포
진폭 변화	작다	불쾌감, 노여움, 공포, 퇴출
	크다	행복감, 기분 좋음, 활동, 놀라움

향기가 사람에게 미치는 영향

냄새 분자는 코 안쪽의 점막에 붙어 뇌에 신호를 보내며 기억과 냄새는 뇌의 같은 장소에서 처리된다. 향기는 눈으로 보는 것보다 빨리 기억을 상기시킨다. '냄새는 형태가 없는 POP'라고 불리는 것은 그 때문이다. 가공식품 매장에서 카레 냄새를 맡게 되면 카레 관련 매출이 20% 가깝게 늘어난다는 조사결과도 있다.

좋은 향기는 사람의 마음을 대범하게 해서 충동성을 높인다. 미국의 어느 심리학자가 쇼핑센터를 걷고 있는 사람에게 1달러를 빌리고 싶다고 했을 때, 반응을 살펴보는 실험을 해보았다. 결과는, 커피향이 나는 곳에서 부탁받은 사람은 반 이상 돈을 빌려주었지만 아무런 냄새도 없는 곳에서는 20% 정도에 불과했다.

음식물의 맛은 눈을 가려도 똑같이 느낀다. 하지만 코를 막고 식사를 하면 그 순간 맛이 떨어진다. 그만큼 향기의 역할은 큰 것이다. 빵 매장에서는 바로 만들어진 빵 냄새, 화훼 매장에서는 꽃향기, 과일 매장에서는 과일 향기, 화장품 매장에서는 향수 냄새 등 인간이 좋아하는 냄새와 향기를 적극적으로 활용해야 한다.

향기에는 다음과 같은 효과가 있다.

• 기억을 되살린다

향기에는 인간의 기억이 따른다. 시애틀의 어린이캠프에 인명구조원으로 참가했을 때 매일 아침 식당에서는 맥스 부인이 탄 커피향이 퍼졌다. 지금도 커피향을 맡으면 그때가 떠오른다. 생선과 빵을 구웠을 때

타는 냄새는 조리하는 광경을 떠올리게 해서 사람에게 불을 끄는 것을 상기시킨다.

밸런타인데이 시즌에 점포 입구에 초콜릿 향을 나게 해놓으면 초콜릿의 매출이 20% 이상 늘어났다는 이야기도 있다. 그때 초콜릿을 구매한 여성에게 이유를 물어보니, “가게에 들어설 때 초콜릿 향기가 나서 사지 않으면 안 된다는 것을 깨달아서”라고 답했다.

• 사용할 때의 느낌을 알려준다

백화점에서는 향수 매장을 입구 주변에 배치하고 여성 직원이 향수 데모 행사를 한다. 좋은 향기로 소비자의 아름다움에 대한 이미지를 높여 향수와 화장품의 판촉을 겨냥한 의도이다. 커피향을 맡으면 맛있는 이미지가 샘솟고, 닭꼬치나 장어 구이집의 냄새는 식욕을 자아내어 고객의 발걸음이 향하게 한다. 향기는 ‘형태가 없는 POP’인 것이다.

• 긴장을 풀게 한다

호감이 가는 냄새는 분위기를 긍정적으로 바꾸어 행복한 생각과 기억을 불러온다. 호감이 가는 향기의 점포에서는 고객이 점포에 머무는 시간이 대폭 늘어난다. 과연 어떤 향기가 효과적인 것일까? 아로마테라피에서는 향기를 사용하여 긴장이 풀리도록 하는데, 그때 알파파가 나온다고 한다. 알파파를 가장 많이 나오게 하는 향기가 삼림 향기이고 두 번째가 커피향이다.

최근 미국의 슈퍼마켓은 점포 내에 커피 판매대를 설치하는데, 이것은 커피향으로 고객의 긴장을 풀어주고 동시에 지갑도 열게 하여 매출액을 높이려는 전략이다. 스타벅스 점내는 맛있을 것 같은 커피향으로 가득 차 있어 긴장을 풀 수 있다. 물론 법적인 규제도 당연히 있지만, 예전부터 그 향을 중요하게 생각하기 때문에 금연을 하는 것이기도 하다.

다만 주의하지 않으면 안 되는 것은, 판매하고 있는 상품과 어울리는 향이 아니면 위화감이 생겨 오히려 멀리하게 된다. 싫어하는 냄새는 사람을 불쾌하게 만들어 점포로부터 발길을 돌리게 한다.

• **관련 판매를 촉진한다**

케이크 매장 옆에서 커피를 볶으면(부문 간 궁합), 사람들은 케이크를 먹으며 커피를 마시는 모습을 떠올리게 되어 케이크를 구매한 고객이 커피를 구매할 확률이 높아진다. 슈퍼마켓 홀푸드의 디저트 코너에서 향이 강한 갓 볶은 커피 원두를 나무통 집기에 진열해서 디저트와 커피 관련 판매를 하는 것도 이 때문이다.

솔루션 스토어

'물건 판매'에서 '가치 판매'로

감기약을 구입하는 것은 감기를 조금이라도 빨리 낫게 하기 위해서이다. 그 때문에 증상의 초기, 중기, 후기 중 어느 때인가, 독감은 아닐까, 유행하고 있는 감기의 종류는 무엇인가, 자신의 체질과 질병에 맞는 약은 어느 것인가 등에 대해서 의사로부터의 진단이나 상급 간호사, 약사와의 상담을 받고 싶어 할 것이다. 또한 체력도 떨어져서 자양강장제와 마스크, 구강세척제, 비타민 등도 필요하게 될 것이다.

결국 자신이 갖고 있는 문제(감기)를 빨리 해결하고 싶어 하는 니즈에 대해서 감기약은 하나의 해결책일 뿐이다. 상품을 사는 것만이라면 인터넷이 편리하겠지만, 감기를 빨리 낫게 할 목적을 만족시키기에는 인터넷만으로는 충분치 못하다고 할 수 있다.

미국의 드럭스토어에는 헬스케어 솔루션 스토어로서, 인스토어 클리닉, 조제, OTC, 예방접종, 건강 체크, 간병, 질병관리기능, 약물치료관리 등 다양한 상품과 서비스 기능을 갖추고 있다. 또한 협력 병원과의 제휴로 환자의 헬스케어 솔루션 기능을 높이고, 화장품 코너에서는 메이크업, 매니큐어, 헤어세트, 마사지 등의 서비스 기능도 제공하고 있다.

소매업은 하나의 니즈를 폭넓게 갖춤으로써 단순한 '물건 판매'로부터 '가치 판매'의 솔루션 스토어로 진화하고 있다.

① 월그린의 경우

드럭스토어인 월그린에서는 감기부터 갱년기 장애에 이르기까지 헬스케어상의 다양한 문제를 갖고 있는 고객에게 그 해결방법을 제안하고 있다. 주된 질환의 증상과 대응방법을 모아놓은 작은 책자를 조제실 앞과 엔드 선반에 준비해놓고 있으며, OTC 코너에서는 텔레비전 스크린으로 대응방법을 알려준다.

가벼운 상처에의 대처는 질문과 이에 대한 답변인 'Q & A' POP를 사용해서 정리해놓았다. 대면 상담을 희망하는 고객에게는 약사 외에도, 전문적인 내용은 인스토어 클리닉의 상급 간호사가, 그리고 월그린의 제휴업체로서 미국에서 가장 신뢰도가 높은 메이요(MAYO) 클리닉의 헬스케어 전문가가 대응한다.

인터넷판매에서는 판매자가 구매자와 얼굴을 보며 1 대 1로 대응하기는 어렵다. 전문적인 용어로, 커뮤니케이션에 한계가 있기 때문이다. 이 때문에 전문가와의 상담은 1 대 1 상담을 바라는 고객들에게 내점 동기가 된다.

뷰티케어 코너도 '멋진 모습(hot looks)'을 테마로, 솔루션(문제해결)형 진열이 이루어진다. 매장은 아우터(Outer, 밖으로부터) 뷰티와 이너(Inner, 안으로의) 뷰티로 구성되어 있다. 아우터에는 기초화장, 컬러메이크업, 스킨케어, 네일, 아이섀도, 화장소품 등은 물론이고 간단한 운동기구도 갖추어져 있다. 이너에는 다이어트나 장세척 상품, 비타민, 위장약 등 몸속을 개선하는 상품과 스트레스 해소를 목적으로 하는 힐링뮤직 CD, 아로마테라피 상품 등을 진열해서 핫룩스에 힘쓰는 이들을 위한 솔루션 전개에 힘쓰고 있다.

그 외에도 당뇨환자 전용 코너를 개설해서 혈당검사 키트, 소독약, 환자용 스킨크림, 스낵, 양말 등 일상생활에 필요한 상품을 함께 진열해서 구매의 편의성을 높이고 있다.

② 라이트에이드의 경우

라이트에이드는 점내에 시력의 종합적 관리를 위한 옴니채널·비전케어(Vision Care) 센터를 설치해 운영하고 있다. 센터에 설치된 측정기기인 인터랙티브 '비전센터 키오스크'를 애용해서 안경테를 선택하도록 해주며, 시력을 측정해서 안경 처방전을 제공해주기도 한다. 아울러 렌즈(콘택트렌즈도 포함)를 주문하면 집으로 우송해주는 시스템도 있다.

조제실 코너가 이 키오스크 기기에 가깝게 있어 약사와의 상담도 하기 쉽고 점포에 머무는 시간도 길어지게 된다. 또한, 안경테는 4세트까지 착용해볼 수 있다.

③ 월마트의 경우

월마트는 2012년 가을 '바이탤러티 헬스푸드 프로그램(Vitality Healthy Food Program)'과 관련해서 미국의 대형 의료보험기업 휴매너(Humana)와 파트너십 계약을 체결했다. 이 프로그램의 멤버가 되면 정기적인 운동, 감량, 건강에 좋은 먹거리의 섭취에 대한 포인트가 제공되고, 그 포인트는 호텔숙박권, 영화관람권, 상품 등과 교환이 가능하다.

또한 휴매너의 건강관리 프로그램인 '휴매너 바이탤러티'의 멤버가 월마트의 구매 사이트에서 'Grade 4'의 상품 중에 신상품으로 표시된 것을 구입하면, 구입금액의 5%가 포인트로 환원되어 다음 쇼핑 때부터 사용이 가능하다.

아울러 헬스케어 테크놀로지인 솔로헬스(Solohealth) 키오스크 기기를 조제실 주변에 적극적으로 설치하고 있다. 이 키오스크에 당뇨병, 비만, 고혈압, 골다공증, 시력, 청력 등 건강에 관한 고민을 고객이 입력하면 대처방법을 프린트해서 알려준다. 많은 사람들이 이 키오스크를 이용하고 있으며, 앞으로 그 수요는 더욱 증가할 것으로 보인다.

고급화하는 뷰티케어

수년 전까지 화장품 코너의 성장은 제조업체와 소매업의 패키지 전략, 그리고 캠페인으로 버텨왔다. 하지만 이제는 테크놀로지를 이용해서 뷰티 체험을 제안해주는 획기적인 방법으로 새로운 성장 시대를 맞고 있다.

한 조사에 의하면 60% 이상의 사람들이 뷰티케어 상품과 퍼스널케어 상품을 온라인으로 구입한 경험이 있다고 대답했는데, 온라인으로 구입이 가능해도 소비자는 오프라인 매장에서 구매할 때 더 많은 것을 찾는다고 한다. 그 하나가 바로 체험이다. 드럭스토어는 상품을 늘어놓는 것이 아니라 체험과 분위기를 중시해야 한다.

구매 시 주로 이용하게 되는 점포임을 뜻하는 '뷰티 데스티네이션 스토어(beauty destination store)' 점포에서는, 높은 가격대의 상품구색, 조명과 거울을 많이 사용한 고급 장식, 프로페셔널 미용전문가에 의한 상담서비스, 네일 살롱, 헤어 살롱, 메이크업 살롱, 그리고 피부진단용 기기와 버추얼 메이크 오버(virtual make over) 기기(자신의 얼굴을 스크린에 나오게 해서 테스트해보고 싶은 상품을 스캔하면 그 화장품으로 화장한 자신의 모습이 스크린에 나오게 되는)를 이용한 체험 구매 서비스를 제공하고 있다.

룩 부티크(look Boutique) 코너를 도입한 월그린 점포에서는, 점내 벽면 한곳에 설치된 기기로 코스메틱닷컴(cosmetic. com)으로부터 상품을 주문하도록 만들어 점포에 없는 상품을 바로 웹사이트에 주문하여 구입할 수 있게 하고 있다. 화장품 전문점인 세포라(Sephora)도 일부 점포에 스킨케어 IQ키오스크를 설치해서 고객이 자신에게 맞는 상품을 찾을 수 있는 서비스를 제공한다.

솔루션 기능을 높이는 후광효과

솔루션 기능을 높이기 위해서는 고객으로부터의 신뢰가 중요하다. 고객으로부터 이 솔루션 기능에 대한 신뢰를 얻는 방법은 그 방면의 전문가의 힘을 활용하는 것이다. 권위 있는 사람과 믿을 수 있는 사람의 말은 쉽게 믿는다는, 심리학의 '후광효과'에 의한 솔루션 기능을 높이면 좋다.

텔레비전과 잡지에 소개된 상품과 레스토랑에 인기가 집중되는 것은 바로 이 후광효과에 의한 것이다. 소비자가 브랜드 가치에 돈을 쓰는 것은 안심비용이라는 측면이 강하다. 라틴어로 플라시보(placebo)라는 단어가 있다. '만족시킨다'라는 의미인데 후광효과와 유사한 것이라고 할 수 있다.

두통약이라고 하고 밀가루를 먹게 하면 두통이 낫게 된다는 이야기가 있다. 하나의 실험 사례가 있는데, A그룹의 환자에게는 진통효과가 있는 모르핀을, B그룹의 환자에게는 의사가 모르핀으로 생각하도록 하고 다른 것을 제공했을 때, A그룹에서 통증이 멈춘 환자가 50%였는데 B그룹의 경우도 40%에 달했다고 한다. 이는 모두 신뢰하는 의사의 말에 의한 '플라시보 효과' 를 보여주는 사례다.

존슨앤드존슨은 일본의 칫솔 평균가격이 100엔이었을 때, 신제품인 리치(Reach) 칫솔의 시장화를 겨냥해서 250엔이라는 파격적인 가격으로 상품을 발매했다. 가격이 너무 높다고 소비자들이 받아들이지 않을 거라는 목소리가 압도적이었지만, 미국에서의 마케팅이 대성공이었기 때문에 회사로서는 자신이 있었다. 그 마케팅이 바로 "치과의사가 선택한 칫솔"이라는 캐치프레이즈였다. 텔레비전 광고와 포스터에 이 캐치프레이즈를 내세우고 실제로 치과의사를 모델로 기용해서 소비자의 큰 성원을 받았다.

① 전문지식이 만드는 신빙성

효과적인 설득에는 신빙성이 필요하다. 신빙성은 '전문성×신뢰성'에 의해 성립되는 것이라서, 전문적인 지식과 능력이 있는 사람의 말은 신빙성이 높다. 반대로 그런 사람이 신뢰가 가지 않으면, 전문성은 높아도 신빙성까지 높이는 것은 어렵다.

월그린의 전단에는 약사의 건강 어드바이스가 반드시 게재된다. 거기에는 건강에 관한 정보를 소비자에게 제공하는 것을, 전단의 권위를 높이는 방법으로 사용함으로써 타사와의 차별화를 꾀하고자 하는 전략이 담겨 있다. 드럭스토어 중에는 계절마다 약사가 추천하는 상품을 엔드에 진열하는 체인이 많은데, 이것도 판촉에 약사의 권위를 활용하는 사례이다.

필자의 경험 중에도 흥미로운 이야기가 있다. 와인을 수입해서 판매하는 친구가 프랑스에 가서 보르도산 고르바디라는 마음에 드는 와인을 찾아냈다. 가격이 그다지 높지 않았기 때문에 분명히 팔릴 것이라는 확신이 있어 바로 수입하여 점두에 진열했지만 1개월이 되어도 도무지 팔리지를 않았다. 이로 인해 난처한 마음에 상담을 하러 온 그 친구에게, 필자는 제품에 권위를 담으면 어떨까 하는 조언을 해주었다.

“그 샤토 고르바디가 드디어 입하되었습니다.”

“와이너리의 오너인 고르바디가 정성을 다하여 만든 와인.”

이러한 캐치프레이즈로 와인의 권위를 높이자, 그 효과는 대단하여 약 2주 만에 매진되어버렸다. 어느 정도 좋은 상품도 상품에 대한 권위가 담기지 않으면, 소비자는 현명하지 못한 구매는 하고 싶지 않다고 생각하게 되어 점점 더 상품에 손이 나가지 않게 되는 것이다.

미국의 드럭스토어에서는 “약사가 추천하는 상품”, 슈퍼마켓에서는 “생산자가 드리는 말씀”과 같은 POP가 붙은 상품이 제법 잘 팔린다. 신뢰가 가는 사람과 직업, 지위를 이용한 상품에 대한 보증은, 논리를 앞서 신뢰를 제공함으로써 고객도 안심하고 구매를 한다. 일본의 소매업은 ‘전문가의 권유’를 보다 더 활용하는 것이 필요하다.

② 후광효과를 발휘하게 하는 포인트

• 강매는 반발을 부른다

후광효과를 활용하는 경우에도 강압적이면 사람은 반발심이 생겨버린다. 바로 심리적인 ‘반발현상’이다.

예를 들어, ‘담배는 몸에 해롭다’는 정보는 흡연자를 반발하게 만든다. 담배를 피우고 싶은데 몸에 나쁘다면 뭘 어쩌라고 하냐는 감정이다. 그러면 흡연자는 한쪽으로만 생각하게 된다. ‘담배를 피워도 오래 사는 사람이 굉장히 많다’, ‘스트레스 해소에 도움이 된다’고 스스로 생각을 강제하여, 극단적인 경우 ‘담배의 유해성이 증명되지 않았다’고 무시해버리고 만다.

필자의 친구 이야기인데, 눈이 가려워서 드럭스토어에서 안약 상담을 받았을 때 그 점포가 속해 있는 체인의 PB상품으로 구입을 권유받았다. 산텐(山天)제약이나 로토제약과 같이 유명 NB상품이 없느냐고 묻자, "손님의 증상에는 이게 가장 좋습니다"라고 일관했다. 강요를 당했다고 생각한 친구는 화가 치밀어 그 점포를 나와버렸다고 한다.

권유받은 상품이 틀림없이 지인의 증상에 가장 좋을지도 모른다. 하지만 그 친구는, '그 점포가 돈을 벌려고 구매를 강요했다'고 생각하고 마음속에 심리적인 반발이 생겼던 것이다. 특히 시니어 고객은 자신의 가치관이 확실하기 때문에 강요받는 것을 무척이나 싫어한다. 상품을 스스로 선택할 수 있도록 하는 진열과 상담이 중요하다.

• 유니폼 효과

약사와 영양사가 유니폼을 제대로 착용하는 것도 매우 중요한데, 제복에는 다음과 같은 효과가 있기 때문이다.

첫 번째, 복장은 기분을 바꾼다. "피곤해도 유니폼을 입으면 운동을 똑바로 하게 된다"고 말한 스포츠 선수가 있었는데, 유니폼 입는다는 행위는 프로의식을 일깨운다. 미국에서는 초·중·고교에서 학생들에게 교복을 입히는 학교가 늘어나고 있다. 교복을 입히면 비행도 줄어들고 공부도 잘하게 된다는 조사결과에 주목했기 때문이다.

두 번째로, 유니폼을 입은 사람은 그 집단의 이미지와 동일시된다. 흰옷을 입은 사람은 의사와 간호사 등의 의료 관계자로 보여 신뢰감을 가져다준다. 요리를 만드는 사람은 조리사에 걸맞은 모습이, 소믈리에는 와인 감별에 걸맞은 모습을 하는 것이 고객의 신뢰감을 높여, 같은 일에 대해서도 신뢰를 갖게 된다.

세 번째로, 유니폼은 집단에의 소속감을 높여 팀워크를 만들기가 좋다. 왜 군인과 운동선수에게 유니폼을 입게 할까? '국가를 위해서', '팀을 위해서'라는 의식을 높이기 위해서이다.

네 번째는, 유니폼은 업무 추진을 수월하게 한다. 사람은 유니폼을 입은 경찰관, 의사, 간호사의 이야기를 그대로 듣는 편이다. 예를 들어, 간호사로부터 "겉옷을 벗어주세요"라는 말을 들으면 그대로 따르게 될 것이다. 소매업에서도 고객의 신뢰와 직원들의 직업의식을 높이는 도구로 유니폼을 활용해야 한다.

8. Exchange(가치의 제공)

가치의 제공은 ① 상품가치, ② 구매편의성, ③ 접객서비스, ④ 점포분위기라는 4가지의 종합가치를 통해, 자신이 구매한 상품의 가격과 종합가치를 비교했을 때 좋은 구매였다고 느끼게 하는 것을 목표로 한다. 그런데 가치를 제공하고 그것을 느끼게 하는 것은, 이른바 판단 뇌가 이를 받아들이고 판단할 수 있도록 해야 하는 것이다.

미국의 소매업이 매력적인 분위기와 좋은 느낌의 접객 서비스, 빠른 서비스, 사회공헌 등에 적극적으로 임하는 것은, 이러한 호감이 가는 이미지를 환기시켜서, 경쟁점과의 작은 가격 차이도 있어도 소비자의 종합적 가치를 유도하려고 하기 때문이다.

월마트는, EDLP(Every Day Low Price)와 최저가격보증제로, 가장 싸다는 이미지를 소비자의 판단능력에 이식함으로써 습관구매로 유도하는 데 성공했다. 그 반대로 고급 전문점과 백화점은, '당신에게는 그만큼의 가치가 있다'고 소비자가 생각하도록 만들어, 그 특별함을 위한 고가의 상품을 받아들이도록 하는 것이다.

알뜰구매의 느낌을 전하는 가격전략

고객의 가격에 대한 사고방식

소비자가 가격을 어떻게 느끼는가, 포인트를 이야기해보자.

① '알아보기 쉽다'를 가장 바란다

가격이 점포를 선택하는 제1의 조건이라고 생각하는 소매업 경영자가 많은 편이다. 하지만, 가격은 가치를 구성하는 하나의 요소에 지나지 않는다. 소매업에의 가격에 있어서 고객이 가장 바라는 것은 '가격을 알아보기 쉽다'와 '신뢰할 수 있는 가격'이라는 2가지이다(〈표 47〉 참조).

가격이 알아보기 쉬어야 한다는 것은, 가격을 알 수 없는 경우 구매 여부에 대한 판단이 어렵기 때문이다. 따라서 우선 가격을 눈에 잘 띄게 표시하고 진열해야 한다. 상품을 산더미처럼 진열하고 가격표가 뒤쪽을 향하게 해놓은 매장도 자주 눈에 띄는데, 고객이 걸어오는 방향을 향해

〈표 47〉 가격에 대해 소비자가 중요하게 생각하는 것

요망순위	사항
1위	가격을 알아보기 쉬워야 함
2위	신뢰할 수 있는 가격, 인위적으로 조작하지 않은 가격
3위	최저가로 구입했다고 느낄 수 있는 가격
4위	세일 때 싸게 구입이 가능한 가격
5위	가격 설정에 일관성이 있음
6위	톱 브랜드를 싸게 살 수 있어야 함
7위	가격에 차이가 있고, 자신의 형편으로 구입이 가능한 가격

서 가격이 보이도록 하지 않으면, 붙여놓지 않은 것과 마찬가지다.

또한 평소 가격을 조금 높게 붙여 놓고 세일 때 60% 할인을 하는 것으로는 소비자의 신뢰를 얻을 수 없다. 최저가격으로의 구입은 〈표 47〉에서 보듯 소비자가 바라는 것 중에서 3위에 머물고 있다. 소비자는 낮은 가격보다 신뢰할 수 있는 가격을 원한다.

② 가격차의 허용 범위는 15%까지

월그린의 조사에 의하면, 가격만의 이유로 점포를 선택하는 사람은 전체의 20%에 지나지 않는다. 소비자들은, 가격 이외의 가치를 높여 내점객을 만족시킨다면, 10~15% 정도 가격이 비싸도 충분히 허용할 수 있는 범위라고 생각한다. 언제나 고객이 장사진을 치는 라면 가게는 싸기 때문이 아니다. 종합적인 가치로 볼 때 허용될 수 있는 가격이 설정되었기 때문이다. 또한 가격은 상대적인 것이다. '너무 비싸다', '비싸다', '조금 비싸다', '싸다', '너무 싸다'라고 하는 판단기준은 어디까지나 개인적이다. 세간에서 일반적인 가격이라고 매겨진 것은 어느 날 갑자기 생긴 것이 아니다.

백화점에서 반찬을 사는 경우, 슈퍼마켓보다 비싸더라도 고객은 납득한다. 패션전문점의 경우도, 10만 엔 이상의 옷들이 늘어서 진열된 매장에 5만 엔의 옷이 있다면 '싸다'고 느끼지만, 할인점에 5만 엔의 옷이 있으면 '비싸다'고 느낀다. 가격은 상대적인 것이다.

상대적인 가격에는 '외적 참조가격'과 '내적 참조가격'이 있다. 외적 참조가격이란 디스카운트스토어의 경우 통상가격, PB상품이라면 NB상품의 가격, 그리고 경쟁점의 가격 등을 예로 들 수 있겠다. 외부의 참조하는 가격을 기준으로 비싸다, 싸다를 판단하는 것을 말한다. 이에 대해 내적 참조가격이란 그 점포에서 고객의 경험에 기반을 둔 가격을 의미한다. 자신이 과거에 경험한 가격을 기준으로, 그보다 높으면 비싸다고 판단하게 되는 것이다.

제조업체와 소매점은, 내적 참조가격을 가능한 만들지 않도록 해야 한다. 정리세일과 상품 패키지의 용량을 늘리는 등으로 실질적인 가격 인하를 하는 이유는, 내점객이 그 점포에서 경험한 통상적인 가격만을 기억하는 내적 참조가격을 떠올리지 않도록 하게 위함이다.

또한 고가 상품을 팔고 싶을 때는 저렴한 상품을 가까운 곳에 진열하면 안 된다. 싼 가격이 눈에 들어오면, 상품의 종류가 달라도 고가 상품이 팔리지 않기 때문이다. 100엔숍을 도입한 드럭스토어가 있는데 대부분의 점포가 실패로 끝났다. 고객들은 100엔이라는 가격에 주입되어 드럭스토어의 100엔 이상의 상품은 비싸다고 느끼게 되었고, 그 결과 다른 의약품과 화장품이 팔리지 않게 되어버렸다.

기능, 용도별 진열에 따라 고가의 스킨크림을 일반 상품 가까이 진열하면 팔리지 않게 되는 것도 같은 이유이다. 3천 엔짜리 화장품을 팔고 싶다면 5천 엔짜리 화장품을 옆에 진열하면 좋다. 고객은 당연히 3천 엔짜리의 화장품을 싸다고 느끼기 때문이다.

디스카운트의 진짜 이유를 알고 싶다

일본의 드럭스토어는 건강식품을 50%나 70%로 할인해서 판매하는 경우가 있다. 큰 폭의 디스카운트는 고객의 불신감을 부를 수 있어 충분한 주의가 필요하다. 고객은 35%까지의 할인에는 '정말 노력을 많이 했구나'라고 생각하지만, 그 이상의 할인에는 의혹을 품는다.

"평상시의 가격이 문제가 있는 것이 아닐까?"

"상품의 품질이 나쁜 것은 아닐까?"

"회사가 망한 것은 아닐까?"

"훔쳐온 것은 아닐까?"

모처럼의 할인이 오히려 점포와 기업의 신용에 손상을 주게 되는 것이다. 따라서 큰 폭으로 할인할 경우에는 그 이유를 POP 등으로 설명하는 것이 필요하다. "옷 안감에 아주 작게 더러워진 부분이 있어서 40% 할인해드립니다"라고 설명을 붙여 판매하는 의류전문점이 있는데, '작은 정직, 커다란 신뢰'를 잊지 않으려는 것이다.

미국의 우수한 소매업체들은 가격을 할인하는 경우, 이유를 명시하는 것이 일반적이다.

"TLC(Temporary Low Cost의 약자)를 위해서 일정 기간 제조업체로부터 싸게 매입해서 할인이 가능합니다."

"점장이 해드리는 할인입니다."

"재고처분을 위한 재고정리 클리어런스(clearance) 세일입니다."

"기말 결산 세일입니다."

"전단세일 대상 상품입니다."

"하자상품 할인입니다."

그 방법이 고객에게도 안심되고 정당한 것이라고 생각하기 때문이다.

가격을 올릴 때에도 마찬가지이다. 왜 가격을 올리는지 납득할 수 있는 명확한 이유를 알리지 않으면, 고객은 '정당하지 않다'고 느껴 점포를 떠나버린다.

로스앤젤레스에 있는 한 슈퍼마켓에서는, 때때로 시장가격보다 훨씬 싸게 와인을 제공하기 때문에 와인 애호가로부터 제법 평판이 좋은 편이다. 게다가 "꼭 추천하고 싶은 와인이라서, 인기를 끌기 전에 와이너리로부터 대량 매입했습니다. 이 특별가격은 대량 매입을 했기에 가능한 것입니다"라고 POP로 붙여 고객의 불신감을 불식시킨다. 표현에 대한 방법에 따라 디스카운트의 매력은 크게 바뀌는 것이다.

가격에 신경 쓰는 것은 200품목

번성하는 점포는 가격의 저렴함에 대한 이미지를 만드는 것이 뛰어나다. 아이오와 대학교 비즈니스스쿨이 월마트의 가격조사를 했을 때, 경쟁점 대비 실제 최저가격이었던 상품은 전체 8만여 아이템 중 600아이템에 지나지 않았다.

미국 서부 지역의 슈퍼마켓 세이프웨이(Safeway)는, 필요 이상의 상품에 대한 가격소구는 불필요한 가격세일이 되기 때문에, 전단게재 상품 수를 고객이 파악 가능한 200아이템까지로 제한한다.

특가 전단은 할로 프라이싱(Halo pricing, 할로효과)'를 겨냥한 것이다. 할로 프라이싱이란, 구매 빈도가 높고 가격에 민감한 상품을 싸게 하는 것으로, '싸다', '알뜰구매 점포다'라는 이미지를 만드는 전략이다. 반대로 가격에 민감하지 않은 상품은 매입을 십분 활용해서 최적의 이익(마진)믹스를 실현한다.

가격에 대한 민감성은 고객의 속성과 상품의 성격, 브랜드 가치에 의해 달라진다. 고객의 속성으로 보면, 가처분소득이 높은 사람과 교육 수준이 높은 사람, 가족 수가 적은 세대, 바쁜 사람 등이 가격에 둔감하다. 상품 성격의 측면에서 보면 자기중심적 상품에는 둔감한데, 주로 사람의 취향에 많이 구애받는 상품들이 여기 속한다. 비자기중심적 상품의 가격에는 민감한 편인데, 취향에 거의 구애받지 않는 화장지와 세제, 우유 등의 상품들이 해당된다. 또한 코카콜라 전용 개인용 냉장고와 샴푸의 대용량 펌프타입 상품 등 패키지가 큰 상품의 가격에는 민감하고 낱개 상품과 패키지가 작은 상품은 가격에 둔감하다.

"고객은 최저가격(Lowest Price)을 원하는 것이 아니라 신뢰가 가는 공정한 가격(Fair Price)을 원한다."

이것이 고객이 원하는 가격에 대한 월그린의 사고방식이다. 이 회사는 월마트의 약진을 보고 '가격으로는 이길 수 없다'고 판단하고, 1980년대부터 공정한 가격을 뜻하는 페어프라이스로 전략을 전환했다. 비싸다는 가격 이미지를 피하기 위해 1개의 상품 카테고리에 2개의 상품을 지역 최저가격(하지만 월마트는 비교대상에서 제외)으로 해서, 판매수량을 기준으로 상위 3분의 1에 해당되는 상품의 가격을 경쟁점과 동등하게 하고, 3분의 2에 해당되는 상품의 가격은 높게 하는 가격전략을 채택했다.

또한 청량음료, 담배, 화장지, 티슈, 껌 등과 같이 대량구매가 많은 상품은, 가격이 월마트보다 높아서 가격이 비싸다는 인상을 주기 때문에 낱개 판매에 집중한다. 화장지와 티슈의 낱개 판매는 일본의 소매업 상

식으로는 생각하기 어려울 것이다(〈표 48〉 참조)

고가 상품은 소량으로 구매하게

한 생명보험회사는, '1일 146엔의 보험료로 하루 1만 엔의 입원료 지급'이라는 문구의 광고를 하고 있다. 소비자는 1일 146엔이라면 좋은 보험이라고 생각되어 가입하지만 연간으로는 5만 3천 엔이라는 계산이 나온다. 이것을 '세분화법칙'이라고 한다. 큰 것은 이에 따르는 저항감도 크지만 작은 것은 저항감이 작다는 심리를 활용한 것으로, 고가 상품의 가격소구에 적절한 방법이다.

예를 들어, 대형 사이즈와 대량 구매는 가격이 높아지고 저항감도 크

〈표 48〉 가격에 민감한 상품, 둔감한 상품

민감한 상품	둔감한 상품
시즌(계절)상품	시즌오프 상품
대형 사이즈	소형 사이즈, 여행용 사이즈 상품
번들(bundle) 패키지	낱개 상품
비자기중심적 상품	자기중심적 상품
주부용 상품	어린이, 청소년용 상품
여성용 상품	남성용 상품
중고가 상품	100엔 이하 상품
비전문성 상품	전문성 상품
NB상품	LB(로컬)상품
텔레비전 광고상품	텔레비전 비광고 상품

다. 여행용 사이즈의 상품을 뜻하는 트래블(travel) 사이즈 상품은 비싸도 여간해서는 신경 쓰지 않는다. 150엔의 드링크는 10개들이 박스상품에 1,000엔 이하를 기대하지만, 1병에 140엔 정도로도 저항 없이 구매해준다.

가격의 우수리에 주의

가격은 마지막을 반드시 '0'으로 해야 하는 것이 아니다. '8'과 '9'로 함으로써 싸다는 이미지를 줄 수 있는데, 다음과 같은 숫자의 효과에 주의하자.

① '0' 이외의 우수리는 싸게 느낀다

사람은 10, 20, 30과 같이 끝에 '0'이 붙은 숫자는 일종의 단락으로 받아들인다. 예를 들어, 19세와 20세는 한 살 차이밖에 안 나지만 20세는 20대로 취급한다. 1만 엔과 9,980엔은 20엔 차이지만 1만 엔은 1만 엔의 느낌이 강하다. 반면 8엔과 9엔, 4엔과 5엔과 같은 1단위의 1엔 차에는 큰 차이를 느끼지 못한다. 마지막 1단위가 '0' 이외의 경우에는 '싸다'고 느끼고, '0'의 경우는 '비싸다'고 느끼는 경향이 있다.

② 우수리를 활용해서 이익을 높인다

가격을 크게 신경 쓰지 않는 상품은 1,000엔의 상품을 1,098엔으로 팔아도 팔린다. '1,100엔을 1,098엔으로 싸게 판다'는 것으로 고객이 착각하기 때문이다. 우수리의 설정으로 이익을 높여도 가능하다는 뜻이다.

반대로 2~3개의 다량 구매 시에는 끝의 단위가 0으로 끝나는 가격을 붙여야 한다. CVS 헬스에서는, 코카콜라 2리터 89센트, 칫솔 1개 1달러 99센트, 휘네스 샴푸 1병 2달러 99센트 등 낱개 판매에는 끝자리를 '9'로 함으로써 싸게 팔고 있다고 느끼도록 한다.

반면 다량 구매에서는, GE사의 전구 2개 3달러, 크레스트 치약 2개 5달러, 리콜라 목캔디 2봉지 3달러와 같이 끝 단위를 단락이 지어지는 숫자로 한다. 다량 판매 시의 끝자리를 그렇게 함으로써 고객에게 '우수리를 잘라냈다'라는 인상을 주기 때문이다.

③ 구매를 쉽게 하는 할인 표현

최근 눈에 자주 띄는 것이 '3개째 프리(free)', '2개째 50% 할인' 등의 가격 설정이다. 3개째 프리는 1개당 33% 할인과 같다. 2개째 50% 할인은 1개당 25% 할인이다. 왜 이처럼 표현하는 것일까?

그 이유 중 하나는, 프리나 50%라는 강렬한 표현은 소비자에게 알뜰구매의 이미지를 전달해서 다량 구매를 촉진하기 때문이다. 다른 1가지 이유는, 1개당 33% 할인이라고 표현하면, 보기에 얼른 계산이 안 되어 가격이 혼란스럽고, 브랜드 자체에 악영향을 끼칠 우려가 있어 제조업체의 협력을 얻어내기 어렵기 때문이다.

하이·로우 전략과 에브리데이 로우프라이스

미국에는 "Rich enjoy discount, Poor need discount"라는 말이 있다. 부자든 가난한 사람이든 알뜰구매를 하고 싶어 한다는 뜻이다. 그때 부자는 할인을 즐기는 것이고, 가난한 사람은 할인이 필요한 것이다.

소매점은 하이·로우(high·low) 전략과 에브리데이 로우프라이스 전략을 채택한다. 하지만 월마트처럼 EDLP 전략을 채택할 때에는 판매비용을 최소화하는 로우코스트 오퍼레이션(low cost operation, 저비용관리) 시스템과 이를 실현할 수 있는 기업 체질이 전제가 된다. 그러한 전제가 없이 단순히 저렴한 가격만을 고집하는 소매업체는 대부분 실패하고 수익성을 크게 떨어뜨릴 뿐이다.

① 하이·로우 전략

주요 상품을 정기적으로 일정 기간 할인가격으로 판매하고, 이외의 기간에는 원래의 가격으로 판매하는 방법이다. 할인한 상품을 전단에 게재하면 청량음료와 같은 상품은 판매가 좋아지지만, 향수와 같이 가격을 변경해도 소비량이 늘지 않는 상품은 매출이 크게 늘지 않는다.

결국 사용 빈도와 구입 빈도가 낮은 상품은 전단 게재를 해도 고객의 눈에 띄기 어렵지만, 소비량에 변화가 많은 청량음료 등에는 눈이 쉽게 간다는 것이다. 이런 사고방식을 기반으로 하는 것이 하이·로우 전략으로, 그 장점은 다음과 같다.

• **내점객 수를 증가시킨다**

부자도 가난한 사람도, 알뜰가격으로 산다는 것은 '현명한 구매'임에는 틀림없다. 하이·로우 전략은 특가상품을 찾는 고객을 증가시킨다.

• **일부의 할인만으로도 '알뜰구매 점포'가 된다**

소매업에서는 '알뜰구매 점포'의 이미지가 필요하다. 하지만 무모할 정도로 할인상품 수를 늘려도 소용없다. 왜냐하면, 고객이 기억할 수 있는 가격은 기껏해야 200품목 정도이기 때문이다.

드럭스토어의 경우, 진열되어 있는 1만 5천 아이템 구색 중 1.5% 정도의 상품에 대한 가격소구만으로 알뜰구매가 가능한 점포의 이미지를 만드는 것이 가능하다.

• **신규 고객 획득이 가능하다**

전단과 광고를 보고 내점하는 신규 고객은 전단을 시작으로 내점을 습관화할 가능성이 있다. 수익성이 높은 일본의 한 드럭스토어는, 대폭 할인상품을 전단에 게재하지만 고객들이 저가 상품을 대량 구매하지 않도록 하기 위해 눈에 띄지 않는 장소에 진열한다. 하지만 할인상품 옆에는 반드시 연관 상품을 진열하고 할인의 매력을 소구해가며 할인판매에 따른 이익률 감소를 보완하는 마진믹스 전략을 강화한다.

② EDLP 전략

가격에 민감한 고객을 겨냥한 점포에서는 상품을 매일 저가로 판매하는 EDLP 전략이 효과적인데, EDLP에는 다음과 같은 장점이 있다.

• 가격에 대한 신뢰를 얻기 쉽다. 대부분의 상품이 싸지 않아도 '언제나 싸다'는 이미지를 고객에게 주어 가격에 대한 신뢰감을 얻기 쉽다.
• 가격이 항상 일정하기 때문에 가격 변경을 위한 작업이 필요 없어 업무비용을 줄일 수 있다. 하지만 EDLP에 의해 이익을 늘리는 것에는 앞서 이야기한 것처럼, 로우코스트 오퍼레이션을 철저히 하는 것이 필수적이다.

시카고의 어느 슈퍼마켓에서는 하이·로우 전략과 EDLP 전략의 효과를 실험해서 '매출 측면에서는 EDLP 쪽이, 이익 측면에서는 하이·로우 쪽이 유리하다'는 결과를 얻었다. 이는, EDLP에 의한 이익감소분을 매출의 신장으로 보완할 수는 없다는 의미이다.

또한 최저가격보증을 병행하면 EDLP 전략에 대한 고객의 신뢰감이 높다. 실제 월마트로 대표되는 디스카운트스토어와 전자제품 전문점인 베스트바이, 건축자재 전문점 홈디포 등 저가격을 무기로 하는 소매업체의 대부분이 최저가격보증을 하고 있다.

베스트바이 점포에서는, "우리 점포 입구에서 판매하는 상품가격은, 고객께서 구입한 시점으로부터 2주 이내까지, 어떤 업체의 가격보다도 싸게 판매한다는 것을 보증합니다. 이 최저가격보증의 대상 상품은 동일 브랜드, 동일 모델의 상품으로 경쟁점이 취급하고 있는 상품이어야 합니다. 하지만 한정 수량 판매상품, 제조 중지된 상품, 그리고 폐점 세일에 의한 처분 상품은 대상에서 제외합니다"라는 내용의 포스터를 내걸고 있다.

'싸다'는 이미지를 전달하는 방법

소매업은 비싸다는 이미지가 생겨버리면 고객의 발길이 멀어지고 장사가 형편없어진다. 그 때문에 상품가격을 낮춰 제공하는 것에 더하여 '상품을 싸게 판매하는 곳'이라는 점포 이미지 만들기가 중요하다. 몇 가지 방법을 들어보자.

① '상품을 싸게 파는 점포'로 이미지를 만드는 방법

• 세일 사인

가격이 같아도 항상 디스카운트와 세일 사인을 내건 점포는 소비자가 싸다고 느낀다. 많은 소매업 점포들이 전단과 POP로 싸다는 것을 소구하고 있는 것도 이 때문이다. 예를 들어, 이케아(IKEA)에서는 가격소구를 겨냥한 POP가 눈에 띄고, 월그린에서는 '1달러'라는 POP를 점내 여러 곳에 걸어 상품가격이 싸다는 점포 이미지를 소구하고 있다.

• 어포더블 에센셜

월그린에서는, 구입하기에 매우 적절한 상품이라는 의미로 '어포더블 에센셜(affordable essential)'이라는 판촉 프로그램을 실시하고 있다. PI(Purchase Index) 수치•로 톱10 상품 중 3~5아이템을 곤돌라 엔드 2

•PI(Purchase Index) 수치
계산대 통과 고객 1천 명당 구매지수로, 방문객당 실제 특정 상품구매 비율을 뜻함. 우유를 구입하는 고객 수가 1천 명 중 100명이라면, 그 우유의 PI 값은 10%가 됨.

~3개소에 진열한다.

• 99센트 코너

타깃에서는 계산대 옆에 99센트 코너를 설치하여 계산대 앞에서의 충동구매를 촉진한다. 월그린에서는 계산대 옆에 정기적으로 99센트 균일 상품을 진열해서 좋은 상품가격의 이미지를 강화하고 있다.

• 엔드에 매단 전단

CVS 헬스에서는, 곤돌라 엔드에 상품 부문별로 특매가격을 보여주는 전단을 비치해놓고 있다. UCLA점의 점장은, "(이 방법이) 고객에게 있어서는 자신의 형편에 맞는 상품 구매가 가능한 서비스가 될 수 있다"라고 한다.

• Was(이전 판매가격)와 Now(현재 판매가격)의 병행 표기

할인할 때는, POP로 이전 판매가격을 병기해서 현재의 가격이 어느 정도 싼 것인가를 확실하게 인식하도록 한다.

• 3가지 가격을 표기한다

캘리포니아의 슈퍼마켓 랠프스에서는, 동일한 와인에 3종류의 가격이 붙어 있다. 통상가격, 회원가격, 그리고 6병 구입 시의 20% 할인가격이다. 1병당 환산가격을 POP로 써서 비교해보면 싸다는 것을 소구하고 있다. 이 소구방법의 효과는 절대적인데, 높은 정상가에 예민한 고객은 회원 가입을 하거나 6병을 구매해버린다.

② PB상품의 저렴함을 소구하는 방법

• 비교진열

소매업체의 자체 상품인 PB상품의 저렴함을 소구하는 경우는 유명 상품인 NB상품 우측에 진열해서 비교구매를 촉진하면 좋다. NB와 PB 상품에 걸쳐 가격을 비교하는 POP를 부착해서 양쪽의 가격차를 보여준다. "3.77달러 이득($3.77 Saving)"과 같이 금액을 보여주는 것이다.

• 쇼핑바구니에 가득 채운 가격비교 방법

PB와 NB 상품의 가격차를 소구하는 경우, 강한 임팩트를 주기 위해 쇼핑바구니에 상품을 가득 채워 구입했을 때의 합계금액 차이를 소구하면 좋다. 월그린에서는 20개 아이템 정도의 NB상품으로 가득 채운 쇼핑바구니와, 같은 종류의 월그린 브랜드 PB상품으로 가득 채운 쇼핑바구니를 나란히 놓고, NB상품 혹은 PB상품의 상품명, 가격, 합계금액을 표시한 뒤 큰 글씨로 "34달러 88센트나 이득!" 이라는 메시지를 붙여 PB상품의 장점을 소구하고 있다.

와!(Wow)라고 감탄하는 가격

타입별로 효과적인 알뜰구매 느낌의 전달방법

일본에서는 소비세가 오름에 따라 '가격민감고객(프라이스 컨셔스 커스터머, price conscious customer)'이 늘어나고 있다. 이 때문에 어느 정도 임팩트가 있는 판매촉진과 점포의 입구에 진열하여 특매행사를 해도 가격에 무신경한 진열을 해버리면, 소비에 신중한 소비자들을 유도하기가 어렵고 때로는 점포를 떠나버린다.

2008년 리먼브라더스의 파산에 의한 금융사태 후 100년에 1번 올까 말까 할 정도의 불경기가 엄습한 미국에서도, 가격에 민감한 고객이 증가했다. 그때 미국의 소매업이 채택한 전략은 소비자의 구매행동에 대해 '많은 고객은 돈이 없는 것이 아니라, 필요 없는 물건을 사는 것은 바보 같은 짓이라서 돈을 쓰지 않고 있는 것이다'라며, 대부분의 고객을 동일시하지 않고, 아래의 4개 유형으로 분류해 다양한 대책을 세웠다.

- 싼 상품만을 싸게 파는 점포에서밖에 사지 않는다.
- 싸게 팔아도 필요한 양밖에는 사지 않는다.
- 싸게 팔아도 필요 없는 상품은 사지 않는다.
- 구매를 하면 득이 되는 점포와 득이 되는 때가 아니면 사지 않는다.

① 싼 상품만을 싸게 파는 점포에서밖에 사지 않는 고객

소비자조사에 의하면, 가격만으로 구매할 점포나 상품을 선택하는 사람은 약 20%라고 한다. 하지만 소비자가 대부분의 가격을 조사하는 것은 불가능해서, 소비자가 싸다고 생각하는 점포에서도, 싼 상품과 싸게 파는 점포를 찾는 고객에 대해서는 "우리 점포는 가격에 자신이 있습니다. 알뜰구매 점포입니다"라고 이미지를 지속적으로 제공하는 것이 중요하다.

• **최저가격보증**

월마트의 EDLP 전략은 '월마트의 가격은 가장 싸며, 일부 상품이 혹시 다른 점포보다 조금 비싸도 그것은 예외일 것'이라고 고객이 생각하게 만드는 것에 성공했다. 최저가격 판매업체의 이미지를 소비자의 머리에 각인시키는 것이다.

그런 월마트도, 평균소득 이하의 세대였던 종래의 타깃 고객층을 평균소득 이상으로 확대하는 것으로 전략으로 바꾸었다. 이에 따라 캐치프레이즈를 '세이브 모어, 리브 베터(Save More, Live Better, 절약으로 보다 풍요로운 생활을 실현합시다)'로 바꾸고, 유명 디자이너의 패션의류도 진열하고 있다.

하지만 타깃 고객층의 확대는 월마트의 가격 경쟁력을 약화시켜, 가격을 우선시하는 많은 고객들이 다른 할인점이나 달러제너럴(Dollar General)같이 모든 상품을 1가지 금액으로 판매하는 원(one)프라이스스토어로 유출되는 사태를 맞았었다. 위기감을 느낀 월마트는 경쟁점 등 다른 업체의 판매가격에 상품판매가를 맞추어주는 '웰 매치잇(Well Match It)'이라는 서비스로, 동일 상품에 대해서 지역 내 최저가격을 보증하는 '로우프라이스 개런티(Low Price Guaranteed)' 전략을 취해야 했다. 이것은, 월마트보다 가격이 싼 경쟁점의 전단이나 브로셔 등을 갖고 가면 월마트도 그 가격에 구매할 수 있도록 하겠다는 것이었다.

또한 같은 상품에 대해서 경쟁점과의 가격차로 10%를 책정하는 기업도 있다. 언뜻 보기에 이익을 압박하는 전략 같지만, 최저가격보증의 경우와는 달리, 실제로 점포를 찾아와 가격 변경을 원하는 고객은 많지 않기 때문에 점포의 이익이 크게 줄어들 위험성은 없다. 차라리 경쟁점의 최저가격에서 좀 더 할인을 해주는 가격정책 쪽이 소비자들을 보다 안심하고 구매할 수 있도록 만들어줄 것이다.

• 경쟁점과의 가격비교 제시

북캘리포니아에 있는 독립 슈퍼마켓인 너겟 마켓(Nugget Market)은, 계산대 정면에 인근 경쟁점과의 가격비교표를 걸어놓았다. 경쟁점의 가격보다 가격이 싼 상품 수를 월별과 누계로 표시해서, 소비자에게 자신들이 경쟁점에 비해 저렴하게 판매한다는 것을 소구하고 있다.

소득 수준이 높은 지역에 출점해온 웨그먼즈도, 가격에 민감한 소비자가 늘어나는 추세에 따라 상권 내 경쟁점과의 가격비교를 내걸고, 저렴한 점포라는 이미지의 강화에 박차를 가하고 있다. 웨그먼즈는, 홀세일클럽(Membership Wholesale Club)인 코스트코도 비교대상에 넣고 있지만, 한 품목만으로 코스트코에 대한 가격우위를 보여주고 다른 것은 동등한 가격임을 표시해 자신들이 싸다는 이미지를 강조한다.

② 싸더라도 필요한 양밖에 사지 않는 고객

필요한 양밖에 사지 않는 고객에게는 대량 구입 시의 가격할인 소구를 해서 구매의욕을 높이는 방법을 기본으로 한다.

• '대량구매' 프로모션

판매자가 상품을 단품으로 할인해서 판매하는 경우는, 구매자의 대량구매가 없으면 매출과 이익이 떨어질 수밖에 없다. 이 때문에 '2개째 구입 시 50% 할인', '2개 구입 시 3개째 무료' 등 대량구매를 촉진하는 가격소구가 중요하다. 이러한 방법이라면 1개보다도 2개나 3개를 구입하게 함으로써 객단가를 높일 수 있는 기회가 늘어난다. 하겐다즈 아이스크림과 같이, 집에 있으면 즉시 소비되는 것을 알 수 있는 상품을 이러한 프로모션으로 판매하면 많은 사람들이 다량으로 구매하게 된다.

• '믹스 앤 매치' 프로모션

믹스 앤 매치(mix & match) 프로모션이란, 다른 상품을 복합해서 구매할 경우 할인해주는 프로그램이다. 복수의 상품 조합은 동일 제조업체의 상품인 경우와 동일 상품 부문 안에서 다른 브랜드 상품을 함께 구매하는 경우로 구분해볼 수 있다.

예를 들어, '고양이 먹이, 어느 것이든 10캔 10달러', '(같은 업체의 과자를) 어느 것이든 5봉지 5달러 디스카운트', '(행사대상 상품을 볼륨진열하고) 5개 동시 구매 시 6달러 디스카운트', '행사 대상 와인을 6병 구입하면 20% 할인' 등이다.

일본의 수입식품 전문 체인업체도 '커피원두를 5종류 구입하면 300엔 할인' 캠페인을 실시해서 다양한 원두의 대량구매를 권장한다. 동일 상품의 대량구매는 고객도 곧 싫증을 내게 되지만, 여러 종류의 상품을 마음대로 골라서 싼 가격으로 구입이 가능한 프로그램이라면, 다양함와 저렴함에 끌려 별 생각 없이 손이 나가게 되는 것이다. 또한, 상품 1개만을 구입하는 경우의 디스카운트 판매가 아니면서 브랜드 이미지를 손상하지 않게 된다는 이점도 있다.

크로거에서는 전용 매장 없이 전단과 POP만으로 믹스 앤 매치 판매를 전개했다. 게토레이 음료, 호라이즌 우유, 델몬트 과일 요거트, 레드

소시지, 로사리타(Rosarita) 콩 통조림, 미셸리나(Michelina's) 냉동식품, 콜게이트 치약칫솔, 세이프웨이 배터리 등 약 40개 아이템 중 어느 것이든 10개 골라 10달러에 판매해 많은 성원을 받았다.

③ **싸더라도 필요 없는 상품은 사지 않는 고객**

이러한 고객에게는, 상품의 연관성을 소구해서 객단가를 늘리는 방법을 기본으로 한다.

• 페어링 판촉

미국의 슈퍼마켓에서 최근 자주 눈에 띄는 것이 '페어링(pairing)'이다. 예를 들면, 스테이크용 소고기와 레드와인을 함께 구매하면 5달러 할인되는 판촉으로, 스테이크용 매장을 대상으로 레드와인을 진열하며, 와인 매장에서는 POP를 이용해서 페어링 정보를 제공한다. 서부 지역의 슈퍼마켓 랠프스에서는, 저녁 메뉴와 그에 어울리는 화이트와인을 페어링 판촉했다.

어떤 레스토랑에서는, 다양한 요리에 맞는 와인을 하프 글라스(half glass, 반잔)로 제공하는 판촉을 실시했다. 단가가 싼 하프 글라스를 제공하여 다양한 와인을 즐길 수 있는 기획을 마련한 것이다. 드럭스토어에서도 주방세제와 핸드크림, 칫솔과 치약의 페어링 판촉이 빈번하게 이루어지고 있다.

• 금액을 강조한 메뉴 제안

홀푸드에서는 "10달러로 4인 가족의 디너를"이라고 하는, 금액을 강조한 메뉴를 제안했다. 경기 침체기에는 어느 정도 좋은 제안을 해도, 지출이 늘어날 것 같으면 소비자는 관심을 보이지 않는다. 이 프로모션은 한 끼당 필요금액을 보여줌으로써 가격에 민감 고객들의 관심을 끌었다. 저녁 메뉴를 제안한 적은 있었지만 금액을 명시한 경우는 거의 없었다. 가계에 고민이 많은 주부들이 10달러라는 금액에 이끌려 점포로 발걸음을 옮기고는, 저녁 식단에 필요한 것을 대량으로 구매하게 됐다고 한다.

• 소비자의 체험담 POP

개인의 행동은 자신의 가치관과 신념뿐만이 아니라 관계를 맺고 있는 다양한 사회집단으로부터도 영향도 받는다. 이처럼 개인행동에 영향을 끼치는 집단을 '준거집단'이라고 한다.

소매업의 경우, 한 사람의 고객 입장에서 보면, 다른 고객이 친근한 준거집단이 된다. 다른 고객의 말 한마디가 설득력을 갖게 된다는 것이다. 그러한 심리를 이용한 것이 고객의 실제 체험담을 자신의 말로 표현한 POP이다. "최고로 좋았다!"라는 말과 고객의 사진을 이름과 함께 게재함으로써, 구입할 생각이 없었던 고객이 자신도 모르게 진열된 상품에 손을 뻗는다. 상품이 마음에 들었던 고객의 협조를 받아, 상품과 함께 사진을 찍어 추천 코멘트를 받아서 점내에 게시하는 경우도 있다.

월마트도 신상품을 소개할 때 파트 직원의 추천을 활용한다. 직원의 사진과 이름을 담아 소개한 것이지만, 실제로 사용해보고 만족감을 느낀 파트 직원의 사용후기라서 추천 멘트에도 신뢰가 간다. 이 경우 점장 추천보다는 직원 추천 쪽이 보다 효과적이다.

왜냐하면, 직원과 파트타이머는 준거집단 중에서 점장보다 소비자에게 가까운 존재이기 때문이다. 점장 추천의 경우는, 이익률이 높거나 재고가 많은 상품을 추천할 가능성이 있다고 소비자가 느낄 수도 있기 때문이다.

또한 최근 슈퍼마켓에서 "바이어가 고른 추천상품(Buyer's Pick)"이라는 POP를 자주 볼 수 있다. 좀처럼 구할 수 없는 상품과 상당히 좋은 조건으로 매입한 상품을 구매 담당자인 바이어 자신이 추천한 것이다. 이와 같은 상품은 바이어가 자존심을 내건 상품이라서 신뢰감이 가고 구매자에게 이점이 많아 인기가 높다.

• 시식, 시음, 시착, 테스트의 실시

필요한 것밖에 사지 않는 고객에게는 '좋다', '맛있다', '향이 좋다', '감촉이 좋다' 등의 오감에 호소해서 충동구매를 부르는 것이 효과적이다. 트레이더 조에서는, 매장 안쪽의 시식 코너에 전담 직원을 배치해서 추천 상품을 고객에게 시식하도록 한다.

• 프레이밍 효과를 높이는 특가상품

특매 전단에는 고객을 끌어당기는 특가상품이 준비되어 있다. 하지만 특가상품만으로는 점포 측에 메리트가 적기 때문에 연관 진열 등에 의해 객단가를 늘리는 계획이 필요하다. 그중 1가지 방법이, 임팩트 있는 특가상품 가까이에 같은 부류의 상품을 진열하는 방법이다. 특가상품에 끌려 조금 가격이 비싸도 '쓰기가 편리할 것 같다', '생각보다 괜찮은 상품'이라고 생각되면 판매가 늘어난다.

'사고 싶다', '흥미가 있다' 등과 같이 하나의 방향성의 범위에 넣는 것을 프레이밍(틀에 넣는다)이라고 한다. 이 경우에는 '사고 싶다'는 프레임에 고객을 집어넣어 통상적인 가격의 상품에도 손을 뻗게 하는 것이 중요하다.

• 윤리적 판촉

'재해 피해자 응원 세일' 등을 하면 소비자의 구매의욕이 환기되는 효과가 있다. 왜냐하면, 구매를 통해서 피해자를 응원하고 도움을 준다는 행복감을 느낄 수 있기 때문이다. 특히, 시니어 고객층은 사회에 보답한다는 생각이 강하고, 젊은이들 중에도 사회공헌을 하고자 하는 사람들이 많다.

구매하면 소매업체가 '소아암 퇴치기금', '유방암 퇴치기금', '빈곤국가 어린이를 위한 교육기금'에 매출액의 일부를 기부하는 것으로, 평소에도 구매를 통해서 사회공헌을 할 수 있다고 알려서, 고객이 직접 필요하지 않은 상품도 사게 되는 경우가 있다.

④ 이익을 얻는 점포에서와 특정 시점밖에 구매하지 않는 고객

수량이 적은 물건이나 입수하기 어려운 물건일수록 인간은 강한 욕심을 느낀다. 뭔가 얻었다는 기분을 원하는 고객에게는 '한정'을 키워드로 한 방법과 가격소구력을 높이는 방법으로 판매하는 것이 좋다.

• 한정판촉

'100개 한정', '선착순 50명', '○월 ○일까지', '오전 11시까지'…….

구하기 어려운 상품일수록 고객의 욕망을 자극해서, '빨리 사지 않으면' 이라는 기분을 만든다. 조건이 까다로울수록 '서두르지 않으면 없어져 버린다' 라는 초조함을 불러일으킨다. 한정조건 상품은 상품 그 자체의 우수함만이 아니라, 손에 넣기까지의 수고가 상품의 가치를 높인다.

• 앵커 상품의 진열

소비자는 상품을 비교해서 보다 좋은 선택을 하고 싶어 한다. 그때 비교 포인트를 '앵커(anchor)' 라고 부르는데, 가격과 양, 서비스, 센스, 상품의 품질과 기능, 디자인 등이 그것이다. PB상품의 경우를 생각해보자. PB상품은 NB상품과 함께 진열하는 것으로 그 낮은 가격을 확인하게 된다. 그때의 앵커는 NB상품이다. 할인판매 시, 가격표에 병기한 정상 판매가격도 앵커의 하나이다.

• 메일 인 리베이트 판촉

메일 인 리베이트(mail in rebate) 판촉은, 대상 상품의 구입 증명자료(영수증 등)를 지정된 주소로 보내면 할인권을 보내주는 것을 가리킨다. 이 판촉에는 2가지 장점이 있는데, 하나는 가격소구에 의해 판매가 촉진되는 것이고, 또 하나는 판촉비용이 적게 든다는 것이다. 예를 들어, 면도날이 판촉 대상 상품인 경우, 3달러의 할인을 알리는 전단과 POP로 충동구매를 유도한다.

하지만 준비된 용지에 기입해서 다시 보내는 수고를 싫어하는 사람들이 많아 실제로는 이용하는 사람이 한정되어 있다. 이 때문에 팔린 상품 전부를 할인해주는 판촉보다 비용이 절약된다.

방법은 2가지가 있다. 판촉용 쿠폰북에 의한 것과 일반적인 것이다. 판촉용 쿠폰북에 의한 방법은, 판촉회사가 중심이 되어 제조업체와 소매업체가 협력해 진행한다. 점포에 준비된 쿠폰북의 상품을 기간 내에 구입한 후 영수증 등의 증빙자료를 정리해서 지정된 곳으로 보내면, 할인된 금액의 체크(다음에 사용할 수 있는 할인권)가 오게 된다. '350달러 백(back)' 이라고 인쇄된 쿠폰북은, 쿠폰 대상 상품을 전부 구매하면 350달러 상당의 체크을 받을 수 있다는 의미로 판촉효과도 크다.

일반적인 메일 인(mail in)은, 개별 상품을 대상으로 전단과 POP로 리베이트 금액을 소구해서 충동구매를 유도하는 것이다. 쿠폰북의 방법과 같이 지정 용지에 이름, 주소, UPC(Universal Product Code, 공통상품코드)를 기입하고 대상 상품의 영수증을 첨부해서 지정 리베이트 센터로 보낸다. 예를 들어, 시바스리갈 스카치위스키, 비피터(Beefeater)와 씨그램 진(Gin) 등 750밀리리터 이상 6종류의 하드 리쿼(hard liquor)를 3병 이상 구입하면, 15달러 상당의 금액이 환급되는 'Save $15 by Mail' 이라는 캠페인에서는, '$15달러 백(back)' 의 POP를 매장 여러 곳에 게재해서 고객의 구매의욕을 높인다.

가치판매

세일즈 프로모션의 중요성

미국의 소매업과 제조업체에 있어 세일즈 프로모션(sales promotion)

활동이 중요해지고 있다. 소비재 제조업체에서는, 세일즈 프로모션(트레이드 프로모션, 혹은 소비자 프로모션) 비용이 광고판촉 비용의 4분의 3을 차지한다(〈표 49〉).

미디어 광고비용 비율이 1980년대의 44%로부터 23%로 축소된 반면, 소비자 프로모션은 4분의 1을 유지하고 있다. 소매점과 벤더의 협력에 의한 트레이드(trade) 프로모션은 같은 기간에 34%에서 53%까지 확대되었다. 미디어광고 자체도 트레이드 프로모션과 소비자 프로모션을 지원하는 경우가 많은 편이다.

그중에서도 오래 인기를 누려온 쿠폰북은 연간 사용매수가 대략 80억 매이다. 소비자는 50억 달러 정도를 절약하고 있다. 한 조사에 의하면, 90%의 소비자가 과거 6개월간 쿠폰을 사용한 경험이 있다고 한다.

세일즈 프로모션을 시행한 기업들의 프로모션 종류별 비율도, 쿠폰 프로모션이 97%로 최고를 나타내고 있으며, 샘플 프로모션이 63%, 프리미엄 제공 프로모션이 56%로 나타나고 있다. 세일즈 프로모션과 미디어광고의 비용이 역전된 것에는 2가지 이유가 있다.

첫 번째 이유는, 텔레비전과 신문, 잡지를 보는 시간이 줄어들어 매체효과가 떨어지고 있는 것이다. 두 번째로는, 텔레비전 광고의 짧은 시간

〈표 49〉 소비재 제조업체의 광고판촉 비용 비율 (%)

종류	1980년	1990년	2000년	2013년
미디어광고(텔레비전, 신문, 잡지 등)	44	28	25	23
소비자 프로모션	22	25	24	24
트레이드 프로모션	34	47	51	53

으로는 상품 특성을 충분히 전달하는 데 한계가 있어서, 점두에서의 POP와 상담, 데모 판촉으로 그것을 대체하고 있기 때문이다. 예를 들어, 월그린에서는 1일 내점객 수가 680만 명을 넘고 연간 24억 명에 달한다. 이렇게 많은 사람이 보는 매장 POP는 뛰어난 미디어매체로서의 기능을 하고 있다고 할 수 있다.

세일즈 프로모션의 목적은 '목적상품, 서비스를 구입하듯, 소비자에게 단기적인 인센티브를 제공한다'고 일컬어진다. 디스카운트 판촉, 상품증정 판촉 온팩(on package),• 니어팩(near package),• 쿠폰 판촉, 현금환원 판촉, 추천 판촉, 자기정산 판촉,• 포인트 증정 판촉 등의 세일즈 프로모션은 구매결정의 프로세스를 단축함으로써 바로 구매결단과 구매행동의 단계로 유도한다. 이 때문에 다른 마케팅 활동에 비해 단기간에 효과가 나타난다.

하지만 반드시 효과가 지속되지는 알 수 없다. 일반적으로 A상품을 구매하는 소비자에게 B상품의 쿠폰을 제공하면, 그 시점에서는 B상품을 구매할지 알 수 없지만, 쿠폰이 없으면 A상품으로 돌아갈 가능성이

•온팩(on package)
상품과 함께 경품이나 쿠폰 등을 제품에 부착해서 동시에 제공하는 것.

•니어팩(near pakeage)
상품과 함께 제공하는 경품이나 쿠폰 등을 제품과 일체화하지 않고 제품 구입 후 구매자가 가까운 특정 장소에서 제공받는 방식.

•자기정산 판촉
소비자가 대상 상품을 구입한 근거로 패키지나 라벨의 일부와 영수증을 보내면 시가보다 싸게 프리미엄 상품을 구입할 수 있도록 하는 판촉방법.

높기 때문이다.

세일즈 프로모션은, 타깃 소비자가 찾는 상품과 서비스에 대해서 가격과 가치의 밸런스를 바꾸는 마케팅과 커뮤니케이션 활동이라서, 단기적인 매출 제고와 장기적인 브랜드 가치 향상을 동시에 꾀하지 않으면 안 된다.

또한, 장기적으로 성공을 거두기 위해서는 마케팅 활동과 균형을 맞추는 전략 믹스가 중요하며, 세일즈 프로모션에만 편중하는 것은 반드시 피해야 한다. 소매업의 경우, 경험적으로 세일즈 프로모션에 의한 매출은 전체의 30%를 넘지 않아야 한다고 한다.

① 세일즈 프로모션의 장점과 단점

많은 기업이 세일즈 프로모션을 중시하는 것에는 다음과 같은 이유가 있기 때문이다.

- **결과를 내기가 쉽다**

  장기적인 효과를 기대하는 광고와 PR 활동에 비해서 세일즈 프로모션은 매출 증가 등의 단기적인 효과가 눈에 띈다.

- **효과를 측정하기 쉽다**

  광고와 PR 활동은 효과 측정이 어렵지만, 세일즈 프로모션은 효과를 측정하기 용이하다. 세일즈 프로모션은 가장 과학적인 마케팅 방법이라고 불린다.

- **실행하기 쉽고 경제적이다**

  세일즈 프로모션은 범위와 규모에 상관없이 현장의 판단으로 실행하기가 수월하다. 다른 방법보다 비용이 들지 않으며 지역별, 체인별, 점포별 등으로 구분해서 유연하게 프로그램을 구축할 수 있다는 장점이 있다.

한편 다음과 같은 단점도 있다.

- **브랜드 확립에는 효과가 그다지 없다**

  광고와 PR 등과 달리 세일즈 프로모션은 매출 증대에 즉각적인 효과는 있지만, 브랜드력 강화에는 크게 공헌하지 않는다.

- **빈번한 시행은 브랜드 이미지를 훼손한다**

  세일즈 프로모션을 빈번하게 시행하면 소비자로부터 팔리지 않는 상품으로 간주되어 프로모션 기간 외에는 전혀 팔리지 않게 될 가능성이 높다. 특징이 없는 상품일수록 이러한 악순환에 빠지게 마련이다.

- **작은 가격인하에는 반응하지 않게 된다**

  고객은 가격인하에 익숙해지면 작은 가격인하에는 반응하지 않는다. 점포에 대폭적인 인하를 강요하면 이익 감소를 불러올 가능성이 있다.

- **예상치 못한 비용이 든다**

  예상보다 많이 팔리면 결품이 발생하여 소비자의 신뢰를 잃게 되고, 팔리지 않으면 상품과 해당 상품을 위해 제작한 판매 전용집기 등을 폐기처분하거나 재활용해야 하는 문제가 발생한다.

- **장사를 만만하게 보게 된다**

  상품을 육성하고 브랜드력을 높이는 등의 지속적 활동을 잊고 단기적으로 편하게 매출을 확보한다는 달콤한 생각이 만연할 수 있다.

② 성공하는 세일즈 프로모션

장점과 단점에 주의해서 세일즈 프로모션을 효과적으로 행하려면, 다음의 포인트가 중요하다.

- **타깃은 누구인가?**

  타깃을 명확히 할 필요가 있다. 인구동태만이 아니라 사이코그래픽(심리학적 속성, 구체적으로는 라이프 스타일, 취향, 가치관, 신념과 종교, 구매의향, 동기 등)적 분류에 의한 타깃팅이 요구된다.

- **구매동기를 찾는다**

  소비자가 상품을 선택하는 이유는 브랜드 이미지, 맛, 디자인, 가격, 습관구매, 그리고 이런 요인들의 믹스 등 다양하다. 선택 이유를 명확히 하는 것으로 적절한 프로모션을 제공할 수 있다.

- **프로모션의 목표는 무엇인가?**

  프로모션 목표를 명확히 할 필요가 있다. 예를 들어, 단기적인 매출 증대, 브랜드 교체를 겨냥한 시험적 사용 촉진, 브랜드의 인지, 경합 브랜드의 이미지 낮추기, 충성고객의 증가, 신규 고객의 확보 등이다.

주목받는 코즈 마케팅 판촉

최근 미국에서 주목받고 있는 것이 '코즈 마케팅(cause marketing)'• 혹은 '코즈 릴레이트(cause relate) 마케팅'으로 불리는 사회공헌형 세일즈 프로모션이다. 이것은 사회공헌과 비즈니스 활동의 양립을 겨냥한 것으로, 사회문제와 환경문제에의 적극적인 자세를 보여주는 한편, 기업의 존재감을 강하게 소비자에게 전달함으로써 이익 확보를 꾀한다.

코즈 마케팅은, 1983년에 미국의 아메리칸 익스프레스(America Express)사가 행한 '자유의 여신상 복원 캠페인(신용카드 1회 사용에 1센트를 기부)'으로 시작되어, 최근에는 유방암 퇴치운동에의 지원을 표명한 기업이 자사 상품을 핑크색으로 만들어 경이적인 매출을 기록했다고 하는 사례도 생겨났다.

'근대 마케팅의 아버지'로 불리는 노스웨스턴대학 켈로그경영대학원의 필립 코틀러(Phillip Kotler) 교수는, "유럽에 있어 금융위기, 기후변화와 지구환경 오염 증가, 아날로그로부터 디지털(인터넷, 컴퓨터, 휴대전화, 소셜미디어)로의 변화는, 생산자와 소비자의 행동에 현재 커다란 영향을 끼치고 있어, 기업 마케팅 자체가 변화되지 않으면 안 된다"라고 주장한다. 또한, "과거 60년간 마케팅은 제품 중심의 사고(마케팅 1.0 단계)로 옮겨왔지만, 지금은 더욱 변화되어 인간 중심의 사고(마케팅 3.0 단계)로 옮겨가, 기업이 수익성과 사회공헌 책임을 양립시키지 않으면 안 되는 시대에 들어서 있다"라고 이야기한다.

① 코즈 마케팅의 3가지 행복

코즈 마케팅의 성공에는 사람의 심리가 커다란 영향을 준다. 인간의

> • **코즈 마케팅(cause marketing)**
> 특정 상품과 서비스의 구입이 기부 등을 통해서 환경보호와 사회공헌에 이바지한다는 점을 소비자에게 소구하는 것으로, 제품 및 서비스의 판촉과 제품 브랜드 및 기업 이미지 제고를 하는 마케팅 기법의 하나.

행복에는 3가지 단계가 있다고 한다. 첫째, 어린 아기가 어머니로부터 가득한 애정을 받는 '받는 행복'이다. 둘째는, 성공하는 과정에서 다양한 것을 자신의 힘으로 할 수 있는 '가능하다는 행복', 그리고 마지막으로는 사회에 도움이 된다는 '주는 행복'이다. 이 최상위의 '주는 행복'을 얻기 위해서 많은 사람이 봉사활동과 기부 등의 사회공헌에 적극적으로 임한다고 하는 것이 이 3단계설을 설명한다.

일본에서도 동일본대지진 후에 많은 소매업 체인으로부터 지원 캠페인이 이루어졌다. 이러한 캠페인은 평소의 구매를 통해서 소비자가 사회공헌에 참가하게 함으로써 '주는 행복'을 얻도록 하는 것이다.

한 조사에 의하면, '사회적인 것'에 관심이 있는 사람은 약 40%에 이른다고 한다. '소셜 마인드(사회공헌의식)'의 확산은 이제부터 더욱 힘을 얻게 될 것이다. 왜냐하면, 고령화사회에서 후손들에게 바람직한 지구환경을 물려주고 싶어 하는 시니어들이 늘어나고 있기 때문이다.

② 사회적 문제해결에 가장 가까운 소매업

사회적 책임(CSR)에 전략적으로 임하는 기업이 늘어나고 있다. 상품을 통해 고객과 직접 만나게 되며 지역과 밀접한 관계를 가진 소매업이야말로, 사회적 문제해결(social return)에 가장 상응하는 존재라고 할 수 있다.

그러면 소매업의 코즈 마케팅 방법을 알아보자.

- **월그린**

레드와인의 PB상품 매출액의 일부를 소아심장학회에 기부한다. 해당 상품을 제조하는 와이너리 오너의 자녀가 심장질환을 앓고 있기 때문에 기획된 것으로, 아이 사진을 POP로 만들어 많은 후원을 호소함으로써 현재 월그린에서 가장 잘 팔리는 와인이 되고 있다.

- **랠프스**

식품과 잡화 부문의 여러 제조업체로부터 협력을 받아, 소외된 사람들에게 2,500만 식의 식사를 제공하는 프로그램을 실시하고 있다. 협력 제조업체의 상품을 아일랜드에 대량으로 섬진열을 하고 매출의 일부를 빈곤대책협회에 기부하고 있다.

- **겔슨**

계산대에 준비된 2달러, 3달러, 5달러의 색상별 카드를 구입해서, 그 금액을 소외된 이들에게 기부하는 프로그램을 시행하고 있다. 또한 직원들의 지역 공헌활동을 전단에 게재해서 지역 소비자들의 신뢰감을 높이고 있다.

예를 들어, 어떤 때의 전단에서는, 여성 직원인 28세의 데보라 페레스와 21세의 데스 빈센트 양 2사람이, 머리카락을 전부 잃은 여성에게 가발을 만들어주기 위해서 자신들의 긴 머리카락을 제공했다는 이야기를 다루었다. 데스 양의 경우, 수년 전에 암환자였던 할머니가 현재도 건강하게 지내고 있는 것에 대한 감사의 의미로, 암환자에게 자신이 할 수 있는 것을 하고자 5살 조카와 함께 머리카락을 기부하려는 생각을 세웠다고 한다.

"나는 젊다. 나의 머리카락은 금방 다시 자란다. 머리카락을 기부하는 것은 아무 일도 아니다." (데스)

데보라는 화상과 암치료 등으로 머리카락을 잃은 어린이들에게 머리카락을 제공하는 '위그 포 키즈(Wig for Kids)'라는 단체에 자신의 머리카락을 제공했다.

- **크로거**

10월의 유방암 퇴치운동 기간 중에, 대상 상품인 스테이크 정육상품 매출의 일부를 유방암퇴치협회에 기부한다.

- **홀푸드**

대상이 되는 와인의 매출액 일부를 식수활동을 하는 단체에 기부한다.

- **듀안리드**

환경보호에 도움이 되는 상품을 구입한 고객에게 포인트 프로그램에서 포인트를 2배로 제공하고, 매출액의 일부를 환경단체에 기부하고 있다.

- **유풍**

많은 소매업체와 레스토랑이 이용하는 '유풍(Yupoong)'이라는 프로그램에서는, 대상 상품의 구입에 의해 증정되는 포인트를 자신의 아이들과 손주 등의 장학금으로 기부할 수 있다.

- **페어트레이드**

페어트레이드(Fair Trade)란, 개발도상국의 농산물과 잡화 등을 적정한 가격에 의해 지속적으로 수입, 소비하는 시스템이다. 저임금 노동을 강요당하는 개발도상국에서 정당한 방법으로 고용을 창출해서 빈곤 해소와 경제적 자립을 꾀하도록 하는 것이다. 예를 들어, 카카오 생산지인 도미니카공화국에서는, 페어트레이드에 의해 우물을 설치하고 학교시설을 정비했다.

페어트레이드 상품임을 증명하는 국제 페어트레이드(FT) 인증 라벨을 받기 위해서는 적정한 노동환경의 정비와 환경에 대한 배려, 노동자의 인권 확보 등 다양한 기준을 충족시킬 필요가 있다. 이 때문에 상품가격은 높아지지만 사회공헌을 바라는 소비자를 중심으로 FT 상품의 인기가 높아지고 있다. 활동에 공감한 대학생이 자원봉사활동으로 점포 입구에서 FT 상품의 프로모션을 지원하는 경우도 있다.

제4장

고객만족을 지속시켜간다

9. 고객만족의 지속과 불만족의 해결

고객만족이 습관구매의 열쇠

"우리의 일은 고객을 행복하게 하는 것이다. 만족한 고객만이 다시 찾아온다는 것을 항상 기억하고 있어야 한다. 고객을 무시하면 우리의 비즈니스는 존재할 수 없다. 이익은 포상이지 결코 권리가 아니며, 만족해 준 고객으로부터 받는 칭찬의 증거이다."

자신의 이름을 단 슈퍼마켓의 창업자이자 고객만족을 철학으로 하는 슈퍼마켓 스튜레너드의 스튜 레너드(Stew Leonard) 사장의 말이다.

심리학에서 '상호성의 법칙'이라는 이론에 의하면, 친절하게 대해준 사람과 신세를 진 사람에게는 신세를 갚고 싶다는 기분이 들며(호의로 갚음), 반대로 자신에게 나쁜 일을 한 사람에게는 복수를 하고 싶어진다(악의로 갚음)고 한다. 좋은 경우든 나쁜 경우든, 사람에게는 '상호성'이라고 하는 마음이 있다.

점포의 경우로 바꾸어 생각해보면, 점포가 친절을 베풀어주거나 느낌이 좋은 분위기, 감각 있는 구색 등으로 좋은 인상을 주게 되면, 고객은 그 점포의 편이 되어 고정고객이 된다. 반대로 불쾌한 느낌을 경험하게 되면, 그 점포를 멀리할 뿐 아니라 나쁜 입소문을 주변에 퍼뜨린다. 좋은 경험을 한 사람은 3~4명의 주변 사람들에게 이야기하고, 나쁜 경험을 한 사람은 10~12명의 주변 사람들에게 입소문을 낸다고 한다. 이것이 바로 고객에 의한 '상호성'이다.

미국의 소매업의 성장이 정체되고 인터넷판매가 성장을 지속하는 것도 상호성의 법칙이 작용한 것이라고 봐도 무방하다. 자신의 형편을 우선해줄 수 있는 점포인가를 고객은 민감하게 느끼기 때문에 언제 고객의 이탈이 일어날지 모른다.

고객을 습관적으로 점포에 오도록 하려면, 지속적인 고객만족의 제공과 동시에 불만족에 대한 지속적이고 빠른 대응이 필요하다. 고객 불만족은 습관화된 구매행동을 중단시킬 뿐만 아니라 소비자를 경쟁점과의 비교를 시작하게 만들기 때문이다.

지속적인 고객만족의 제공

"인터넷은 가격 경쟁, 점포는 만족 경쟁."

점포는 가격에서 인터넷판매를 따라갈 수 없다. 따라서 고객만족의 향상에 주력해야 한다. 구매결과가 기대 이상이면 고객만족은 확실하게 높아진다. 하지만 만족이 기대에 미치지 못하면 그다음의 내점 여부는 알 수 없다. 그리고 불만족스럽다면, 아예 구매대상 점포의 후보에도 낄 수 없게 될 것이다.

소매점이 지속적으로 고객만족을 유지해가기 위해서는, 5가지의 가치를 항상 안정적으로 고객들에게 제공해야 한다. 다시 한 번 말하지만,

고객만족이란 '신뢰=종합가치'로 결정된다. 신뢰는 상품, 편리성, 서비스, 분위기, 가격의 5가지 가치를 종합한 것이며, 고객은 이 5가지의 가치에 대해 무의식적으로 점포를 평가하고 있는 것이다.

고객의 신뢰를 획득하게 되면 처음으로 고객만족으로 연결되고, 그러한 고객만족이 충성고객을 만들며 구매가 습관화되어가는 것이다. 이 5가지의 가치에 대한 핵심을 정리해본다.

① 상품가치

• 좋은 구색

소매업은 고객의 구매대행업이다. 고객을 대신해서 고객이 원하는 구색을 갖추어놓지 않는다면 고객만족을 지속시키는 것은 어려운 일이다. 시장조사 전문회사인 로버 스타치(Rober Starch)사의 조사에 의하면, 단골고객을 뜻하는 프리퀀트 쇼퍼(frequent shopper, 자주 특정 점포를 이용하는 고객)를 만드는 가장 중요한 요건은 구색이라고 한다(〈표 50〉).

홈디포는 고객이 필요로 하는 상품에 대한 의견을 수시로 청취하고 있으며 홀푸드와 앨버트슨, 랠프스, 월그린에서는 고객의 의견에 따른 상품 주문에 적극적이다. 왜냐하면, 고객의 원하는 상품이 현재의 구색에 포함되지 않은 경우, 고객이 잠재적으로 선호하는 상품이 있다고 해도 POS 데이터상으로는 나타나지 않아 상품 동향을 전혀 알 수 없기 때문이다.

• 좋은 품질

상하지 않은 것이라도 패키지에 뭔가 묻어 있는 상품에는 고객이 손

〈표 50〉 프리퀀트 쇼퍼(단골고객)를 만들기 위한 주요 조건

1위	인기 상품이 품절되지 않는 상품구색과 진열
2위	빠른 계산대 운영
3위	프렌들리(friendly)하고 친절한 직원
4위	탐나는 상품을 찾기 쉽게
5위	반품하기 쉽게
6위	혼잡하지 않은 점포
7위	필요한 때에 도움을 받기 쉽게
8위	상품에 대한 직원들의 높은 지식

을 내밀지 않는다. 따라서 신선식품뿐만이 아니라 모든 상품의 선도와 품질에 주의하지 않으면 안 된다.

품질에 문제가 생겼을 때의 대응도 중요하다. 어느 슈퍼마켓은 유효기간이 지난 상품을 점포의 부주의로 고객이 모르고 구입했을 때에, 정상 상품으로 무료 제공하고 있다. 이와 같은 시스템은, 품질을 중시하는 소매기업으로서의 의무와 자세를 고객과 직원에게 보여주려는 것이다.

• **구매하기 쉬운 진열**

발견하기 쉽고 찾기 쉽고 구매하기 쉬운 진열이 이루어지는 것이 중요하다. 고객을 만족시키는 구색과 품질을 제공한다고 해도, 그것만으로 모든 것을 만족시킬 수 있는 것이 아니기 때문이다.

• **결품 제로(무결품)**

월마트의 창업자 샘 월턴의 '성공의 10가지 조건'은 다음과 같다.

1. 적정한 구색과 무결품
2. '에브리데이 로우 프라이스'를 수행한다는 신념
3. 주변 경쟁점보다 낮은 운영비용
4. 고객의 니즈에 부합하는 상품 추구와 비용 삭감을 위한 테크놀로지의 적극적인 활용
5. 철저한 고객서비스로 고객에게 기대 이상의 가치를 제공
6. 바이어와 납품업체 간의 좋은 관계를 촉진
7. 실패를 두려워하지 않고 새로운 것에 적극적으로 도전
8. 언제나 진심으로 일하는 벤더(Vender)와 직원 육성
9. 직원이 전략결정에 참여할 수 있는 열린 경영
10. 현상에 만족하지 않는다는 각오

여기서 주목하고자 하는 것은 첫 번째의 '무결품'이다. 소비자가 구매에 소비하는 시간은 해마다 짧아지고 있으며, 효율 높은 구매가 소비자들의 관심사가 되고 있다. 품절되면 내점한 고객으로서는 시간을 낭비한 셈이 되며, 당연히 점포에 대해 실망과 노여움이 생긴다.

한 음료 제조업체가 점포에서의 상품 결품 시, 이를 이유로 고객이 점포를 변경하는 조건을 조사한 결과가 있는데, 조사에 응한 응답자의 반수 이상이, 구매 개수로는 3~4개, 횟수로는 3회 이상 결품되어 자신이 원하는 상품을 구입하지 못한다면 다른 점포를 이용할 것이라는 결과였다. 품절은 기회 손실만이 아니라 엄청난 고객 손실인 것이다.

② 편의성 가치

많은 소매업 체인이 업태의 구분을 넘어서 구색의 폭을 넓히고 있다. 식품은 슈퍼마켓만이 아니라 드럭스토어, 할인점, 편의점, 백화점 등에서도 일반적으로 취급하고 있다. 드럭스토어의 주력상품인 조제약과 OTC 의약품, 화장품은, 슈퍼센터와 슈퍼마켓, 홀세일클럽(MWC) 등에서도 판매되고 있다. 고객이 목적 상품을 다양한 점포에서 구입할 수 있게 됨에 따라 구매편의성이 점포 선택의 조건이 되어가고 있다. 예를 들어, 아이스크림과 청량음료는 슈퍼마켓에서 구입하는 것이 싸다는 것을 알고 있지만, 구매시간 절약을 위해 편의점에서 구입하는 경우도 있다.

또한 소비자는 소매업의 업태별로 구매에 허용할 수 있는 목표 구매시간을 갖고 있다. 편의점은 5분, 드럭스토어는 10분, 슈퍼마켓은 30분 정도이다. 고객의 이런 목표 도달을 어렵게 하는 점포는 고객의 구매 대상 점포에서 제외되면서 그곳은 '불편한 점포'라는 딱지가 붙어버리게 된다.

여성의 사회진출이 늘어나고 가사와 육아에만 전념할 수 없는 주부가 늘어나면서 가족들이 가사를 서로 나누어 해야 하는 '시간의 빈곤화'가 진행되고 있다. 매일 싼 가격으로 상품을 제공하는 '에브리데이 로우 프라이스'가 아니라 '에브리데이 컨비니언스(Everyday Convenience)'의 니즈가 확산되고 있다.

③ 서비스 가치

가격 경쟁에는 출구가 없다. 한 점포가 가격을 내리면 경쟁점도 따라 가격을 내리게 되어 결국 진흙탕 싸움 같은 가격 경쟁이 되기 때문이다.

"가격은 하루, 구색은 3일이면 흉내 낼 수 있지만, 서비스는 평생 모방할 수 없다"라는 이야기가 있다. 이것은, 좋은 서비스는 하루아침에 모방할 수 없으며 경쟁상대에게 그만큼 강렬한 차별화의 수단이 된다는 것을 의미한다.

• 만족 보증

월마트의 창업자 샘 월턴은, "월마트가 세계 최고가 되었는데 그 비결로 하나만 든다면 EDLP 전략인가요?"라는 어느 기자의 질문에 이처럼 답했다.

"그렇지 않다. 그 비결은 만족보증 프로그램의 도입이었다. 1962년에 창업한 이 소매업체를 예전에는 아는 사람이 별로 없었다. 고객들이 안심하고 내점하도록 하지 않으면, 판매업자가 어디서 굴러온 자인지도 모르는데 고객이 점포에 오지 않을 것이라는 생각이 들었다. 그래서 달리는 차량에서도 한눈에 알아볼 수 있게 '만족보증(Satisfaction Guaranteed)'이라는 문구를 커다란 배너로 만들어 점포에 부착했다. 이로 인해 고객들이 점포를 찾고 상품을 대량으로 구입해주었던 것이다. 고객이 내점하여 구매하고 사용한 후에 만족하지 않으면 이유를 묻지 않고 반품도 해주었기 때문이다."

월마트에서는 이 말처럼 다양한 보증프로그램을 제공하고 있다.

- 광고상품 수량 보증(전단 게재상품이 품절된 경우, 전단에 명시된 기간이 끝나도 전단가격으로 해당 상품의 구입이 가능한 프로그램)
- 시간 보증(계산대, 점내 처방약 카운터에서 기다리지 않게 하는 보증)

- 선도 보증(유효기한 내의 상품진열 보증)
- 정확한 가격 보증(계산 시 착오에 대한 대응책)
- 최저가격 보증(구입한 상품을 다른 점포에서 더 싼 가격으로 판매하는 경우 차액 환불)

이러한 서비스가 월마트의 압도적 경쟁력을 만들어낸 것이다.

• 좋은 접객

셀프서비스란 원래, 고객이 대면 판매직원을 신경 쓰지 않고 자신이 원하는 시간대에 자유롭게 구매하고 싶어 하는 고객의 니즈가 그 시작이었다. 시간이 절약되는 것만을 중요하게 생각해서 접객을 소홀히 하는 점포가 있는데 이것은 큰 착각이다.

고객이 셀프서비스에서 바라는 것은, "쇼핑 시에는 알아서 하도록 놔두고, 하지만 필요한 때에는 즉시 도와주기 바란다"라는 것이다. 셀프서비스라서 접객이 전혀 필요 없다는 것이 절대로 아니라는 것을 명심해야 한다.

미국에서는 '우리 집에 온 중요한 손님'으로 고객을 환대하도록 교육하는 기업이 많다. CVS 헬스에서는 고객의 중요함을 〈표 51〉의 방법으로 교육한다.

• 카운슬링의 힘

미국에서는 고객의 입장에서 상담을 한다. 결코 강요하지 않으며, 고객이 적절하지 않은 상품을 선택하는 경우에는 그것을 조용히 알려준

〈표 51〉 CVS 헬스의 고객

C=Customer are why you are here	고객이 와주기 때문에 우리가 있는 것이다
U=Understand their needs	고객의 니즈를 이해해라
S=Strive to be your best	최선을 다하라
T=Try, Try, Try	실행, 그리고 다시 실행하라
O=Open checkout stands when needed	고객을 기다리지 않게 하기 위해서, 필요한 때는 즉시 다른 계산대를 열어라
M=Make yourself available	언제든 고객에게 대응할 수 있도록 하라
E= Every customer is special	모든 고객은 특별하다
R=Receive all customers with a smile	언제나 모든 고객을 웃으며 맞이하라
S=Silence isn't always golden, Speak up	침묵이 반드시 금은 아니다. 고객에게 말을 걸어라

다. 판매로 바로 연결되는 것은 아니지만 뛰어난 카운슬링은 장기적인 관점에서 점포의 신뢰에 이바지한다.

④ 분위기 가치

저가격을 실현하기 위해 슈퍼센터와 카테고리킬러 매장들은 로우코스트 오퍼레이션(low cost operation)으로 불리는 저비용관리 시스템을 경쟁적으로 도입했다. 하지만 그 결과, 점포의 분위기는 재미가 없는 차가운 곳이 되어버렸다. 즐거운 쇼핑 분위기를 만드는 것에는 '정리정돈', '오감에의 소구', '편안한 분위기'라는 3가지 포인트가 있다.

• 정리정돈

월그린에서는 이전까지 8년을 목표로 해왔던 점포 리뉴얼의 기준을 5년으로 단축했다. 일찍이 디스카운트스토어의 1위 기업이었던 K마트가 추락했던 이유로 점포의 노후화를 꼽았던 컨설팅 회사도 있다.

필자는 연간 1,000개 이상의 점포를 돌아보는데, 외관만이 아니라 점포가 번창하고 있는가와 함께 이제부터 어떻게 될 것인가를 대략 예상해보게 된다. 마치 의사가 환자의 안색을 보고 몸의 상태를 판단하는 것과 같은 것이다. 점포의 미관, 주차장과 점포 입구의 구석구석에 대한 청소 상태, 바닥과 선반의 청결함, POP의 신선함 등 점포의 프레시한 느낌을 대단히 중요하게 본다.

• **'와~!' 라고 할 수 있는 오감 소구**

바쁜 소비자는 레저와 쇼핑에 사용하는 시간을 줄이려고 한다. 그래서 홈엔터테인먼트가 레저의 하나로 부상되어 '카우치 포테이토(소파에 앉아 감자칩을 먹으며 텔레비전과 비디오 시청을 여유롭게 즐기는 사람들)' 이라는 신조어가 탄생했다. 이러한 사람들은 대개 집에서 나오지 않고 인터넷으로 구매한다. 그들을 점포로 끌어내기 위해서는 '점포에는 즐길 수 있는 것이 가득하다' 고 생각하도록 만들지 않으면 안 된다.

스튜레너드에서는 점내 여기저기에서 인형들이 노래하고 춤춘다. 점포 밖의 미니 동물원은 어린이들에게 큰 인기를 끈다. 홀푸드는 시장과 같은 느낌의 익사이팅한 매장에 많은 시식·시음 코너를 마련하고, 독신 여성을 겨냥한 걸스 나이트파티(girl's night party)와 패션쇼, 재즈 연주회 등 재미있는 행사를 개최한다.

트레이더 조는 지역의 유명한 건축물과 명소, 유적의 그림을 벽에 걸어 지역의식을 고양하거나 매력적으로 느껴지는 수작업 POP, 시식 코너에서의 무료 커피 서비스, 친근한 직원과의 대화 등으로 점포의 즐거움을 충분히 전달한다.

⑤ 가격가치

가격가치를 높이는 것에는 정확한 가격, 합당한 가격, 보기 쉬운 가격 표시가 중요한 요소다.

• 정확한 가격

POS가 보급되어 있는 현재에도 계산 착오는 일어난다. 그리고 뒤늦게 이를 확인한 고객은 그 점포에 대해 불신하기 마련이다. 매장의 유지관리가 제때 이루어지지 않아 지난주까지의 할인가격이 그대로 가격표에 남아 있는 경우, 고객은 그 가격으로 상품을 선택하게 된다. 하지만 계산대에서는 정상가로 찍히기 때문에 표시가격과의 차이가 문제를 부르게 된다. 가격표와 다른 상품을 진열한 경우에도, 고객은 이를 오인하여 문제가 생길 수 있다.

드럭스토어인 라이트에이드에서는, 표시가격보다 높은 금액을 계산했을 때에는 해당 상품을 무료로 제공하고, 가격이 낮게 잘못 표기되어 있는 경우는 표시가격으로 제공함으로써 고객의 가격에 대한 신뢰를 높이고 있다.

• 합당한 가격

합당한 가격을 뜻하는 페어프라이스(fair price)란, 상품, 편리성, 서비스, 분위기의 가치에 맞춘 것으로, 고객이 알뜰구매라고 느끼는 가격을 말한다. 가치에 맞춘 가격으로 판매하는 것이 페어프라이스의 사고방법이다.

가격 경쟁에서 인터넷판매보다 열세에 있는 점포는 이 페어프라이스를 기본으로 가격전략을 세워야 한다. 하지만 비싸다는 인상을 주면 고객이 이탈해버리기 때문에, 경쟁점 가격에 주의하면서 자신의 점포가 비싸지 않다는 인상을 고객들에게 주는 것이 대단히 중요하다.

미국의 슈퍼마켓은 소비자들이 가격에 민감해하는 상품인 우유, 계란, 바나나, 화장지, 세제 등의 가격에 항상 주의를 기울인다. 업태에 따라 다르겠지만 고객이 가격에 관심을 나타내는 것은 200~500개의 아이템이라고 알려져 있는데, 그 이상은 고객이 인식하기 어렵기 때문이다.

가치에 대응한 적정한 가격임을 고객에게 인식시키는 것은 판단 뇌에의 반복적 자극이 중요하다. 예를 들어, 미국의 소매업이 사회공헌에 적극적인 것은, 자신들의 체인에 대한 좋은 이미지를 소비자들에 침투시켜서 작은 가격 차이 정도는 고객들이 허용할 수 있도록 소비자의 판단 뇌를 재촉하기 위한 것이라고도 할 수 있다.

최대 기업 월마트와 특정 상품에 집중하는 카테고리킬러 업체가 EDLP와 최저가격보증을 시행하는 것도, 가장 싸다는 이미지를 소비자의 판단 뇌에 호소해서, 예를 들어 '월마트의 가격은 안심할 수 있다'고 인식시키는 것을 겨냥한 것이다.

또한, 체인스토어는 '동일 체인, 동일 가격'을 기본으로 하지만, 페어프라이스 전략을 채택한 체인은, 상권 특성에 따라 탄력적으로 가격을 변경하는 것으로, 그러한 합당함을 중시하고 있음을 보여준다.

월그린은 본사에서 모든 점포를 A에서 F까지의 6가지 프라이싱(pricing) 패턴으로 구분해서, 출점 비용이 높은 시중 점포는 'F'로 가장 높은 상품가격을 적용하고 월마트와 같은 할인점 인근의 점포는 상품가격이 가장 낮은 'A' 가격대를 적용한다.

실제, 월그린에서 판매하고 있는 상처보호용 밴드에이드(Band Aid) 가격을 조사했을 때, 동일한 상품임에도 시카고 시내 점포는 5.49달러였고 월마트 인근 점포는 4.19달러였다. 시중 점포는 교외 지역보다 상품가격이 높아도, 편의성에 따른 페어프라이스로의 판매를 실현하고 있는 것이다.

• **보기 쉬운 가격 표시**

어느 고객조사에 의하면, 고객이 가격에 있어 가장 바라는 것은 알아보기 쉬운 가격이라고 한다. 그 정도로 소비자는 가격을 파악하기 어려운 상품에 불안해하고 손을 뻗지 않는다. 알아보기 쉬운 글자로, 알아보기 쉬운 곳에 표시되어 있는 가격표가 중요하다.

불만족의 싹은 빨리 없애라

내점의 습관화에는, 고객 불만족의 조기 해결도 중요한 요소다. 고객 불만족은 고객의 습관을 중단시키고 다른 점포를 이용하게 만들기 때문이다.

대부분의 고객 불만족의 원인은 직원들에게 있다. 직원의 태도와 접객에 불만을 느낀 고객은 그 점포와의 마인드셰어를 줄인다. 어느 조사에 의하면, 고객이 점포를 떠나게 되는 이유 가운데 직원의 태도가 70%

를 차지하고 상품에 대한 불만은 20%가 채 되지 않는다고 한다.

그러면 직원의 어떠한 태도에 불만을 느끼는 것일까?

1. 고객에게 인사하지 않는다.
2. 접객 시 웃음이 없다.
3. 작은 목소리로 이야기한다.
4. 고객과 눈을 마주치며 인사하지 않는다.
5. 매장에서 수다를 떤다.

위의 5가지가 상위를 차지한다. 이중에서도 주의해야 할 것이 바로 '인사'이다. 예를 들어, 매뉴얼에 따른 것이었어도 마음이 담기지 않은 것이 확연히 느껴지는 인사는, 동작은 나무랄 데 없어도 고객에게 주는 인상은 최악이다. 또한 매장 업무에 몰두한다는 이유로 고객의 등을 향해서 인사하는 직원도 있다. 본래 고객과 시선을 마주쳐야 하는 아이콘택트(eye contact)가 당연한 것인데, 그런 식이라면 단지 등 뒤로 직원의 목소리를 듣는 것에 지나지 않는다.

소매업이란 매장 관리가 아니다. 고객이 원하는 상품을 만족스럽게 구매하도록 하는 것이 소매업이다. 앞의 사례는 업무와 작업을 잘못 생각하고 있는 경우이다.

클레임이 전혀 없는 점포는 있을 수 없다. 중요한 것은 재빨리 문제를 해결해서 고객에게 좋은 인상을 남기는 것이다. 서투른 클레임 대응에는 공통점이 있다. 그중 하나가 고객의 클레임에 대해서 직원이 문제를 '처리한다'는 태도로 임하는 경우이다. 고객의 입장에서 '사과', '공감',

'재빠른 해결', '감사'를 핵심으로 클레임에 대응해야 하는 것이다.

클레임을 이야기하는 고객은 한정되어 있다. 한 조사에 의하면, 클레임 제기 고객의 65%가 반복해서 클레임을 제기하는 사람들이라고 한다. 점포에 기대를 갖고 있는 충성고객들이 반복되는 클레임 끝에 참다 못해 일부러 말을 해주는 것이다.

또 다른 조사에서는, 점포에 불만을 이야기하는 고객은 100명 중 4명에 불과하고 나머지 96명은 이에 대해 일언반구도 없거나, 아니면 그냥 해당 점포를 더 이상 이용하지 않게 된다는 결과도 나왔다.

반대로, 다행히 돌아서는 경우도 있다고 한다. 중요한 문제가 있는데도 불만을 이야기하지 않은 고객의 재구입률은 9%지만, 불만이 즉시 해결된 고객의 재구입률은 82%에 달한다고 한다. 고객에게 불만이 있는 경우, 그것을 이야기하도록 해서 즉시 해결하는 것이 중요하다.

10. 습관화의 열쇠를 가진 직원들

고객 서비스에 뛰어난 소매업에 대한 다음과 같은 대단한 결과가 미국에서 보고되었다.

- 고객이 매장에 머무르는 시간이 50% 이상 늘어났다.
- 세일즈 및 마케팅 비용이 20~40% 줄어들었다.
- 순이익이 7~17% 늘어났다.

이러한 성과를 거두기 위해서는 번거롭더라도 좋은 인재를 채용하고 교육하고, 그리고 놓치지 않도록 해야 한다. 좋은 직원이 좋은 서비스를 함으로써 충성고객을 만들게 되고, 충성고객이 그 직원을 긍정적으로 평가함으로써 직원은 더 잘하려고 하는 의욕을 갖는다. 고객만족(CS=Customer Satisfaction)은 직원만족(ES=Employee Satisfaction)으로부터, 그리고 충성고객은 충성도가 높은 직원으로부터 만들어진다.

그러면 이러한 우수한 기업은 어떻게 충성도가 높은 직원을 육성하는 것일까? 이런 기업의 공통점은 '직원들의 위상을 높게 해주고', '고객을 만족시키는 직원을 뜻하는 커스터머 새티스파이어(Customer Satisfier)를 채용해서', '교육하며', '동기부여'를 제공함으로써 직원만족을 높이는 것이다.

직원의 위상을 높게

① 직원은 비용이 아닌 자산이다

직원은 단순한 작업자가 아니며, 인건비를 지불하는 물건이 아닌, 기업의 중요한 자산으로서 대해야 한다. 따라서 교육을 통해 그 가치를 높여주고 자신이 대우받고 있다는 생각이 들도록 처우해야 한다. 단순한 종업원이 아닌 동료와 파트너로서, 기업이념 내에서 고객의 다음, 혹은 가장 중요한 존재로 자리매김하도록 한다.

미국의 유명 백화점 노드스트롬 조직도는 역피라미드형이다. 고객이 첫 번째, 다음으로는 고객에게 가장 가까운 현장 직원, 그리고 그들의 부문장, 관리자, 임원의 순서로, 현장에서 멀어질수록 아래쪽에 위치한다. 일반적으로 점포의 안쪽이나 모퉁이에 배치되는 직원 휴게실을, 이 회사에서는 점포를 위에서 내려다볼 수 있는 좋은 자리에 배치한다. 좋은 환경에서 휴식을 취한 직원들이 분발 의욕을 갖고 고객에게 양질의 서비스를 제공할 수 있다고 믿기 때문이다.

② '마이 컴퍼니 의식'을 높인다

미국에서는 최고경영진이 자신들밖에 생각하지 않고 고객과 직원을 무시했던 기업은 격렬한 비판 속에서 쇠퇴해갔다. '히즈 컴퍼니(His Company, 그의 회사)'는 고객과 직원으로부터 외면당하는 것이 당연한 것이다. 또한 팀플레이를 중시해서 직원들에게 '아워 컴퍼니(Our Company, 우리의 회사)' 의식을 갖게 했던 시기도 있었다. 하지만 최근에는, 진정으로 뛰어난 서비스를 제공하기 위해서는 직원들이 '마이 컴퍼니(My Company, 나의 회사)' 의식을 갖도록 하지 않으면 안 된다는 생각이 주목받고 있다.

오랜 역사를 가진 백화점이었던 마셜필드(Marshallfield)의 오너가, 점포 직원의 아내와 6살 된 딸을 만난 적이 있었다. 오너는 아이에게 "아버지는 어떤 일을 하시냐?"라고 묻자, 아이는 주저하지 않고 "이 백화점은 우리 아버지 거예요"라고 대답했다. 그 직원의 아내가 당황해서 사과하자 마셜필드는 다음과 같이 이야기했다.

"절대로 사과할 일이 아닙니다. 나는 당신의 남편처럼 여기서 일하고 있는 누구라도 자신의 회사라고 생각해주는 것을 마음으로부터 바라고 있습니다. 그렇다면 세상에 자랑할 수 있는 좋은 회사가 될 수 있기 때문입니다. 당신의 남편이 이 회사에서 일해주고 있는 것을 자랑스럽게 생각합니다."

바로 '마이 컴퍼니'를 중요시한 최고경영자에 관한 에피소드다.

③ 가족의식의 강화

미국의 기업은 인간관계가 무미건조하다고 생각하는 경우가 많지만, 실제로는 우수한 기업일수록 가족(family)의식이 강하다. 최근에는 그것을 의식적으로 주입시키려는 움직임도 확산되고 있다.

• 사내에서의 일체감을 높이기 위해, 최고경영자부터 빈번하게 현장을

방문해서 현장에서 일어나는 문제들을 이해하려고 하며, 직원과 함께 그러한 문제해결에 임하는 기업.

- 문제 해결을 위해 '오픈도어 폴리시(open door policy)' 방침을 내걸고 직원과의 대화를 위해 항상 문을 열어놓고 있는 최고경영자를, 언제라도 직원들이 만나서 상담할 수 있는 열린 경영의 기업.
- 직속 상사에게 진언해도 해결되지 않을 때, 그 위의 상사에게 직접 가서 이야기할 수 있음을 보장하는 기업.
- 직원들의 가족도 중요하게 생각해서, 가족의 경조사에 축하와 위로를 전하는 기업.

월그린의 점포가 재해를 가장 먼저 극복하고 다른 드럭스토어에 앞서 24시간 영업을 재개할 수 있었던 것도 기업의 이러한 가족의식과 무관하지 않다. 평소, 직원과 가족을 중요하게 대해온 것이, 위기에 직면했을 때 긴박한 근무 자세를 보여준 배경이 되었던 것이다.

"직원은 기업이 직원을 대하는 것 이상으로는 고객을 대하지 않는다." 이 말은, 고객만족을 추구한다면, 가족을 포함하여 직원을 중요하게 대하는 것이 반드시 필요하다는 의미다.

고객을 만족시키는 직원을 놓치지 마라

회사 입장에서는 좋은 직원이 될 자질을 갖춘 사람을 채용하는 것도 중요하다. 왜냐하면, 자질이 부족한 사람에게는 좋은 교육을 해도 효과가 거의 없고, 이처럼 자질이 낮은 직원이 한 사람이라도 있으면 점포와 기업의 이미지에 나쁜 영향을 미치기 때문이다. 이 때문에 뛰어난 기업일수록 직원 채용에 비용과 노력을 들여, 자신이 고객을 만족시킨다는 것에 대해 기쁘게 생각하는 사람, 즉 커스터머 새티즈파이어를 찾아내는 데 전력을 다한다.

예를 들어, 노드스트롬 백화점이 버지니아주에 동부 해안지역 1호점을 출점했을 때, 400명의 영업 인력을 채용하기 위해 약 3,000명을 면접한 후 커스터머 새티즈파이어를 엄선했다. 자질이 충분한 인재를 채용할 때의 주요 포인트를 알아보자.

① 일반 공모는 기업이념으로 선별

미국에서는 연중무휴에 24시간 영업이나 그에 가까운 영업을 하는 소매업체가 많은 편이다. 크리스마스와 추수감사절 등의 특별한 날과 심야에 출근을 요구하기 위해서는 기업과 업무에 대한 높은 충성도를 가진 직원이 필요하다.

어떤 이유로든, 미국의 가정에서는 크리스마스와 추수감사절에 가족과 시간을 함께하지 못하고 일하러 가는 것은 이혼 대상이 될 수 있고, 아울러 불규칙한 생활을 강요하는 심야근무를 즐거워할 사람은 없기 때문이다.

충성도가 높은 직원을 확보하기 위해서는 우선 자기 회사의 기업문화에 적합한 사람을 채용해야 한다. 직원모집 팸플릿 등에 이념과 문화를 내세우는 기업이 많은데, 이것은 그 이념에 동의하는 사람의 지원을 바라는 기업 측의 자세를 보여준다.

또한 직원의 소개를 통하여 직원을 모집하는 추천 프로그램을 계획해서, 기존 직원의 친구와 지인을 모집하는 기업들도 있다. 좋은 직원에 의한 추천과 연결에 의해서 좋은 인재를 채용할 수 있는 확률을 높여주기 때문이다.

② 직원의 의욕을 높이는 사내 공모

월그린과 노드스트롬에서는 일반 공모 외에 사내 공모도 시행한다. 자리가 공석이 되었을 때 해당 자리를 내부인을 대상으로 모집하는 제도이다. 그 목적의 하나는, 가능한 기업문화를 이해하고 있는 사람을 중요한 자리에 충원한다는 것이고, 또 1가지는 회사 내에서 다른 업무를 맡고 싶어 하는 직원들에게 희망을 열어준다는 것이다.

③ 학업보다도 인간성을 우선한다

미국의 소매업이 채용에서 중시하는 것은 그 사람의 인간성이다. 학력과 성적이 좋지는 않았어도 사람들이 좋아하는 성격과 그 사람의 진면목, 정직과 같은 인간성 자체를 중시하는 것인데, 구체적인 채용기준은 다음과 같은 포인트다.

- 밝고 행복한 느낌의 사람
- 팀워크를 중시하는 사람
- 균형 감각이 있는 사람
- 눈을 마주치고 이야기하는 사람
- 이 사람에게 사고 싶다고 생각이 들게 하는 사람

위의 포인트를 확인하고, 과거에 담당했던 업무와 현장 근무자를 포함한 다단계 면접에 의한 체크로 선발한다.

직원교육은 2단계로

명확한 기업이념을 가진 기업은, 자기 회사에 적합한 사람의 채용에 전력을 다하면서, 입사 후에는 철저한 직원교육을 한다. 신입사원 대상 교육의 상당 부분은 오리엔테이션과 트레이닝의 2단계로 진행한다.

① 이념을 주입시키는 오리엔테이션

기업이념 교육을 철저하게 하는 디즈니에서는, 지위 고하를 막론하고 새로 채용한 신입직원 전원에게 '디즈니 트래디션(Disney tradition)'이라는 오리엔테이션에 의무적으로 참가하게 한다. 오리엔테이션에서는, 사내 교육기관인 '디즈니 대학'의 강사진으로부터 기업의 역사와 이념, 개요, 규약 등을 교육받는다.

월그린의 직원들도 동일하다. 시카고 지역 한 점포의 점장은 자신이 겪었던 직원교육 체험을 다음과 같이 이야기한다.

"새로 입사한 직원은 모두가 드럭스토어 고객으로부터 신뢰받고 지역에 없어서는 안 되는 존재로, 자신의 일이 고객과 관계된 중요한 것임을 다양한 사례를 통해 설명을 듣는다. 그리고, 월그린에서 일한다는 것의 숭고함과 행복함에 대해서 때때로 눈물을 흘리며 이야기하기도 한다. 우리의 업무는 단순히 물건을 판매하는 것이 아니라 지역 사람들의 건강과 미용에 공헌하는 비즈니스이기 때문에, 그 업무의 중요성과 업무에 대해 마음의 각오를 처음부터 충분히 주입하는 것이다."

② 원칙과 자신감을 몸에 익히는 트레이닝

신입사원에게 트레이닝이 필요한 2가지의 이유가 있다. 1가지는, 신입사원이기 때문이라는 변명이 고객에게 통용되지 않기 때문이다. 매장에 나가게 될 때까지 최소한의 근무 원칙과 고객대응을 몸에 익힐 필요가 있다. 또 1가지는, 충분히 훈련되었다고 하는 자신감을 신입사원에게 갖도록 하기 위해서이다. 신입사원이 불안하게 느끼는 것은, 자신감을 갖지 못한 채 매장으로 나가게 될 때이다. 매장에서 실수하면 걷잡을 수 없을 정도로 자신감을 잃고 업무 자체가 싫어질 우려도 있다.

트레이닝 프로그램은 3가지로 나누어진다.

- **하트웨어**(heart ware)

  고객과의 좋은 관계를 만드는 것을 목적으로 접객과 클레임 대응방법을 배운다.

- **소프트웨어**(software)

  고객이 구매하기 쉽도록 하는 레이아웃, 진열, POP, 가격, 상품지식, 카운슬링 방법 등을 배운다.

- **하드웨어**(hardware)

  점포설비, 계산대 등의 기기와 비품의 사용방법, 팀워크 등을 배운다.

직원의 동기부여를 이끈다

직원교육과 더불어 기업이 중시하는 것이 직원의 동기부여인데, 그 이유는 다음의 3가지다.

첫째, 과거와 같이 위압적으로 지도하는 접근법으로는 직원이 따라오지 않는다.

둘째, 고객만족의 실현에는 현장에서의 적절한 판단과 행동이 요구되지만, 거기에는 직원의 자주성이 필요하다.

셋째, 직원 본인이 하고자 하는 의욕이 없으면 생산성 향상이 어려워진다. "직원이 몸을 불살라 일을 하면 생산성은 간단하게 10%가 오른다"라고 지적하는 간부사원도 있다. 많은 기업은 돈이 직원에게 동기를 부여한다고 착각한다. 낮은 급여로는 좋은 직원을 뽑을 수 없고 충성도가 높은 직원도 키울 수 없다고 생각하는 것이다. 하지만 적절한 급여를 제공한다면, 돈이 가장 효과적인 동기부여 요인은 아니다. 돈보다는 '기업 경영에의 참여', '권한 위임', '평가와 칭찬(reward)'이라는 3가지가 동기부여의 요인이다.

① 기업 경영에의 참여

기업 경영에의 참여의식을 높이기 위해 정보 공유가 필수다. 홈디포에서는 4분기마다 회장과 사장 등 최고경영자들이 참석하는 일요 조찬회를 열고 해당 분기의 실적과 향후 계획을 발표한 후 직원과의 질의응답을 실시하는데, 모든 과정은 위성방송을 통해 전 직원에게 공개된다.

이 조찬회의 장점은 최고경영자가 질의응답을 통해 직원들의 생각을 듣고 이해하는 한편, 직원들도 자신들이 몸담고 있는 회사의 경영 상황과 방향을 상세하게 이해할 수 있게 된다는 것이다. 이러한 정보 공유는 직원들의 기업 경영에의 참여의식을 높이는 중요한 조건이 된다.

② 의욕과 지혜를 이끌어내는 제안제도

직원 제안제도를 도입하는 기업이 늘어나고 있다. 이것은 현장의 지혜를 살리고 참여의식과 의욕을 높이는 것을 목적으로 한다. 직원들은 일방적으로 지시받은 업무에 최선을 다하지 않으며, 때로 반발하는 경우도 있다. 하지만 자신들의 생각과 노력을 받아주면 의욕적으로 대처하게 되어, 적극적인 자세로 업무를 수행하려고 한다.

월그린의 직원제안제도는 '비용 삭감', '생산성 향상', '품질 향상', '효율 향상', '고객서비스 향상', '안정성 향상'을 주제로 하며, 채택된 경우 최고 1만 달러의 포상금을 지급한다.

③ 서비스력을 높이는 권한 위임

권한 위임은 직원들의 힘을 이끌어내게 하여 서비스 수준을 향상시킨다. 월마트 창업자 샘 월턴은 "직원이 경쟁력과 차별화의 열쇠이다(People Make Difference)"라는 기업철학과 함께, 다음과 같은 신념을 갖고 있었다.

첫 번째, 사람은 일반적으로 일터에서의 능력보다 더 큰 재능을 갖고 있지만, 그것을 전부 발휘하지 못한다.

두 번째, 사람은 누구라도 좋은 일을 하고 싶어 하는 마음을 갖고 있으며, 자신이 한 일에 대해 보람을 느끼고 싶어 한다. 결국, 권한을 넘겨

일하기 좋은 환경을 만들면 직원은 보다 높은 능력을 발휘한다.

그래서 월마트에서는 파트너십(partnership)이라는 발상에서 직원을 동료(associate)라고 부르며 적극적으로 권한을 위임한다. 고객의 가장 가까운 곳에서 고객의 니즈를 가장 잘 알고 있는 현장에 최대한 권한을 위임하여, 고객을 위한 최고의 점포 프로그램이 만들어지도록 한다. 이 권한 위임에는 다음과 같은 장점들이 있다.

- 고객이 원하는 것을 가장 빨리 해결해줄 수 있다.
- 직원은 자신에 대한 신뢰로 맡겨진 일에 대해서는 해낸다는 책임감을 갖는다.
- 권한을 위임받은 직원은 업무에 강한 흥미와 의욕을 갖고 기업의 생산성을 향상시킨다.

한편, 고객서비스에 있어 "고객의 요구에 '예'라고 대답해주세요(Just Say Yes)"를 기본으로 하는 스타벅스에서는, 최전선의 직원이 최선의 판단과 행동을 취할 수 있도록 철저하게 권한을 위임하고 있다. 예를 들어, 밖에서 기다리는 고객이 있으면 매장 오픈 시간 전이라도 문을 열 수 있도록 하는 것 등을 완전히 현장의 판단에 맡기고 있다.

④ 평가가 사람을 만든다

동기부여를 이끄는 마지막 열쇠는 '평가와 칭찬'이다. 좋은 업무결과를 적정하게 평가하고 평가에 따른 칭찬을 해주는 것이다. 비즈니스 서적 중 베스트셀러가 된 『칭찬은 고래도 춤추게 한다』의 저자 켄 블랜차드(Ken Blanchard)는, "자신이 인생에서 배운 1가지가, 누구라도 평가받고 인정받고 싶어 하는 바람이 있다는 것이다. 이것은 직원뿐 아니라 관리자도, 그리고 선수뿐만이 아니라 코치도, 그리고 어린이만이 아니라 부모도 그러하다. 이것은 상식임에도 실제의 세상은 그렇지 않다"라고 이야기한다.

〈표 52〉대로 '직원이 회사에 요구하는 것'에서 '좋은 급여'가 5위에 불과하고, 1위는 '업무 처리를 잘했을 때의 좋은 평가'였다. 사원은 1주간에 25% 이상의 시간을 일에 쓴다. 수면을 제외하고 통근시간도 근무에 포함하면, 매일 50%에 가까운 시간을 회사를 위해 사용하는 것이다.

그 정도 시간을 쏟은 업무에 대해서 직원은 보람을 느끼고 싶고, 상사와 동료로부터 평가를 받고 싶다고 생각한다. 조직에 힘쓰는 이상 쾌적하게 먹고살 정도의 급여는 필요하지만 사치를 할 정도로 받을 수 없다는 것도 이해하고 있다. 직원들은 제대로 처리한 업무에 대한 정당한

〈표 52〉 직원과 경영자가 바라는 것의 차이점

직원이 회사에 바라는 사항	직원이 생각하는 순위	경영자가 생각하는 순위
업무 처리를 잘했을 때 좋은 평가를 해주는 것	1위	8위
업무 결정에 참여	2위	10위
개인적인 문제에 대해 마음으로 이해	3위	9위
업무의 보증	4위	2위
보다 높은 급여	5위	1위
업무에의 흥미	6위	5위
승진과 성장 가능성	7위	3위
직원에 대한 경영자의 충성도	8위	6위
좋은 업무 환경	9위	4위
유연한 규율	10위	7위

'평가'가 최우선의 동기부여라고 생각하지만, 대부분의 상사들은 그것을 이해하지 못해 직원들의 발전 기회를 살리지 못하고 있다.

야마모토 이소쿠로(山本五十六)의 유명한 말 중에 "칭찬하지 않으면 사람은 움직이지 않는다"라고 하는 것이 있다. 이 말처럼 인간은 칭찬을 받으면 마음을 열고 솔직해진다. 그리고 최선을 다해서 움직이지만, 반대로 비난만 받으면 마음을 닫아버린다.

뛰어난 기업의 평가제도에는 3가지 특징이 있다.

첫 번째는, 참여형 평가다. 상사가 일방적으로 하는 것이 아니라 사원도 자기 자신을 평가하고, 상사의 평가와 대조해서 협의한다.

두 번째는, 가점 방식이다. 좋은 점을 가능한 한 찾아내어 평가하고, 거기서부터 개선점을 이야기하는 방법이다. 칭찬으로부터 시작하면 마음을 열기 쉽고, 개선점의 지적에도 솔직하게 귀를 기울여 보다 효과 있는 대화가 가능하다.

세 번째는, 직원과 함께 개선 목표를 결정하는 것이다. 상사와 직원이 협의하여 3가지 구체적인 개선 목표를 결정하고, 그것을 실천에 옮길 수 있도록 서로 간에 매일 노력하는 것이다.

⑤ 보상(리워드)

적정한 평가 후에 필요한 것으로 공헌에 따른 승진이나 승급, 이익 배분, 인센티브를 제공하는 것이다.

• 승진, 승급

승진은 보상 중에서도 가장 효과가 있다. 그런 까닭에 적절하게 이루어지지 않으면 오히려 회사에 역효과를 일으킨다. '연공서열', '편애', '관리능력이 없는 사람의 승진'은 금물이다.

• 이익 배분 프로그램

직원의 의욕을 높이기 위해 이익 배분 프로그램(profit sharing program)을 채택하는 소매기업이 많다. 뛰어난 수공예품 전문점으로 알려져 있는 마이클스(Michael's)의 회장은 인재의 중요성에 대해서, "점포와 상품으로는 기업 간에 큰 차이가 없지만, 직원 간에는 커다란 차이가 난다. 고객에게 만족을 제공하여 이익을 높이는 것과 업무의 효율화는, 직원들이 고민하지 않으면 불가능하다. 우리 회사 점포는 10명 정도의 직원으로 운영하고 있지만, 직원 한 사람 한 사람이 경영자가 될 필요가 있다. 그 때문에 이익 배분 프로그램을 만들어 점포 이익의 3~6%를 점장에게, 그리고 각 부문의 책임자에게 1%를 보너스로 제공하는 시스템을 운영하고 있다"라고 한다.

• 인센티브

승진과 승급, 이익 배분과는 다른 보상이 인센티브(incentive)이다. 인센티브에는 금전의 유무에 따라 2가지 종류가 있다.

위치타(Wichita) 대학교의 그레이엄(Graham) 교수는 "가장 효과적인 직원에 대한 동기부여는, 업무처리 결과가 좋았을 때, 상사가 적시에, 그리고 빨리 개인적으로 칭찬하는 것이다"라고 이야기한다. 금전을 지급하지 않는 인센티브는 다음과 같다.

- "고맙다. 잘해주었다"라며 직접 평가
- 점내와 사장실에 우수사원으로 사진 부착
- 상사, 최고경영자와의 식사
- 표창장과 상패 수여
- 최고경영자와의 면담
- 특별휴가 제공

반면, 금전을 수반하는 인센티브는 다음과 같다.

• 현금 지급

절차가 간단해서 알기 쉽다는 장점이 있지만 표창장과 달리 뒤에 남는 것이 없어 신선함이 사라져버린다는 단점도 있다. 또한, 지급액이 적으면 불만이 표출될 위험이 있다.

• 상품권, 기프트카드의 지급

• 자사 상품의 할인 구매

영업목표를 초과 달성한 직원에게 수여하는 노드스트롬의 페이스세터(pacesetter) 상에는, 다음 해 노드스트롬에서 구입하는 모든 상품에 대해 33% 할인받을 수 있는 특전이 부여된다.

승진, 승급, 이익 환원에 맞춰 제공되는 적정한 인센티브는 직원의 동기부여를 높이고 최종적으로는 고객만족의 향상과 습관구매의 정착을 가져오게 한다.

| 옮기고 나서 |

미국에 거주하다 보니 여러 사정으로 출간이 늦어지게 되었지만, 더 늦기 전에 이 소중한 내용을 독자들에게 전할 수 있게 되어 기쁜 마음이다. 짧지 않은 시간을 한국 유통업계에서 보냈던 사람으로서 한국의 소매업이 어려움을 맞고 있고 특히 많은 소매업체들이 어렵다는 소식을 접하면서 안타까운 마음에 이 책의 내용을 소개하고자 하였다.

우리와 유사한 소매업 환경을 갖고 있으면서도 우리보다 먼저 인구 감소와 고령화라는 시대적 변화를 맞으며 불황을 헤쳐가고 있는 일본 기업의 사례와, 세계 최대의 소비시장인 미국 소매업이 세대별 소비 형태의 다양화, 세분화, 그리고 e커머스와의 경쟁 속에서 이를 극복해가는 방법과 과정을 소개한 이 책을, 국내의 업계 종사자와 소매업을 공부하는 사람들에게 전하고자 하는 마음으로 소매업계의 한 사람으로서 이 책을 번역하였다.

이 책이 나오기까지 도와주신 많은 분들께 감사의 마음을 전하고자 한다. 부족하고 나태한 나를 버리지 않고 한줄기 빛이 되어주시는 하느님께 우선 감사의 기도를 드린다. 지금은 하늘나라에 계시지만 항상 죄송했던 아버지, 그리고 지금도 한국에서 이 부족한 불효막심한 아들을 위하여 기도해주시고 계실 연로하신 어머니께 감사를 드린다. 그리고 24년째 언제나 내 곁을 지켜주는 변함없는 잠꾸러기 집사람과, 상하이에서 무사히 공부하고 서울에서 열심히 인턴십 생활을 하고 있는 소중한 딸 채린이에게 나의 삶의 목표가 되어주고 있음에 고마움을 전한다.

마지막으로 쉽지 않은 결정으로 도움을 주신 도서출판 이채의 한혜경 대표님과 평소 많은 도움을 주시는 한국의 업계 관계자분들께 깊은 감사를 전합니다.

2017년 7월

맨해턴의 야경을 바라보며 서재에서

| 지은이 참고문헌(일본서) |

니콜 마틴, 『'습관으로 구매' 만드는 방법』, 하나츠카 메구미 역, 바다와달.
쓰나가 츠토무, 『습관형 구매행동의 구조분석』.
찰스 두히그, 『습관의 힘』, 와타라 게이코 역, 고단샤.